21대 총선과 한국 민주주의의 진화

21대 총선과 한국 민주주의의 진화
팬데믹 시대의 정치 참여, 사회갈등, 그리고 시민사회

초판 1쇄 발행 2021년 2월 15일

지은이 윤종빈·박지영 외 | 미래정치연구소 편
펴낸이 김선기
펴낸곳 (주)푸른길
출판등록 1996년 4월 12일 제16-1292호
주소 (08377) 서울시 구로구 디지털로 33길 48 대륭포스트타워 7차 1008호
전화 02-523-2907, 6942-9570~2
팩스 02-523-2951
이메일 purungilbook@naver.com
홈페이지 www.purungil.co.kr

ISBN 978-89-6291-892-2 93340

• 이 책은 (주)푸른길과 저작권자와의 계약에 따라 보호받는 저작물이므로 본사의 서면 허락 없이는
어떠한 형태나 수단으로도 이 책의 내용을 이용하지 못합니다.

이 저서는 2019년 대한민국 교육부와 한국연구재단의 지원을 받아 수행된 연구임(NRF
-2019S1A3A2098969).

미래정치연구소 학술 총서 시리즈 12

21대 총선과
한국 민주주의의 진화

팬데믹 시대의 정치 참여, 사회갈등, 그리고 시민사회

푸른길

  이 책은 명지대 미래정책센터가 수행하고 있는 한국연구재단 한국사회
과학지원사업(이하 SSK: Social Science Korea) 연구의 일부로 기획되었
다. 동 사업은 한국 유권자의 정치 참여 제고를 위한 요인으로 정당과 사
회적 자본의 역할에 주목하고 대의제 민주주의가 성공적으로 운영되기
위해서는 대표자에게 권력을 위임한 유권자의 상시적인 감시와 견제, 그
리고 참여가 필수적이라는 시각을 견지하고 있다. 명지대 SSK 사업은 '지
역 다양성과 사회통합'이라는 어젠다를 기반으로 2013년 9월에 시작한
소형 단계와 2016년 9월에 시작한 중형 단계를 성공적으로 마무리하였
다. 그리고 2019년 9월부터 '대의민주주의 강화를 위한 시민-정당 연계
모델과 사회통합'이라는 주제로 다양한 사회갈등을 연구하고 분석하여
사회통합을 위한 새로운 분석틀을 정립하고자 대형 단계 연구를 수행하
고 있다.

  명지대 SSK 연구단은 시민-정당 간 연계가 강화되어야 유권자의 정치
참여가 제고될 수 있다는 인식에 기반하여 정당정치의 활성화, 정치 참여,
그리고 사회적 자본 확충을 연구의 틀로 삼고 있다. 이를 통해 우리 사회
의 양극화와 분열 양상에 대한 해결책을 모색하고, 사회적 포용을 위한 촉
진자로서 정보통신 기술의 활용에 대한 논의를 확대하고자 한다. 본 연구
단은 이러한 연구 목적을 가지고 매년 전국 유권자를 대상으로 한국의 민

주주의, 정당, 그리고 정치 현실에 대한 인식 조사를 실시하고 있다. 이와 더불어 정당 및 선거 관련 경험자를 대상으로 당원 인식 조사도 함께 진행하고 있다. 또한, 세계 주요국 가운데 스마트 기술을 정치 영역에 적용한 국가들을 대상으로 비교 연구와 실증적 분석을 통해 실현 가능한 한국적 사회통합 모델을 구축하고자 한다. 특히, 본 연구단은 정보화 시대의 사회통합 방식에 대한 국내외 사례 분석을 통해 한국의 사회통합과 정치 발전을 위해 다양한 후속 모델을 개발하고 있으며, 한국적 정치 참여 및 한국형 숙의민주주의 모델의 토대 마련을 위해 노력하고 있다. 특히 현대 대의제 민주주의가 위기에 직면한 상황에서 그 해결 방안으로 인터넷이 민주주의의 성숙과 공고화에 주요한 도구가 될 수 있다는 점에 착안하여 정치 과정에 정보통신 기술을 도입하여 기존 대의제 민주주의 제도가 갖는 정치적 무관심, 다수의 횡포, 정치 부패 등의 문제점을 해결하고 디지털 기술과 직접민주주의가 결합한 디지털크라시(digitalcracy)의 실현 가능성을 연구하고 있다.

이 책은 전 세계적으로 코로나19가 만연한 시기에 2000년대 이후 사상 최고의 투표율을 기록하며 한국 시민들의 높은 정치 참여 의식을 보여 준 21대 총선 결과를 평가하고 이를 토대로 향후 선거 및 더 나은 민주주의로의 발전 방향을 제시하고자 하였다. 집필에 참여한 연구자들은 '팬데믹 시대의 정치 참여' 그리고 '팬데믹 시대의 사회갈등과 시민사회'라는 두 개의 주제를 바탕으로 우리 사회에 만연한 정치 문제를 진단하고 포스트코로나 시대에서의 새로운 사회통합 가능성을 모색하였다. 이 책의 제1부에서는 '팬데믹 시대의 정치 참여'를 주제로 이번 총선에서 나타난 유권자의 다양한 투표 행태를 살펴보았고, 제2부에서는 '팬데믹 시대의 사회갈등과 시민사회'라는 주제로 시민사회에서 발생하는 다양한 사회갈등에 대해 유권자, 정당, 그리고 언론의 역할에 초점을 두어 성숙한 민주주의의 발전 가능성을 모색하였다.

제1부의 첫 번째 논문 '21대 총선에서 나타난 조건부 회고적 투표'(장승진)는 21대 총선을 대상으로 대통령 및 여야 주요 정당에 대한 회고적 평가가 어떻게 상호작용하며 유권자의 투표 선택에 영향을 끼쳤는지 분석하였다. 본 논문은 총선에서 일차적인 선택 대상은 여야 주요 정당이지만, 여야 정당에 대한 회고적 평가 사이에 차별성을 발견하지 못하는 유권자들이 일종의 대체제로서 대통령에 대한 회고적 평가를 사용하여 투표하게 된다는 것을 경험적으로 보여 주었다.

두 번째 논문 '팬데믹 시대의 정치적 지지: 코로나19와 대통령 직무 수행 평가'(신정섭)는 코로나19가 시민들의 정치적 선택에 끼친 영향을 경험적으로 분석하였다. 연구 결과에 따르면, 코로나19의 확산 이후 새롭게 변화하고 있는 포스트코로나 시대에는 정당과 대통령에 대한 유권자의 정치적 지지가 팬데믹 대처 능력이라는 새로운 변수에 의해서 영향을 받을 수 있다는 것을 보여 주었다.

세 번째 논문 '21대 총선에서 나타난 선거 책임성과 당파성의 부모 사회화'(정동준)는 이번 21대 총선에서 수도권 지역이 특별한 당파적 성향을 띠지 않고 정부에 대한 평가를 기반으로 하는 투표 경향을 보였는지 선거 책임성과 당파성의 사회화를 중심으로 살펴보았다. 분석 결과를 살펴보면, 지역구와 전국구 선거, 그리고 수도권과 비수도권 지역에서 모두 대통령에 대한 평가가 투표 선택에 중요한 영향을 미친 것으로 나타났다. 이는 대한민국의 유권자들이 선거를 책임성의 도구로 사용하고 있음을 보여준다.

네 번째 논문 '선택적 미디어 노출로 인한 정치적 양극화'(박지영)는 뉴스 미디어의 편향적 보도가 대중의 정치사회에 대한 현안 인식 및 투표 선택에 커다란 영향을 미칠 수 있음에 주목하였다. 경험적 분석 결과에 따르면, 21대 총선에서 이념적으로 편향된 뉴스 미디어가 정치와 사회의 분열을 촉진시키는 갈등 기제로 작용하여 건전한 공론장의 역할을 하기보다 사회의 양극화를 강화하는 데 주도적인 역할을 하고 있다는 것을 보여 주었다.

제2부의 첫 번째 논문 '유권자의 정당 지지 구조와 안정성 재탐구'(이현출)는 한국 유권자들이 정당에 대해 갖고 있는 성향, 선호(강도), 평가 등을 분석하여 유권자들의 정당 지지에 대한 포괄적 태도를 고찰하였다. 분석 결과에 따르면, 유권자들이 정당에 대해 갖는 태도는 단순히 하나의 정당에 갖는 귀속 의식이라기보다는 하나의 정당에 대한 지지와 반대의 성향이 다양한 형태로 표출되고 있으며, 선호 강도 역시 다양하게 표출되고 있음을 확인하였다.

두 번째 논문 '어떤 유권자들에게서 포퓰리즘 성향이 강하게 나타나는가?'(정수현)는 한국 유권자의 정치적 특성과 인구사회학적 배경이 포퓰리즘 성향과 어떠한 관계를 맺고 있는지 분석하였다. 연구 결과에 따르면, 한국의 포퓰리즘은 기득권의 엘리트주의에 반발하며 부의 재분배와 정부의 적극적인 경제 개입, 그리고 정치 개혁을 요구하는 진보 세력과 밀접한 관계를 보이는 것으로 나타났다.

세 번째 논문 '21대 총선에서 나타난 언론의 코로나 이슈 네트워크 분석'(김기태)은 21대 총선 무렵 보수 언론과 진보 언론의 코로나19 보도와 관련하여 프레임에 차이가 있었는지, 만약 차이가 있었다면 구체적으로 어떤 방식으로 나타났는지 살펴보았다. 분석 결과에 따르면, 코로나 이슈 프레임에 있어 보수 언론과 진보 언론 간 유사성이 나타났으며, 언론의 코로나 이슈 네트워크와 소셜 미디어 이슈 네트워크 간에 높은 상관관계를 보여 네트워크의 의제 설정을 확인하였다.

네 번째 논문 '한국 유권자의 민주주의에 대한 인식'(김진주·윤종빈)에서는 입법부와 정당에 대한 유권자의 인식이 한국의 민주주의 만족도에 어떠한 영향을 미치는지, 유권자의 인식 속에 정당의 역할과 민주주의 작동은 어떻게 분리되어 나타나는지, 그리고 향후 한국의 민주주의는 어떠한 방향으로 나아가야 할지에 대해 논의하였다.

이 책은 한국 사회에 내재된 다양한 정치 문제들에 대한 처방책으로 전 세계적인 팬데믹 시대에 유권자와 정당의 정치참여 및 사회통합의 중요성을 강조하고 있다. 정보통신 기술의 발달로 이전보다 시민들의 폭넓은 정치 참여의 길이 열리고, 기존의 유력 정치인을 위주로 한 공급자 중심의 소통 방식보다 시민들의 다양한 정치적 욕구를 반영하는 수요자 중심의 소통 방식이 요구되는 정치 환경의 변화 속에서 만연한 정치 문제들을 조정하고 통합할 수 있는 제도적 보완 및 시민들의 폭넓은 정치참여가 지금과 같은 팬데믹 시대에 더욱 절실하다고 하겠다.

윤종빈·박지영

| 차 례 |

제1부

팬데믹 시대의 정치 참여

유권자들은 총선에서 누구를 언제 심판하는가?: 21대 총선에서 나타난 조건부 회고적 투표

장승진

국민대학교

본 장은 『한국정치학회보』 제54집 4호(2020년)에 게재된 논문을 수정 보완한 것으로, 2019년 대한민국 교육부와 한국연구재단의 지원을 받아 수행된 연구이다(NRF-2019S1A 3A2098969).

I. 서론

지난 2020년 4월 15일에 실시된 21대 총선은 여당인 더불어민주당(이하 민주당)이 위성 정당인 더불어시민당의 비례대표 의석을 합하여 180석이라는 압도적인 과반 의석을 차지하는 것으로 마무리되었다. 대통령 임기 중간에 실시되는 대부분의 총선에서 여당이 패배한다는 일반적인 경험칙이 이번 21대 총선에서는 적용되지 않았다. 선거 이후 많은 언론 보도와 논평들은 민주당이 압승을 거둘 수 있었던 원인으로—선거 직전 불거진 미래통합당 일부 후보들의 막말 파문과 함께—코로나19 감염병으로 인해 심판론을 비롯한 선거 쟁점들이 묻혔다는 점을 꼽았다. 그리고 초기의 비판적 평가와는 달리 시간이 지날수록 코로나19 감염병에 대한 문재인 정부의 대처와 관리에 긍정적인 여론이 형성되면서 이것이 여당의 압승에 기여했다는 분석 또한 찾아볼 수 있다.

그러나 21대 총선 결과가 전적으로 코로나19 감염병에 의해 결정되었다고 할 수는 없다. 무엇보다 2017년 대통령 탄핵과 이어진 19대 대통령선거를 거치면서 나타난 한국 유권자들의 이념적 지형의 변화가 민주당이 압승을 거둘 수 있었던 가장 중요한 배경이라고 할 수 있다(송진미 2019; 장승진 2018). 이와 더불어 21대 총선 역시—그동안 여러 나라에서 많은 연구를 통해 반복적으로 관찰된 바와 같이—대통령의 임기 중에 실시되는 선거가 대통령의 국정 운영에 대한 중간 평가의 성격을 갖는다는 경험칙에서 예외가 아니었다고 할 수 있다. 실제로 선거를 앞두고 실시된 대부분의 여론조사에서 문재인 대통령의 직무 수행에 대한 긍정적인 평가는 60% 전후의 높은 수준을 기록했다.

본 논문은 21대 총선에서 집권 3년차에 접어드는 문재인 대통령의 국정 운영—코로나19 감염병에 대한 대응과는 별개로—에 대한 평가가 유권자의 투표 선택에 중요한 영향을 끼쳤다고 본다. 이와 동시에 총선에 참여한 유권자들이 단순히 대통령에 대한 지지 혹은 반대를 표출하기 위하여 투표를 한 것은 아니라고 본다. 총선에서 유권자들이 선택하는 대상은 결국 여야 정당—혹은 여야 정당을 대표하는 후보자들—이다. 따라서 여야 주요 정당 또한 유권자들의 회고적 평가와 투표의 대상이 될 수밖에 없다. 다시 말해서 총선에서 나타나는 회고적 투표는 대통령에 대한 평가만으로 일방적으로 좌우된다기보다는 대통령에 대한 회고적 평가와 여야 주요 정당에 대한 회고적 평가가 상호작용하면서 유권자들의 투표 선택에 영향을 끼치는 복합적인 양상을 보인다고 할 수 있다. 과거의 총선을 살펴보면, 선거 과정에서 몇 가지 서로 다른 차원의 심판론이 동시에 제기된 바 있으며, 실제로 유권자의 회고적 투표는 다양한 대상에 대해 다양한 형태로 이루어질 수 있다.

물론 대의제 민주주의하에서 회고적 투표의 역할과 영향력에 대해 회의적인 시각도 존재한다(Achen and Bartels 2017; Healy and Malhotra 2013). 그러나 유권자들이 회고적 평가를 형성하는 과정에서 범할 수 있는 감정적·인지적 오류의 가능성을 인정하더라도, 이와 동시에 많은 유권자들이 합리적이고 예측 가능한 방식으로 회고적 평가를 그들의 투표 선택에 반영하고 있다는 경험적 증거도 존재한다. 예를 들어 한국의 지방 선거에서는 지방정부 수준의 회고적 평가가—중앙정부 수준의 회고적 평가를 통제한 이후에도—현직 광역자치단체장에 대한 투표 여부에 분명하고 유의미한 영향을 끼치는 것으로 나타났다(장승진 2019). 즉 많은 유권자들이 선거에서 서로 다른 정치적 행위자에게 각자의 역할에 걸맞은 정치적 책임을 물을 수 있고 실제로 묻고 있다는 것이다.

이러한 측면에서 본 논문은 명지대학교 미래정치연구소가 21대 총선 직후 한국리서치에 의뢰하여 실시한 '2020년 총선 유권자 인식 조사'[1] 자료를 사용하여 유권자들이 대통령 및 여야 정당에 대한 회고적 평가를 투표 선택에 어떻게 반영했는지 살펴보았다. 본 논문의 분석 결과, 한국 총선에서 대통령의 국정 운영에 대한 회고적 평가뿐만 아니라 여야 주요 정당의 활동에 대한 회고적 평가 역시 유권자의 투표 선택에 분명하고 유의미한 영향을 끼친다는 것을 알 수 있었다. 다시 말해 한국의 총선에서 나타나는 회고적 투표는 대통령의 국정 운영에 대한 중간 평가의 의미를 넘어서 다양한 대상에 대해 중층적으로 이루어진다는 것이다. 특히 본 논문의 분석에 따르면 대통령의 국정 운영에 대한 회고적 평가가 투표 선택에 끼치는 영향력은 유권자들이 여야 주요 정당에 대해 어떠한 회고적 평가

---

1. 이 조사는 전국의 만 18세 이상 유권자를 대상으로 성별, 지역별, 연령별 기준 바례 할당 추출을 통해 2,000명의 표본을 추출하여 이루어졌다. 조사는 CAWI(Computer Assisted Web Interview) 방식으로 진행되었으며, 표본오차는 무작위추출을 전제했을 때 95% 신뢰수준에서 ± 2.2%이다.

를 내리고 있는가에 따라 다르게 나타난다. 즉 총선에 대통령에 대한 중간 평가와 같은 의미를 부여하는 것은 모든 유권자들에게 동일하게 적용되는 것이 아니라, 여당 혹은 야당으로서 국정 운영에 참여해 온 주요 정당의 활동에 대해 얼마나 만족 혹은 불만족하는가에 따라 조건부로 나타난다는 것이다.

II. 회고적 투표 이론과 한국 선거

대의제 민주주의하에서 회고적 투표가 가지는 이론적 중요성에 대해서는 의문의 여지가 없다고 할 수 있다. 우선 회고적 투표는 대표자들의 임기 중 활동에 대해 유권자들이 평가하고 보상 및 처벌을 내림으로써 정치적 책임성(accountability)을 확보할 수 있도록 한다. 또한 유권자의 회고적 투표를 예상하는 대표자들로 하여금 유권자의 선호에 주목하고 그들의 편익(welfare)을 증진하고자 하는 유인을 제공함으로써 정치적 반응성(responsiveness)의 제고에도 도움을 줄 수 있다.

회고적 투표는 대의제 민주주의가 작동하기 위한 기제의 의미뿐만 아니라, 유권자들이 지지 후보 및 정당을 결정하기 위한 현실적인 방편의 의미도 갖는다. 많은 유권자들은 구체적인 정책의 내용과 수단에 대해 자세한 정보와 지식을 갖추고 있지 못하며, 결과적으로 그러한 정책이 실현된 결과, 즉 현직자의 임기 동안 경험한 개인적 효용의 변화에 초점을 맞추어 투표권을 행사하게 된다. 즉 이들에게 선거란 미래에 대한 선택이라기보다는 집권 여당의 국정 운영 성과에 대한 심판으로서 의미를 가지게 된다(Ferejohn 1986; Key 1966). 혹은 서로 다른 대안을 선택했을 때 기대되는 미래의 효용을 중요시하는 합리적 유권자의 입장에서도 회고적 평가는 제한된 정보에 기반하여 미래에 대한 기대를 형성하기 위해 손쉽게 활용할 수 있는 정보를 제공한다. 즉 이 경우 회고적 투표는 그 자체로서 목적이라기보다는 전망적 투표(prospective voting)를 위한 수단으로서 의미를 가지게 된다(Downs 1957; Fearon 1999; Fiorina 1981).

물론 회고적 투표의 중요성에 대해 모든 연구가 일관된 지지를 보내는 것은 아니다(Achen and Bartels 2017; Healy and Malhotra 2013). 무엇보다도 유권자들이 대통령 및 여야 정당의 성과에 대해 회고적 평가를 형성하는 과정은 중립적으로 이루어지지 않는다. 예를 들어 정당 일체감(party identification)이나 이념 성향과 같은 기존 정치적 성향에 따라 정책 실패의 책임을 누구에게 묻는지, 나아가 객관적인 현실을 어떻게 인식하고 평가하는지 자체가 달라질 수 있다. 또한 많은 유권자들은 근시안적(myopic)이기 때문에 지나치게 단기적인 성과에만 초점을 맞춘다든지(Achen and Bartels 2004; Bechtel and Hainmueller 2011; Healy and Lenz 2013; Healy and Malhotra 2009), 혹은 정책과 무관한—결과적으로 대통령이나 여당이 통제할 수 없으며 따라서 책임을 묻기 어려운—우연한 사건에 의존하여 평가하는(Achen and Bartels 2002; Healy, Malhotra, and Mo 2010; Huber, Hill, and Lenz 2012) 등 회고적 평가를 형성하는 데 있어서 필요한 정보를 효율적으로 사용하지 못하는 현상이 종종 관찰되기도 한다.

그러나 회고적 평가를 형성하는 과정에서 유권자들이 범할 수 있는 인지적·감정적 오류의 가능성에도 불구하고, 현직 대통령의 업무 수행에 만족하는 유권자들일수록 임기 중간에 실시되는 의회선거나 차기 대선에서 여당 소속 후보들에게 투표할 확률이 증가하는 현상 자체는 반복적으로 관찰되는 경험적 현실이다. 특히 경제 상황이 좋을 때에는 유권자들이 여당의 후보에게 투표하는 반면 경제 상황이 악화되는 경우 야당 후보를 선택함으로써 집권 여당의 실정을 심판하는 경제투표(economic voting) 현상은 가장 널리 알려진 회고적 투표의 예라고 할 수 있다.[2] 또한 최근의 연구들은 경제뿐만 아니라 외교적·군사적 성패 역시 현직 대통령과 여당 소속 후보의 득표율에 유의미한 영향을 끼치며(Hibbs 2000; Grose and Oppenheimer 2007; Karol and Miguel 2007; Kriner and Shen 2007), 자연재해와 같이 정부가 통제할 수 없는 사건의 경우에도 성공적인 대처 여부가 유권자들의 평가에 따라 현직자에 대한 지지 여부가 바뀌는 것을 보여 주는 등(Gasper and Reeves 2011; Healy and Malhotra 2009) 회고적 투표의 다양한 증거들을 제시하고 있다.

그러나 한국의 경우에는 회고적 투표와 관련하여 상반된 주장과 증거가 제시되어 왔다. 예를 들어 17대 대선에서 노무현 대통령의 국정 운영을 부정적으로 평가하는 유권자일수록 여당의 정동영 후보 대신 야당의 이명박 후보를 지지할 확률이 크게 증가하였으며(가상준 2008; 강원택 2008a), 불과 4개월여 후에 실시된 18대 총선에서는 대통령 취임 이후 제기된 여러 가지 정치적 논란에 대해 부정적으로 평가하는 이명박 지지자들이 한나라당에 대한 지지로부터 이탈하는 모습이 관찰되었다(강원택 2008b). 반면 18대 대선의 경우 현직 대통령의 낮은 지지율에도 불구하고 여당 소속의 박근혜 후보가 대통령에 당선되었으며, 유권자의 투표 선택에 대한 경험적 분석 역시 이명박 정부에 대한 회고적 평가보다는 박근혜

---

2. 회고적 투표 및 경제투표의 증거는 여기에서 모두 인용하기 어려울 정도로 기존 연구가 많이 존재한다. 이러한 연구의 요약 정리를 위해서는 장승진(2017)을 참고할 수 있다. 한편 이러한 이론이 가장 활발하게 발전, 적용되고 있는 미국의 사례와 관련한 기존 연구의 정리 및 평가에 대해서는 신계균·윤종빈(2010)을 참고할 수 있다.

후보의 국정 운영 능력에 대한 전망적 평가가 투표 선택에 유의미한 영향을 끼쳤다고 주장한다(이내영·안종기 2013). 한편 18대 대선의 투표 선택을 분석한 또 다른 연구(장승진·길정아 2014)는 선거 후 조사가 범할 수밖에 없는 인과 관계의 방향성 문제를 통제한다면 전망적 평가의 영향력은 실제보다 상당히 과장되었으며, 이명박 정부에 대한 회고적 평가가 끼친 영향력이 명확하게 확인된다는 증거를 제시하기도 하였다.

한국 총선을 대상으로 회고적 투표의 영향력을 분석한 연구 또한 일관된 결과를 내놓지 않고 있다. 예를 들어 2012년에 실시된 19대 총선의 경우 현직 대통령의 지지도가 매우 낮은 임기 후반에 실시되었음에도 불구하고 여당이 승리한 것은 이명박 대통령의 국정 운영에 대한 회고적 평가보다는 8개월 후로 예정된 대선을 염두에 둔 전망적 평가가 유권자의 투표 선택에 중요한 영향을 끼쳤기 때문이라는 분석이 존재한다(강원택 2012; 황아란 2012). 반면 동일한 선거에 대한 또 다른 연구(장승진 2012)는 여당의 승리가 정서적 차원에서 유권자가 가지고 있는 각 정당에 대한 호불호에서 기인한 것이며, 실제로 19대 총선에서도 정권심판론에 기반한 회고적 투표가 중요하게 작용했다고 주장한다.

결론적으로 한국의 선거에서 회고적 평가가 투표 선택에 끼치는 영향력은 여전히 명확한 결론이 내려지지 않고 있으며, 동일한 선거를 분석한 연구들조차 분석 모형에 따라 서로 상반된 결과를 제시하고 있다. 이러한 상황에 대해 본 논문이 제시하는 가설은, 회고적 평가의 영향력은 해당 선거를 둘러싼 정치적 환경과 그에 대한 유권자의 인식에 따라 조건부로 나타날 수 있다는 것이다. 즉 총선에 참여하는 유권자들이 단순히 대통령에 대한 지지 혹은 반대를 표출하기 위하여 투표하는 것이 아닌 것처럼, 이와 동시에 대다수의 유권자들이 정부와 여당이 어떻게 국정을 운영했는지 전혀 신경쓰지 않은 채 투표한다고 보는 것도 현실적이지 않다는 것이다. 결국 대통령의 국정 운영에 대한 평가가 총선에 임하는 유권자의 투표 선택에 얼마나, 어떻게 영향을 끼치는가는 해당 선거에서 회고적 투표가 나타날 수 있는 조건이 주어졌는가에 따라 달라질 수 있으며, 회고적 투표를 다루는 분석의 핵심은 이러한 조건을 구체적으로 밝히는 것이라고 할 수 있다.

III. 가설

일반적으로 회고적 투표에 대한 연구는 대통령의 국정 운영에 대한 회고적 평가에 초점을 맞추는 경향이 있다. 대통령제하에서 대통령은 가장 눈에 띄는 정치적 행위자이다. 따라서 미디어 및 여론 또한 대통령의 통치 행위에 가장 높은 관심을 기울이게 마련이다. 그리고 구체적인 정책 영역과 내용에 따라서 실제로 대통령이 정책의 결정 및 집행 과정에서 행사하는 영향력의 크기는 상이할 수 있음에도 불구하고 대부분의 유권자들은 국정 운영의 최고 책임자인 대통령에게 궁극적인 정책 성패의 책임을 묻게 되며, 결과적으로 대통령은 자신이 통제할 수 없는 결과에 대해서까지 정치적 책임을 져야 하는 상황에 처하게 된다. 이러한 의미에서 대통령의 국정 운영에 대한 회고적 평가가 회고적 투표에서 핵심적인 지위를 차지하는 것은 매우 자연스러운 일이라고 할 수 있다.

그러나 총선에서 실제로 유권자의 선택 대상이 되는 것은 대통령이 아닌 여야 정당을 대표하는 후보자들이다. 따라서 여야 주요 정당 또한 유권자들의 회고적 평가와 투표의 대상이 될 수밖에 없다. 총선은 단순히 대통령의 국정 운영에 대한 중간 평가의 의미만 가지는 것이 아니라, 지난 4년 간 각 정당이 보인 활동과 성과를 심판하고 앞으로 4년 동안 어느 정당이 의회 권력을 장악할 것인지 결정하는 의미 또한 가진다. 따라서 의회 권력을 놓고 경쟁하는 주요 정당에 대한 전망적 기대가 유권자들의 중요한 선택 기준이 될 수밖에 없으며, 앞서 논의한 것처럼 미래에 대한 전망적 기대를 판단하기 위해 손쉽게 활용할 수 있는 여야 정당에 대한 회고적 평가가 유권자의 투표 선택에 유의미한 영향을 끼칠 것이라고 예상할 수 있다.

물론 대통령과 함께 국정 운영에 참여하는 여당은 국정 운영의 결과와 성패의 책임을 일정 부분 대통령과 공유하게 되며, 대통령의 국정 운영에 대해 비판과 견제 역할을 수행하는 야당에 대한 평가 역시 대통령에 대한 평가로부터 완전히 자유로울 수는 없을 것이다. 그러나 입법권과 행정권의 엄격한 분리에 기반한 대통령제하에서 대통령에 대한 회고적 평가와 입법부를 구성하는 여야 정당에 대한 평가는 분명히 구분되어야 하는 현상이라고 할 수 있다. 실제 주기적으로 이루어지는 여론조사에서도 대통령에 대한 지지도와 여야 각 정당에 대한 지지도의 변화 추이가 항상 일치하는 것은 아니다.[3]

대통령에 대한 회고적 평가와 여야 정당에 대한 회고적 평가가 분리될 수 있는 것과 동시에, 여야 정당에 대한 회고적 평가가 대통령에 대한 회고적 평가와는 독립적으로 유권자의 투표 선택에 유의미한 영향을 끼칠 수 있다. 과거 총선에서도 정부 여당에 대한 심판론과는 별개로 야당에 대한 심판론이 유권자들에게 상당한 공감을 얻고 실제로 투표 선택에 유의

---

3. 한국갤럽에서 실시한 주간 조사 결과에 따르면 2020년 21대 총선 직전까지 20주 동안 대통령의 국정 운영을 긍정적으로 평가하는 응답자 비율의 변화와 민주당 및 자유한국당(미래통합당)을 지지하는 응답자 비율의 변화 사이에 상관계수는 각기 0.562와 0.3598이었다(「한국갤럽 데일리 오피니언」, 제396호).

미한 영향을 끼쳤다는 점이 확인된 바 있다(장승진 2012; 2016). 또한 흔히 대통령의 국정 운영 및 경제 상황에 대한 회고적 평가가 투표 선택을 좌우하며(강원택 2006; 김진하 2010; 황아란 2013; 2014; 2016), 결과적으로 중앙정치의 대리전으로 간주되어 온 지방선거에서조차도 중앙정부와는 구분되는 지방정부 수준의 회고적 평가가 현직 광역단체장에 대한 투표 여부에 독립적이고 유의미한 영향을 끼쳤다는 증거도 제시된 바 있다(장승진 2019). 즉 많은 유권자들이 선거에서 서로 다른 정치적 행위자에게 각자의 역할에 걸맞은 정치적 책임을 물을 수 있고, 실제로 묻고 있다는 것이다.

따라서 본 논문은 총선에 임하는 유권자들은 서로 다른 다양한 정치적 선택 대상에 대해 각기 회고적 평가를 내리고 있으며, 이 중 대통령의 국정 운영에 대한 회고적 평가가 투표 선택에 유의미한 영향을 끼치는가는 여야 주요 정당에 대한 회고적 평가 사이의 차별성에 따라 조건부로 나타날 수 있다고 주장한다. 좀 더 구체적으로 본 논문이 제시하는 가설은 다음과 같다. 총선에서 유권자들에게 일차적인 선택 대상이 되는 것은 여야 주요 정당이다. 따라서 지난 국회에서 여야 정당 활동에 대한 회고적 평가는 유권자들의 투표 선택에 중요한 영향을 끼치게 된다. 물론 대통령의 국정 운영에 대한 평가도 유권자의 투표 선택에 영향을 끼치지만, 대통령에 대한 회고적 평가의 영향력은 여야 정당에 대해 부정적으로 회고적 평가를 내리는 유권자들 사이에서 특히 두드러지게 나타날 것이다. 이러한 상호작용을 기대하는 이유는 두 가지 차원으로 설명할 수 있다. 첫째, 여야 정당 활동에 대해 부정적으로 평가하는 유권자의 경우 그러한 부정적인 회고적 평가에도 불구하고 해당 정당을 지지하기 위한 이유를 대통령의 국정 운영에 대한 평가에서 찾고자 하는 유인을 가질 수 있다. 둘째, 만일 여야 정당에 대해 모두 부정적으로 평가하는 유권자라면 선택 대상 사이의 차별성을 찾기 어렵기 때문에 투표할 정당을 결정하기 위해 대통령에 대한 회고적 평가를 일종의 대체제로 활용할 수 있다.

IV. 데이터와 변수 조작화

본격적인 분석에 앞서 〈표 1〉을 살펴보기로 하자. 〈표 1〉은 21대 총선에서 한국 유권자들이 선거의 의미를 어떻게 규정했는지 보여 주고 있다. 응답자 중 '이번 선거는 정부와 여당을 심판하는 선거이다'라는 진술에 매우 혹은 대체로 공감하는 비율은 44.3%였으며, 별로 혹은 전혀 공감하지 않는 비율은 55.7%였다. 반면에 '이번 선거는 야당을 심판하는 선거이다'라는 진술에 매우 혹은 대체로 공감하는 비율이 62.25%를 기록함으로써, 21대 총선에 정부·여당에 대한 심판의 의미보다 야당에 대한 심판에 의미를 부여하는 비율이 훨씬 높은 것으로 나타났다. 게다가 응답자의 30%에 가까운 비율이 두 가지 심판론에 모두 공감한다고 대답한 동시에, 야당 심판론에는 공감하지 않으면서 정부와 여당만을 심판의 대상으로 삼는 응답자 비율은 전체 응답자의 15.25%에 그쳤다. 요컨대 〈표 1〉이 나타나

〈표 1〉 정부·여당 심판론과 야당 심판론에 대한 공감 여부 (%, N = 2000)

		야당 심판론		합계
		공감	비공감	
정부·여당 심판론	공감	29.05	15.25	44.30
	비공감	33.20	22.50	55.70
합계		62.25	37.75	100

고 있는 결과는 21대 총선에서 한국 유권자들이 대통령이나 여당뿐만 아니라 야당 또한 주요한 회고적 평가의 대상으로 삼았을 가능성을 강하게 시사하고 있다.

그렇다면 다양한 정치적 행위자에 대한 회고적 평가는 실제로 21대 총선에서 유권자의 투표 선택에 중요한 영향을 끼쳤는가? 이를 확인하기 위한 분석에 활용된 핵심적인 독립변수는 대통령의 국정 운영에 대한 평가와 더불어 지난 제20대 국회에서 여당과 야당의 활동에 대한 회고적 평가이다. 먼저 대통령의 국정 운영에 대한 평가는 선거 시점까지 문재인 대통령의 직무 수행을 평가해달라는 문항에 응답자들이 0부터 10까지의 척도로 대답한 결과를 사용하였다. 전반적으로 응답자들은 해당 문항에 대해 5.787의 평균값을 기록하며 중간보다 약간 우호적인 평가를 내리고 있지만, 〈그림 1〉에서 살펴볼 수 있듯이 응답자의 지지 정당에 따라 극명한 차

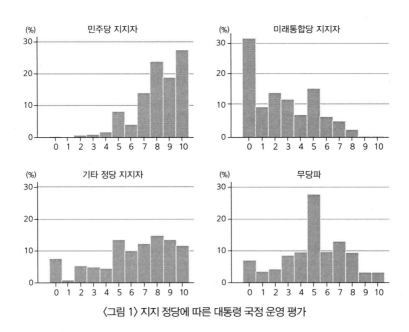

〈그림 1〉 지지 정당에 따른 대통령 국정 운영 평가

이를 보였다.

두 번째로 여야 정당에 대한 회고적 평가는 민주당과 미래통합당(자유한국당)을 대상으로 '지난 4년간 다음 각 정당의 활동에 대해서 얼마나 만족하십니까?'라는 질문에 대한 대답을 사용하였다.[4] 각 변수는 4점 척도로 측정되었으며, 값이 커질수록 더 긍정적인 회고적 평가를 의미하도록 코딩하였다. 민주당의 경우 전체 응답자의 45.4%가 (매우) 만족한다고 대답한 것에 비해 미래통합당에 대해서는 4년간의 활동에 (매우) 만족한다는 대답이 전체 응답자의 11.6%를 기록함으로써 민주당에 비해 매우 낮은 수준에 머물렀다. 〈표 2〉가 보여 주듯이 여야 각 정당에 대한 회고적 평가 역시 응답자의 지지 정당에 따라 극명하게 차이를 보이는 것도 사실이다. 그러나 정작 미래통합당을 지지하는 응답자 중에서도 72.6%라는

〈표 2〉 민주당과 미래통합당에 대한 회고적 평가 (%)

		전체 응답자	민주당 지지자	미래통합당 지지자	기타 정당 지지자	무당파
민주 당	매우 만족한다	5.9	14.1	0.4	5.0	1.9
	만족한다	39.5	63.9	8.7	39.1	31.8
	불만족한다	38.7	20.9	43.3	42.7	49.0
	매우 불만족한다	16.0	1.1	47.6	13.2	17.3
미래 통합 당	매우 만족한다	1.0	0.6	4.0	–	0.6
	만족한다	10.6	5.1	23.5	5.0	11.8
	불만족한다	43.1	28.8	63.2	33.6	49.4
	매우 불만족한다	45.4	65.5	9.4	61.4	38.2

---

4. 제20대 국회가 개원하던 시점에는 민주당과 자유한국당(현 국민의힘) 외에도 국민의당이 세 번째 교섭단체를 구성하였다. 그러나 이후 소속 의원들이 여러 정당으로 이합집산을 거듭함에 따라 21대 총선을 앞두고는 국민의당이 실질적인 회고적 평가의 대상이 될 정도의 정치적 존재감을 가지고 있었다고 하기 어렵다. 더구나 21대 총선 또한 민주당과 미래통합당의 양자 대결로 진행되었다. 결과적으로 제20대 국회에서 국민의당 활동에 대해서는 별도의 설문이 이루어지지 않았으며, 따라서 분석에도 포함되지 않았다.

높은 비율이 자신이 지지하는 정당에 대해 부정적인 평가를 내리고 있다는 사실은, 한국 유권자들 사이에서 제20대 국회 임기 동안 미래통합당의 활동에 대한 회고적 평가가 유난히 부정적이라는 것을 보여 주고 있다.

대통령의 국정 운영과 여야 주요 정당의 활동에 대한 회고적 평가 외에도 21대 총선의 투표 선택에 영향을 끼칠 수 있는 다양한 통제변수들이 통계 분석에 포함되었다. 먼저 일반적인 차원의 회고적 평가와는 별개로 21대 총선이 치러지던 시점에서 가장 중요한 이슈였다고 할 수 있는 코로나19 감염병에 대한 정부 대응에 응답자의 평가를 통제하였다. 좀 더 구체적으로 보면, '이번 코로나19 감염병에 대한 우리나라 정부의 대처와 관리 수준이 외국의 경우와 비교하여 어떻다고 생각하십니까?'라는 질문에 응답자들은 '매우 잘하고 있다'에서 '매우 잘못하고 있다'에 이르는 5점 척도를 사용하여 대답했으며, 값이 커질수록 코로나19 감염병에 대한 정부의 대응을 긍정적으로 평가하는 것을 의미한다.[5] 또한 4년 동안 한국 경제의 변화에 대한 평가(sociotropic evaluations)를 통제하였다. 한국 경제의 변화에 대한 평가는 3점 척도로 측정되었으며, 값이 커질수록 4년 전과 비교하여 한국 경제 상황이 좋아졌다고 평가하는 것을 의미한다.[6]

이와 더불어 응답자의 지지 정당과 진보−보수 이념 성향이 통제변수로 포함되었다. 앞서 〈그림 1〉과 〈표 2〉에서 살펴보았듯이 유권자의 회고적 평가는 기존 정치적 성향에 따라 크게 달라진다. 따라서 회고적 평가가 투표 선택에 끼치는 독립적인 영향력을 확인하기 위해서는 응답자의 지지

---

5. 응답자의 절대 다수인 84%가 우리나라 정부가 외국에 비해 코로나19 감염병에 대한 대응을 (매우) 잘하고 있다고 대답하였으며, (매우) 잘못하고 있다는 대답은 7.7%에 그쳤다.
6. 응답자의 과반에 달하는 54.85%가 4년 전에 비해 한국 경제 상황이 악화되었다고 대답하였으며, 호전되었다는 대답은 10.4%에 그쳤다. '잘 모르겠다'는 소수의 응답은 중간값인 '비슷하다'와 통합하였다.

정당 및 이념 성향이 반드시 함께 고려되어야 한다. 그 외에도 응답자의 정치에 대한 관심도, 정치 효능감[7], 정치 지식 수준[8], 그리고 응답자의 기본적인 인구통계학적 변수 등이 분석에 포함되었다.

V. 분석 결과

통계 분석을 위한 종속변수는 21대 총선의 투표 선택이며, 지역구 후보에 대한 투표와 비례대표 후보에 대한 정당 투표를 각각 고려하였다. 지역구 후보에 대한 투표의 경우 여당인 민주당 후보에게 투표한 응답자를 1로 코딩하였고, 그 외 야당 후보에게 투표한 응답자를 0으로 코딩하였다.[9] 정당 투표의 경우 양대 정당의 위성 정당에 대한 투표를 모정당에 대한 투표로 간주하였다. 다만 지역구 후보에 대한 투표와 달리 정당 투표에서는 상당수의 유권자들이 양대 정당 외에 다른 정당에 투표했다는 점을 고려하여 더불어시민당, 미래한국당, 기타 정당에 투표한 응답자 등 세 범주로 코딩하였다.

우선 〈표 3〉은 지역구 후보에 대한 투표 선택에 어떠한 변수들이 영향을 끼쳤는지 보여 주는 프로빗(probit) 모형의 결과를 제시하고 있다. 쉽

---

7. 정치 효능감은 '나 같은 사람들은 정부가 하는 일에 대해 어떤 영향도 주기 어렵다', '정부는 나 같은 사람들의 의견에 관심이 없다', '나는 한국이 당면하고 있는 중요한 정치 문제를 잘 이해하고 있다'라는 세 문항에 대한 대답의 평균값으로 측정되었다. 각 문항에 대한 대답은 4점 척도로 측정되었으며, 값이 클수록 더 높은 효능감을 의미하도록 코딩되었다.
8. 정치 지식 수준은 한국의 정치 상황 및 주요 제도, 그리고 국제 뉴스에 대한 10개의 질문에 대해 올바르게 대답한 개수를 사용하여 측정되었다.
9. 야당 후보에게 투표한 응답자 대부분은 미래통합당 후보에게 투표하였다. 미래통합당 외의 군소 야당 후보에게 투표한 응답자들을 제외하고 양대 정당의 후보에게 투표한 응답자들만을 대상으로 분석을 실시해도 결과에는 별다른 차이가 없었다.

게 예상할 수 있듯이, 문재인 대통령의 국정 운영에 대한 회고적 평가는 응답자의 지역구 투표 선택에 유의미한 영향을 끼쳤다. 그리고 대통령의 국정 운영에 대한 회고적 평가와 더불어 여당과 야당 활동에 대한 회고적 평가 역시 여당 후보에게 투표할 확률에 명확하게 영향을 끼쳤다는 점을 확인할 수 있다. 즉 야당인 미래통합당에 대한 회고적 평가가 부정적일수록 그리고 여당인 민주당에 대한 회고적 평가가 긍정적일수록 지역구 투표에서 민주당 후보에게 투표할 확률이 유의미하게 증가하였다.

무엇보다도 〈표 3〉이 보여 주는 중요한 발견은 서로 다른 정치적 행위자에 대한 회고적 평가 사이의 상호작용 효과이다. 대통령의 국정 운영에 대한 회고적 평가와 여야 각 정당에 대한 회고적 평가 사이의 상호작용 항은 음의 계수를 가지고 있으며 통계적으로 유의미했다. 좀 더 구체적으로 살펴보면, 제20대 국회에서 여당 및 야당 활동에 부정적으로 평가하는 응답자일수록 문재인 대통령의 국정 운영에 대한 회고적 평가가 지역구 후보에 대한 투표 선택에 끼치는 영향력이 더 커졌다. 다시 말해 여당과 야당 활동에 만족하지 못하는 유권자일수록 대통령의 국정 운영에 대한 회고적 평가를 자신의 투표 선택에 좀 더 중요한 기준으로 반영했다는 것이다. 반면 민주당이나 미래통합당의 활동을 긍정적으로 평가한 유권자의 경우에는 문재인 대통령의 국정 운영에 대한 평가가 투표 선택에 거의 영향을 끼치지 않았다. 〈그림 2〉는 대통령 및 여야 정당에 대한 회고적 평가 사이의 이와 같은 상호작용 효과를 시각적으로 제시하고 있다.

이어서 〈표 4〉에서는 비례대표 정당 투표에 대해 동일한 분석을 실시한 다항로짓(multinomial logit) 모형의 결과를 제시하고 있다. 〈표 4〉의 결과는 기본적으로 〈표 3〉과 큰 틀에서 별다른 차이를 보이지 않는다. 정당 투표에서 야당에 비해 더불어시민당을 선택할 확률은 문재인 대통령의

	Coefficients (Robust Standard Errors)	
대통령 국정 운영 평가	0.155* (0.028)	0.344* (0.071)
미래통합당 회고 평가	−0.273* (0.063)	0.047 (0.165)
대통령 국정 운영 평가× 미래통합당 회고 평가		−0.058* (0.028)
민주당 회고 평가	0.423* (0.086)	0.676* (0.150)
대통령 국정 운영 평가× 민주당 회고 평가		−0.044* (0.021)
코로나19 대응 평가	0.166* (0.037)	0.155* (0.039)
국가 경제 평가	0.126* (0.052)	0.127* (0.051)
민주당 지지	0.646* (0.083)	0.655* (0.084)
미래통합당 지지	−1.122* (0.233)	−1.141* (0.233)
기타 정당 지지	−0.172 (0.131)	−0.164 (0.134)
진보–보수 이념 성향	−0.085* (0.021)	−0.082* (0.021)
정치적 관심	0.158* (0.077)	0.163* (0.078)
정치 효능감	0.037 (0.109)	0.029 (0.107)
정치 지식 수준	0.016 (0.019)	0.016 (0.018)
20대	−0.070 (0.130)	−0.085 (0.123)
30대	0.029 (0.140)	0.024 (0.141)
50대	0.188* (0.083)	0.196* (0.090)
60세 이상	−0.090 (0.083)	−0.094 (0.082)
교육 수준(대학 이상=1)	−0.190* (0.060)	−0.184* (0.061)
소득 수준	0.032 (0.021)	0.033 (0.021)
고용 상태(피고용=1)	−0.055 (0.102)	−0.071 (0.100)
고용 상태(자영업=1)	0.064 (0.116)	0.056 (0.115)
주거 형태(자가 소유=1)	−0.141 (0.081)	−0.148 (0.081)
성별(여성=1)	−0.012 (0.065)	−0.007 (0.070)
거주 지역 통제	Yes	Yes
Constant	−0.815* (0.302)	−1.834* (0.516)
pseudo-R^2	0.4850	0.4883
N	1796	1796

주: 응답자가 거주하는 광역자치단체를 나타내는 가변인도 분석에 포함되었으나 여기에서는 생략
되었다. 정당의 후보 공천 및 선거운동에 있어서 지역별 편차가 존재할 수 있다는 점에서 17개 광
역자치단체 수준에서 군집화된 표준오차가 사용되었다. *$p<0.05$.

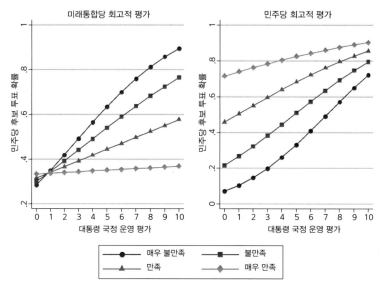

〈그림 2〉 대통령 및 여야 정당에 대한 회고적 평가와 지역구 투표

국정 운영을 긍정적으로 평가할수록 그리고 지난 4년간 민주당의 활동을
긍정적으로 평가할수록 유의미하게 증가하였다. 미래통합당에 대한 회고
적 평가는 더불어시민당과 미래한국당 사이의 선택에만 유의미한 영향을
끼쳤을 뿐, 더불어시민당과 기타 정당 사이의 선택에는 영향을 끼치지 않
았다. 그리고 대통령에 대한 회고적 평가와 여야 정당에 대한 회고적 평가
사이의 상호작용 효과 또한 지역구 투표와 마찬가지로 비례대표 정당 투
표에서도 여전히 나타났다. 즉 비례대표 정당 투표에서도 대통령의 국정
운영 평가를 중요한 투표 선택 기준으로 사용하는 유권자들은 대부분 여
당 및 야당 활동에 대해 부정적으로 평가하는 경우가 많았다.

이상의 분석을 종합해 보면, 한국 총선에서 회고적 투표의 새로운 측면
이 명확하게 드러난다. 먼저 유권자의 지지 정당이나 이념 성향을 통제한
이후에도 대통령의 국정 운영에 대한 회고적 평가는 여전히 투표 선택에

	Coefficients(Robust Standard Errors)			
	미래한국당 (vs. 더불어시민당)	기타 정당 (vs. 더불어시민당)	미래한국당 (vs. 더불어시민당)	기타 정당 (vs. 더불어시민당)
대통령 국정 운영 평가	−0.273* (0.051)	−0.140* (0.039)	−0.513* (0.180)	−0.390* (0.138)
미래통합당 회고 평가	0.866* (0.171)	0.090 (0.115)	0.072 (0.543)	0.110 (0.466)
대통령 국정 운영 평가× 미래통합당 회고 평가			0.185* (0.087)	0.000 (0.065)
민주당 회고 평가	−0.997* (0.174)	−0.459* (0.117)	−0.953* (0.415)	−1.189* (0.341)
대통령 국정 운영 평가× 민주당 회고 평가			−0.075 (0.067)	0.104* (0.043)
코로나19 대응 평가	−0.223 (0.135)	−0.169 (0.115)	−0.206 (0.138)	−0.124 (0.118)
국가 경제 평가	−0.265 (0.189)	−0.140 (0.107)	−0.233 (0.203)	−0.150 (0.105)
민주당 지지	−1.523* (0.368)	−0.372* (0.159)	−1.298* (0.364)	−0.372* (0.158)
미래통합당 지지	3.135* (0.699)	1.923* (0.709)	3.177* (0.704)	1.845* (0.707)
기타 정당 지지	−0.097 (0.390)	1.832* (0.246)	−0.105 (0.381)	1.811* (0.243)
진보−보수 이념 성향	0.316* (0.066)	0.043 (0.040)	0.324* (0.066)	0.046 (0.039)
Control variables	Yes	Yes	Yes	Yes
Constant	2.109 (1.197)	3.411 (1.039)	3.482* (1.594)	5.022* (1.356)
pseudo-R^2	0.3651		0.3722	
N	1796		1796	

주: 〈표 3〉과 동일한 통제변수들이 포함되었으나 결과에 큰 차이가 없어 여기에서는 생략되었다. *p<0.05.

중요한 기준으로 작용한다. 즉 대통령의 임기 중에 실시되는 총선이 불가
피하게 중간 평가의 성격을 띠게 된다는 사실을 다시금 확인할 수 있다.
그러나 한국 유권자들이 대통령의 국정 운영 평가에 기대에 무조건적으
로 회고적 투표에 나선다고 할 수는 없다. 총선은 기본적으로 국회의 구성
원을 선출하는 선거로서, 한국 유권자들은 국회를 구성하는 여야 정당 역
시 중요한 회고적 평가의 대상으로 삼고 있다. 즉 지난 국회에서 여당이나
야당 활동을 긍정적으로 평가하는 유권자라면—대통령의 국정 운영에 대
한 평가와는 독립적으로—해당 정당 및 소속 후보에게 투표할 확률이 유

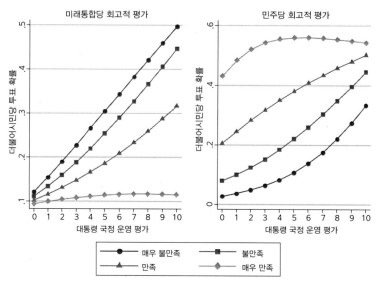

〈그림 3〉 대통령 및 여야 정당에 대한 회고적 평가와 비례대표 정당 투표

의미하게 증가하였다. 반면 여야 정당 활동을 부정적으로 평가하는 유권자들은 대통령의 국정 운영에 어떠한 평가를 내리는가에 따라 어느 정당에 투표할 것인가를 결정하는 경향이 강해진다. 다시 말해 한국 총선에서 회고적 투표는 다양한 정치적 행위자에 대해 복합적으로 이루어진다는 것을 말해 준다.

그렇다면 여야 정당 활동에 대한 회고적 평가가 부정적일수록 대통령의 국정 운영 평가에 기대어 투표하게 된다는 사실은 구체적으로 어떠한 의미를 가지는가? 무엇보다도 여야 정당에 대한 회고적 평가는 서로 독립적이지 않을 가능성이 높기 때문에, 민주당에 대한 평가와 미래통합당에 대한 평가를 동시에 고려할 필요가 있다. 이를 위해 〈표 5〉에서는 대통령 및 여야 정당에 대한 회고적 평가 사이의 삼원(three-way) 상호작용 효과를 살펴보고 있다. 분석 결과에 따르면 세 가지 회고적 평가 사이의 상

<표 5> 21대 총선의 지역구 투표 및 비례대표 정당 투표 삼원 상호작용 효과

	Coefficients(Robust Standard Errors)		
	지역구 투표 (민주당=1)	비례대표 정당 투표	
		미래한국당 (vs. 더불어시민당)	기타 정당 (vs. 더불어시민당)
대통령 국정 운영 평가	0.74* (0.12)	−1.32* (0.42)	−0.81* (0.33)
미래통합당 회고 평가	0.78* (0.23)	−2.09 (1.38)	−1.30 (1.30)
대통령 국정 운영 평가× 미래통합당 회고 평가	−0.33* (0.06)	0.71* (0.25)	0.31 (0.21)
민주당 회고 평가	1.20* (0.21)	−2.69* (1.04)	−1.88* (0.86)
대통령 국정 운영 평가× 민주당 회고 평가	−0.20* (0.04)	0.30 (0.16)	0.25* (0.11)
미래통합당 회고 평가× 민주당 회고 평가	−0.34* (0.13)	1.02 (0.55)	0.49 (0.48)
대통령 국정 운영 평가× 미래통합당 회고 평가× 민주당 회고 평가	0.11* (0.02)	−0.23* (0.10)	−0.11 (0.07)
코로나19 대응 평가	0.16* (0.04)	−0.22 (0.14)	−0.12 (0.12)
국가 경제 평가	0.12* (0.05)	−0.22 (0.21)	−0.15 (0.11)
민주당 지지	0.63* (0.08)	−1.30* (0.36)	−0.36* (0.16)
미래통합당 지지	−1.11* (0.23)	3.19* (0.71)	1.87* (0.71)
기타 정당 지지	−0.17 (0.13)	−0.12 (0.39)	1.82* (0.24)
진보−보수 이념 성향	−0.09* (0.02)	0.33* (0.07)	0.05 (0.04)
Control variables	Yes	Yes	Yes
Constant	−2.92* (0.63)	6.89* (2.75)	6.93* (2.49)
pseudo−R^2	0.4940	0.3741	
N	1796	1796	

주: 〈표 3〉과 동일한 통제변수들이 포함되었으나 결과에 큰 차이가 없어 여기에서는 생략되었다.
*$p<0.05$.

호작용 항은 지역구 투표나 비례대표 정당 투표에 모두 통계적으로 유의미한 영향을 끼치고 있다. 즉 대통령의 국정 운영 평가가 유권자의 투표 선택에 어떠한 영향을 끼치는가는 여당 및 야당에 대한 회고적 평가 사이의 조합에 따라 달라진다는 것이다. 이어지는 〈그림 4〉는 세 변수 사이의

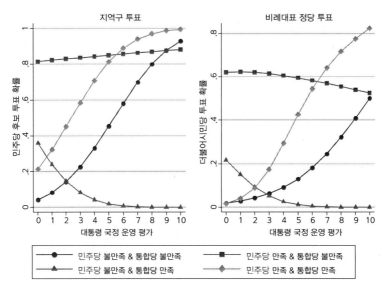

<그림 4> 대통령 및 여야 정당에 대한 회고적 평가와 투표 선택

상호작용 효과가 구체적으로 어떠한 형태로 나타나는지 직관적으로 보여

주고 있다.

　〈그림 4〉에 따르면 대통령의 국정 운영에 대한 평가가 투표 선택에 끼

치는 영향력은 주로 여야 정당에 대한 회고적 평가가 차별적이지 않은 유

권자들에게서 나타난다는 사실을 관찰할 수 있다. 즉 민주당과 미래통합

당에 대한 회고적 평가가 모두 긍정적이거나 혹은 모두 부정적인 유권자

들 사이에서 대통령의 국정 운영에 대한 평가가 달라짐에 따라 여당인 민

주당에 투표할 확률이 유의미하게 변화했다. 물론 민주당과 미래통합당

활동에 모두 만족한다고 대답한 응답자의 숫자는 극소수에 불과하므로,

대부분의 경우는 여야 주요 정당에 모두 부정적인 회고적 평가를 내린 유

권자들이 여기에 해당할 것이다. 반면 민주당이나 미래통합당 중 어느 한

정당에 대해서만 긍정적으로 평가한 유권자들에게 대통령의 국정 운영

평가가 투표 선택에 끼치는 영향력은 미미한 수준이었다. 민주당에 대해서 긍정적으로 평가하고 미래통합당에 대해서 부정적으로 평가하는 유권자들은 대통령의 국정 운영에 대한 회고적 평가와는 무관하게 민주당에 투표할 확률이 높았다. 마찬가지로 미래통합당에 대해 긍정적으로 평가하면서 민주당의 활동에 만족하지 못하는 유권자들은 대통령의 국정 운영 평가와 무관하게 민주당에 투표하지 않았다.

〈그림 4〉의 결과는 대통령의 국정 운영에 대한 회고적 투표와 여야 정당에 대한 회고적 투표가 서로 대체제의 역할을 할 가능성을 강하게 암시한다. 흔히 대통령의 임기 중간에 실시되는 총선은 대통령의 업무 수행에 대한 중간 평가의 성격을 가진다고 하지만, 이것이 모든 유권자들에게 적용되는 것은 아니라고 할 수 있다. 총선에서 유권자들이 선택하는 대상은 기본적으로 여야 정당이며, 실제로 여야 정당 중 어느 정당에 더 긍정적인 회고적 평가를 내리는가는 해당 정당에 투표할지 여부에 실질적으로나 통계적으로 유의미한 영향을 끼쳤다. 그러나 여야 정당에 대한 회고적 평가가 서로 차별적이지 않은 유권자의 경우에는, 즉 여야 정당을 모두 부정적으로 평가하기 때문에 정당 차원의 회고적 평가를 투표 선택의 기준으로 삼을 수 없는 유권자의 경우에는, 대통령의 국정 운영에 대한 회고적 평가를 대안적으로 활용하여 어느 정당에 투표할지 결정한다. 다시 말해, 총선에서 대통령은 조건부로 회고적 투표의 대상이 되는 것이다.

VI. 결론

언론과 미디어는 흔히 유권자들이 후보가 제시하는 정책과 공약을 염두에 두고, 누가 집권했을 때 바람직한 결과를 가져올 것인가라는 전망적 평가 위에 투표하는 것이 바람직한 투표 행태라고 설명하곤 한다. 반면에 소위 심판론에 기초한 회고적 투표는 과거에 얽매인, 따라서 중요한 선택 기준을 가리는 당파적 행태로 치부되기 일쑤이다. 그러나 후보의 정책과 공약에 대한 평가도 당파적 고려로부터 자유로울 수 없으며, 합리적으로 무지한 유권자들이 전망적 기대를 판단하기 위해서는 역으로 회고적 평가를 활용할 수밖에 없다. 더욱이 본 논문의 서두에서 언급했듯이 대의제 민주주의하에서 정치적 책임성과 반응성을 제고하는 데 유권자의 회고적 투표 행태가 차지하는 비중이 결코 적지 않다. 이러한 의미에서 유권자들이 회고적 평가를 얼마나 어떻게 활용하여 지지 후보 및 정당을 결정하는가는 한국의 선거와 민주주의를 이해하는 데 중요한 의미를 가진다고 할 수 있다.

본 논문의 분석 결과, 한국 유권자들은 상당히 합리적이고 예측 가능한 방식으로 회고적 투표에 임하고 있다는 것을 알 수 있다. 한국 유권자들은 단순히 대통령에 대한 지지 혹은 반대를 표출하기 위하여 투표를 하는 것도 아니며, 그렇다고 해서 정부가 어떻게 국정 운영을 했는가와 무관하게 지지 후보를 결정하지도 않는다. 총선에서 일차적인 선택 대상인 여야 주요 정당에 대한 회고적 평가는 실제 해당 정당에 투표할 확률에 유의미한 영향을 끼쳤다. 즉 한국 유권자들은 지난 4년간의 활동을 긍정적으로 평가하는 정당에 다시 표를 주었다. 그리고 여야 정당에 모두 부정적인 회고적 평가를 내리기 때문에 정당 차원의 회고적 평가에서 별다른 차별성을 발견하지 못한 유권자들에게는 대통령의 국정 운영에 대한 평가가 투표 선택에 큰 영향을 끼친 것으로 나타났다. 즉 21대 총선에서 한국 유권자들은 다양한 정치적 주체에 대해 각자의 역할에 걸맞은 정치적 책임을 물었다는 것이다.

물론 본 논문에서 유권자의 회고적 투표야말로 가장 객관적이고 바람직한 선택 기준이라고 주장하는 것은 아니다. 무엇보다도 대통령 및 여야 정당의 임기 중 활동과 성과를 어떻게 평가하는가는 유권자가 가지고 있는 정치적 성향으로부터 벗어나서 중립적으로 이루어지지 않는다. 그러나 기존의 정치적 성향이 회고적 평가에 영향을 끼친다는 사실이 회고적 투표의 중요성을 부정하는 것은 아니다. 오히려 회고적 평가가 왜곡될 가능성은 과연 유권자들이 어떠한 심리적 기제를 통해 회고적 평가를 형성하는가, 그리고 언론과 미디어를 통해 전달되는 정보가 어떻게 이러한 왜곡의 가능성을 증가 혹은 감소시키는가에 대한 본격적인 연구의 필요성을 제기하는 것이라고 할 수 있다.

참고문헌

가상준. 2008. "노무현 대통령에 대한 평가가 2007년 대통령선거에 미친 영향력 분석." 『현대정치연구』 1(1). 33-57.

강원택. 2006. "2002년 지방선거의 정치적 의미: 중간 평가 혹은 대선 전초전?" 『한국 정치연구』 15(2). 61-83.

강원택. 2008a. "2007년 대통령선거와 이슈: 회고적 평가 혹은 전망적 기대?" 『의정연 구』 14(1). 31-58.

강원택. 2008b. "2007년 대선과 2008년 총선에서의 지지 변화: 누가 왜 바꿨나?" 『한 국과 국제정치』 24(3). 1-28.

강원택. 2012. "왜 회고적 평가가 이뤄지지 않았을까? 2012년 국회의원선거 분석." 『한 국정치학회보』 46(4). 129-147.

김진하. 2010. "지방선거의 역사적 의미와 6·2 지방선거 분석." 『한국정당학회보』 9(2). 5-32.

송진미. 2019. "보수정당 지지층의 균열과 이탈: 2012-2017년 대선 패널 데이터 분석." 『한국정치연구』 28(1). 109-146.

신계균·윤종빈. 2010. "미국 대통령선거와 경제투표: 1996, 2000, 2004, 2008년 분석." 『한국정치학회보』 43(4). 231-254.

이내영·안종기. 2013. "제18대 대통령선거와 회고적 투표: 왜 제18대 대통령선거에서 집권정부에 대한 회고적 평가가 중요한 영향을 미치지 못했나?" 『한국정당학회 보』 12(2). 5-36.

장승진. 2012. "제19대 총선의 투표 선택: 정권심판론, 이념 투표, 정서적 태도." 『한국 정치학회보』 46(5). 99-120.

장승진. 2016. "제20대 총선의 투표 선택: 회고적 투표와 세 가지 심판론." 『한국정치학 회보』 50(4). 151-169.

장승진. 2017. "한국 선거에서의 회고적 투표: 이론과 현실." 『미래정치연구』 7(1). 35-59.

장승진. 2018. "2012-2017년 보수 유권자의 분화: 과연 운동장은 (거꾸로) 기울었는가?" 『의정연구』 24(3). 29-54.

장승진. 2019. "한국 지방선거의 다층적 회고적 투표." 『한국정당학회보』 18(1). 5-27.

장승진·길정아. 2014. "제18대 대선의 투표 선택에 대한 방법론적 재검토: 한국 유권자는 정말로 전망적 투표를 했는가?" 『한국과 국제정치』 30(3). 1-28.

황아란. 2012. "제19대 국회의원선거와 투표행태: 긍정적·부정적 정당태도와 회고적·전망적 평가를 중심으로." 『한국과 국제정치』 28(4). 133-159.

황아란. 2013. "2000년대 지방선거의 변화와 지속성: 현직효과와 중앙정치의 영향." 『한국정치학회보』 47(5). 277-295.

황아란. 2014. "2014년 지방선거의 특징과 변화." 『21세기정치학회보』 24(3). 319-341.

황아란. 2016. "역대 지방선거의 통시자료 분석을 통한 2014년 동시지방선거의 변화와 지속성." 『지방정부연구』 20(1). 287-305.

Achen, Christopher H. and Larry M. Bartels. 2002. "Blind retrospection: Electoral Responses to Drought, Flu, and Shark Attacks." Paper presented at the Annual Meeting of American Political Science Association, Boston, MA.

Achen, Christopher H. and Larry M. Bartels. 2004. "Musical Chairs: Pocketbook Voting and the Limits of Democratic Accountability." Paper presented at the Annual Meeting of American Political Science Association, Chicago, IL.

Achen, Christopher H. and Larry M. Bartels. 2017. *Democracy for Realists: Why Elections Do Not Produce Responsive Government* Princeton University Press.

Bechtel, Michael M. and Jens Hainmueller. 2011. "How Lasting Is Voter Gratitude? An Analysis of the Short- and Long-term Electoral Returns to Beneficial Policy." *American Journal of Political Science* 55(4). 852-868.

Downs, Anthony. 1957. *An Economic Theory of Democracy* New York: Harper and Row.

Fearon, James D. 1999. "Electoral Accountability and the Control of Politicians: Selecting Good Types versus Sanctioning Poor Performance." In Adam Przeworski, Susan C. Stokes, and Bernard Manin, eds. *Democracy, Accountability, and Representation* New York: Cambridge University Press.

Ferejohn, John. 1986. "Incumbent Performance and Electoral Control." *Public Choice* 50(1). 5-25.

Fiorina, Morris P. 1981. *Retrospective Voting in American National Elections* New Haven: Yale University Press.

Gasper, John T. and Andrew Reeves. 2011. "Make it Rain? Retrospection and the Attentive Electorate in the Context of Natural Disasters." *American Journal of Political Science* 55(2). 340-355.

Grose, Christian R. and Bruce I. Oppenheimer. 2007. "The Iraq War, Partisanship, and Candidate Attributes: Variation in Partisan Swing in the 2006 U.S. House Elections." *Legislative Studies Quarterly* 32(4). 531-557.

Healy, Andrew, and Gabriel S. Lenz. 2013. "Substituting the End for the Whole: Why Voters Respond Primarily to the Election-Year Economy." *American Journal of Political Science* 58(1). 31-47.

Healy, Andrew, and Neil Malhotra. 2009. "Myopic voters and Natural Disaster Policy." *American Political Science Review* 103(3). 387-406.

Healy, Andrew, and Neil Malhotra. 2013. "Retrospective Voting Reconsidered." *Annual Review of Political Science* 16. 285-306.

Healy, Andrew, and Neil Malhotra, Cecilia H. Mo. 2010. "Irrelevant Events Affect Voters' Evaluations of Government Performance." *Proceedings of the National Academy of Sciences* 107(29). 804-809.

Hibbs, Douglas A. 2000. "Bread and Peace Voting in U.S. Presidential Elections." *Public Choice* 104(1-2). 149-180.

Huber, Gregory A. Seth J. Hill, and Gabriel S. Lenz. 2012. "Sources of Bias in Retrospective Decision Making: Experimental Evidence on Voters' Limitations in Controlling Incumbents." *American Political Science Review* 106(4). 720-741.

Karol, David, and Edward Miguel. 2007. "The Electoral Cost of War: Iraq War Casualties and the 2004 U.S. Presidential Election." *Journal of Politics* 69(3). 633-648.

Key, V.O. 1966. *The Responsive Electorate* Cambridge: Harvard University Press.

Kriner, Douglas L. and Francis X. Shen. 2007. "Iraq Casualties and the 2006 Senate Elections." *Legislative Studies Quarterly* 32(4). 507-530.

제2장

팬데믹(Pandemic) 시대의 정치적 지지: 코로나19와 대통령 직무 수행 평가

신정섭

숭실대학교

I. 서론

갑작스럽게 찾아온 코로나19(COVID-19)의 세계적 확산은 우리 삶의 모든 분야에서 새로운 현상을 만들어 내고 있다. 정치 영역에 있어서도 코로나19는 막대한 영향력을 행사하고 있다. 특히 학계와 언론에 따르면, 코로나19는 시민들의 정치에 대한 태도나 정치적 지지, 그리고 선거에까지 큰 영향을 미치고 있다. 특히 지난 4월 15일에 실시된 21대 국회의원 선거는 '코로나 선거'라고 불릴 정도로 코로나19 이슈가 다른 이슈들을 압도한 상태에서 치러졌다. 선거 결과는 여당이 과반을 훨씬 초과하여 거의 180석에 가까운 의석을 획득하는 것으로 마무리되었다. 이러한 여당의 압도적 승리에는 분명 다른 요인들(탄핵 여파 등)의 영향이 있기도 했지만 코로나19라는 특수 상황이 중요한 역할을 하였다는 것을 부정하는 연구 결과는 많지 않을 것이다.

그러나 이러한 주장들과 달리 실제로 코로나19가 시민들의 정치적 태도나 정치적 지지에 미치는 영향을 경험적으로 분석한 연구는 많지 않은 상황이다. 비록 외국의 경우에 코로나19와 시민들의 정치적 태도 혹은 정치적 지지 간의 상관관계를 연구한 논문들(Bækgaard et al. 2020; Bol et al. 2020; Gadarian et al. 2020; Leininger and Schaub 2020; Merkley et al. 2020)이 최근 발표되고 있으나, 이러한 연구들도 코로나19에 대한 정부대책 평가라든지, 코로나19로 입은 피해 여부 등 구체적인 질문을 포함하고 있지 않기에 코로나19가 시민들의 정치적 태도나 정치적 지지에 미치는 영향에 대한 연구는 제한적으로 이루어졌다고 할 수 있다.

본 연구는 이러한 상황에서 코로나19의 확산 속에 치러진 이번 21대 국회의원선거 설문조사 결과를 바탕으로 코로나19가 시민들의 정치적 지지에 어떠한 영향을 미쳤는지 분석한다. 구체적으로 정부의 코로나19 방역 정책에 대한 시민들의 평가, 코로나19로 입은 경제적 피해 유무, 코로나19 확산의 책임이 누구에게 있는지 등의 변수들이 유권자의 대통령 직무 수행 평가에 미치는 영향을 회귀분석을 이용하여 분석하였다. 특히 코로나19를 자연재해의 하나로 가정하고 자연재해가 정치적 지지에 미치는 영향을 분석한 기존 연구들(Abney and Hill 1966; Achen and Bartels 2004; Arceneaux and Stein 2006; Healy and Malhotra 2009; Gasper and Reeves 2011 등)에 기초해서 연구를 진행하였다.

연구 결과 다른 조건이 동일할 때, 4년 전 메르스 때의 정부 방역과 비교하여 코로나19의 정부 방역이 더 좋아졌다고 평가할수록, 그리고 코로나19 확산의 책임이 정부나 대통령이 아닌 다른 주체에 있다고 평가할수록 대통령 직무 수행 평가 역시 긍정적으로 평가하는 것으로 나타났다. 한편 코로나19로 인한 가정의 경제적 피해 유무는 대통령 직무 수행 평가에 통계적으로 유의미한 영향을 미치지 않은 것으로 나타났다. 이러한 결과는 우리나라 시민들이 코로나19라는 팬데믹 상황을 정치적 지지와 관련하여 평가할 때, 단순히 자신이 입은 피해 유무를 감정적으로 평가하여 정부에 대한 지지에 반영한 것이 아니라, 코로나19에 대한 정부의 대처를 합리적으로 평가하여 정치적 선택을 했다는 것을 의미한다고 하겠다. 또한 우리나라 시민들이 여당이나 대통령에 대한 정치적 평가를 할 때 기존에 주로 영향을 받던 경제 변수, 지역 변수, 그리고 북한과의 관계 같은 정치적 변수들 이외에 코로나19라는 팬데믹 상황에 대한 정부의 대처를 중요하게 활용하기 시작했다는 것을 보여 준다고 하겠다. 이는 사스(SARS), 메르스(MERS), 코로나19와 같이 주기적으로 팬데믹이 발현하는 최근의 변화하는 환경 속에서 시민들의 정부 평가와 정치적 선택에 새로운 변수가 등장하고 있다는 것을 의미한다고 할 수 있다.

II. 코로나19의 정치적 영향

코로나19가 전 세계적으로 크게 유행하면서 이것이 정치 영역에 큰 변화를 가져오고, 또 커다란 영향을 미칠 것이라는 주장이 지속적으로 학계와 언론에서 나오고 있다. 그러나 놀랍게도 그 관심의 크기에 비해 코로나19가 정치에 구체적으로 어떠한 영향을 미쳤는지에 대한 연구는 많지 않은 상황이다. 현재 정치학적으로 코로나19에 대한 연구는 크게 두 가지로 나눌 수 있다. 하나는 코로나19를 독립변수로 하여 코로나19가 시민들의 정치사회적 태도나 선거에 어떠한 영향을 미쳤는지 연구하는 것이다. 구체적으로 코로나19가 시민들의 정부에 대한 신뢰, 정부나 정치지도자에 대한 정치적 지지, 민주주의에 대한 만족도에 어떠한 영향을 미쳤는지 살펴보고, 이를 토대로 코로나19가 민주주의에 어떠한 영향을 미칠 것인지 분석하는 연구들이다. 다른 하나는 정치적 상황이나 개인의 정치적 태도가 코로나19 사태에 대한 개인의 대응과 정부의 코로나19 정책에 대한 평가에 어떤 영향을 주는지 분석하는 것이다.

우선, 코로나19가 시민들의 정치사회적 태도와 선거에 미친 영향을 분석한 연구들을 살펴보자. 이러한 연구들 중 가장 눈에 띄는 것은 코로나19를 국가적 위기(national crisis) 상황으로 간주하여, 국가적 위기 상황이 시민들의 정치 태도와 정치 과정에 미치는 영향을 분석한 것이다. 이러한 연구들은 코로나19를 전쟁이나 테러리스트의 공격과 같은 국가적 위기 상황으로 보고, 국가적 위기 상황이 시민들의 정치적 태도와 정치적 지지에 미치는 영향에 대해서 탐구하고 있다. 뮐러(Mueller 1973)는 국제적인 위기 상황이 되면, 시민들이 애국심을 발휘하여 국가의 위기를 돌파하고자 분열보다는 단결하려는 성향을 가지며, 이때 정부와 정치지도자가 안정적인 국정 운영을 할 수 있도록 정부에 대한 비판보다는 정부에 대한 신뢰와 지지를 강조한다고 주장하였다. 이러한 정치적 현상을 정치학자들은 '국기를 둘러싼 결집(rally around the flag)'이라고 부른다. 이러한 결집 효과(rally effects)는 이후 다양한 경험적 연구들에 의해서 뒷받침되었는데, 결집 효과는 특히 전쟁(Brody and Shapiro 1991; Edwards and Swenson 1997; Kriner 2006)이나 테러리스트의 공격(Perrin and Smolek 2009; Dinesen and Jæger 2013) 상황에서 정부와 여당, 그리고 최고 정치지도자(대통령이나 수상)에 대한 지지율 상승을 가져오는 것으로 나타났다.

베크가드 등(Bækgaard et al. 2020)은 이러한 '결집 효과'가 코로나19 확산 사태에서도 나타나는지 덴마크의 사례를 통하여 연구하였다. 이들은 덴마크 정부가 코로나 확산 방지를 위해 '이동제한령(lockdown)'을 내린 2020년 3월 11일을 전후로 덴마크 시민들에게 덴마크 수상과 정부 여당에 대한 신뢰도를 조사하였다. 조사 결과 코로나19 확산과 이동제한령 이후 덴마크 시민들의 정부와 수상에 대한 신뢰도가 이전보다 상승한 것으로 나타났다. 이러한 결과를 토대로 베크가드 등(2020)은 코로나19의 확산이 다른 국가적 위기 상황과 마찬가지로 여당과 정치지도자에 대한 지지와 신뢰를 높이는 영향이 있다고 주장하였다.

레인거와 샤우브(Leininger and Schaub 2020) 역시 코로나19의 결집 효과에 대한 연구를 수행하였다. 이들은 코로나19가 발생한 이후 2020년 3월 15일 지역 선거를 치른 독일 바이에른주의 선거 결과를 분석하였다. 바이에른주는 독일 남부에 위치해 있으며, 독일의 여러 주들 중에서 가장 넓은 지역과 두 번째로 많은 인구수, 그리고 1인당 GDP 기준으로 세 번째로 부유한 지역이다. 이들의 분석 결과, 코로나19가 발생한 이후 실시된 지역 선거에서 각 지역의 현직자들은 이전 선거와 비교하여 더 높은 득표율을 올렸다. 레인거와 샤우브(2020)는 이러한 현상이 위기 시에 현재 리더십을 발휘하고 있는 정치지도자에게 힘을 실어주는 결집 효과가 나타난 증거라고 주장한다.

한편 일군의 다른 연구들은 코로나19 확산 상황에서 정부가 실시한 정책이 시민들의 정치사회적 태도나 정부에 대한 신뢰 혹은 지지에 미친 효과를 분석하였다. 볼 등(Bol et al. 2020)은 2020년 3월과 4월 서유럽 지역에서 실시된 온라인 설문조사(Web-based survey)에 기초해서 코로나19 확산 이후 각 국가의 코로나19 확산 억제를 위한 이동제한령이 시민들의 정치적 태도에 어떠한 영향을 미치는지 분석하였다. 설문조사는 각국에서 이동제한령이 시작되기 바로 전과 후에 실시되었다. 이들의 분석 결과, 서유럽 국가들에서 코로나19 확산을 막기 위한 정부의 이동제한령 실시에 대해서 시민들은 긍정적으로 평가하는 것으로 나타났다. 예를 들어 코로나19 확산을 막기 위한 이동제한령이 시작된 이후, 이전과 비교하여 정부에 대한 신뢰, 정부 여당에 투표할 의향(vote intentions), 자국의 민주주의에 대한 만족도 등이 높아지는 것으로 나타났다. 볼 등(2020)은 이러한 연구 결과가 서유럽 국가의 시민들이 코로나19 확산을 막기 위한 각 정부의 이동제한령 정책을 이해하고, 정부의 이러한 조치를 긍정적으로 해석하고 판단하여 정부에 신뢰와 지지를 보낸 것이라고 결론지었다.

그러나 볼 등(2020)의 연구 결과는 실제 투표 결과를 분석한 것이 아니며, 정부 정책에 대한 시민들의 만족도 혹은 평가를 물어본 것이 아니기 때문에 정확한 경험적 증거가 뒷받침되지 않은 추정이라고 보아야 한다. 왜냐하면 설문조사에서 실제로 시민들이 해당 정책에 대해서 어떻게 평가하는지 물어보지 않았기 때문이다. 따라서 이러한 결과가 시민들이 이동제한령을 실제로 긍정적으로 평가해서 정부 여당을 지지한 것인지, 아니면 앞서 이야기한 위기 상황에서의 결집 효과로 인하여 정부 지지가 높아진 것인지는 명확하지 않다.

다음으로 시민들의 정치적 성향이나 정파성(partisan orientation)이 코로나19의 심각성 혹은 코로나19에 대한 정부의 정책 평가에 미치는 영향을 분석한 연구들을 살펴보자. 이러한 연구들은 개인의 정치적 성향에 따라 코로나19의 심각성을 다르게 인식하고, 또 정부의 코로나19 정책에 대한 순응도나 평가가 달라질 것이라고 가정한다. 일반적으로 정부 정책에 대해서 일반 시민이나 정치 엘리트 개인의 이념이나 정파적 성향에 따라 다르게 평가하는 것으로 나타나고 있다. 이러한 점을 고려한다면, 사회적 거리두기(social distancing)나 이동제한명령과 같은 코로나

19에 대한 정부 정책 역시 개인의 정파적 성향에 따라 다르게 평가할 수도 있을 것이다. 실제로 시민들의 정파성이 극도로 대립하는 양극화된 사회의 경우 코로나19 확산 방지를 위한 사회적 거리두기에 대해서도 시민들이 분열된 의견과 태도를 보이는 것으로 나타났다(Cornelson and Miloucheva 2020). 예를 들어, 미국의 경우에는 정치 엘리트와 일반 시민들이 정파성에 따라 코로나19의 심각성을 다르게 인식하는 것으로 나타났다(Gadarian et al. 2020). 반면 캐나다의 경우에는, 다른 이슈들에 대한 정치적 대립과 달리, 정치 엘리트와 일반 시민들 모두 자신의 정파성과 관계없이 코로나19에 대해서는 그 심각성과 사회적 거리두기의 필요성에 대해서 동일하게 중요하다고 인식하였다(Merkley et al. 2020).

III. 자연재해에 대한 회고적 평가와 정치적 지지

본 연구의 목적은 코로나19 확산 이후 정부의 방역 정책에 대한 시민들의 평가가 대통령에 대한 정치적 지지로 연결되는지 살펴보는 데 있다. 비록 위에서 살펴본 것과 같이 팬데믹과 정부의 방역 정책에 대한 평가가 시민들의 정치적 지지나 선거에 미치는 영향을 분석한 기존 연구들이 많지 않지만 자연재해에 대한 연구에서 코로나19가 시민들의 대통령에 대한 정치적 지지에 어떠한 영향을 미칠 것인지 예측해 볼 수 있다. 왜냐하면 코로나19와 같은 전 세계적 유행성 감염병, 즉 팬데믹은 일반적으로 홍수나 폭풍과 같은 자연재해로 인식되어 왔기 때문이다. 자연재해가 시민들의 투표 행태나 정치적 지지에 미치는 영향에 대한 연구는 오랜 역사를 가지고 있다. 그러나 자연재해가 정치적 지지나 선거에 미치는 영향을 연구한 기존 연구들은 서로 다른 결론을 내리고 있다.

일군의 연구들은 자연재해와 재해로 인한 피해 발생은 그 자체로 시민들이 부정적인 정부 평가를 내리게 만들기 때문에(Yates 1998), 자연재해가 발생하면 여당이나 대통령에 대한 시민들의 지지가 하락하고, 선거에서 유권자들은 여당이 아닌 야당에 표를 던진다고 하였다(Achen and Bartels 2004). 대표적으로 애이큰과 바텔스(Achen and Bartels 2004)는 미국 대통령선거를 분석하면서 폭우와 가뭄으로 피해가 발생하였을 경우, 이 지역에서 대통령에 대한 지지가 낮아진다는 것을 발견하였다. 이러한 현상은 이후 다른 시기나 다른 국가의 사례를 분석한 경험적 연구들에서도 나타났다. 예를 들어 알세늑스와 스타인(Arceneaux and Stein 2006)은 2001년 미국 휴스턴 지역에서 발생한 폭풍 피해가 해당 지역의 시장선거에서 현직자들에게 부정적인 영향을 미쳤다는 것을 보여 주었다. 니콜라스와 피코(Nicholas and Picou 2012) 역시 2005년 미국 남부를 강타한 허리케인 카트리나 사태가 정치적으로 미친 영향을 분석하였는데, 허리케인 피해를 입은 지역에서 정부에 대한 불신이 높아졌다고 발표하였다. 미국 이외의 국가에서도 이와 유사한 연구 결과가 나오고 있다. 예를 들어, 에릭슨(Eriksson 2016)이 2005년 스웨덴에서 발생한 사이클론 피해가 정부 지지에 미친 영향을 분석하였는데, 사이클론으로 피해를 입은 지역의 경우 피해 이전과 비교하여 평균적으로 약 4% 정도 정부 지지 하락률을 보였다.

한편 다른 일군의 연구들은 자연재해나 그로 인한 피해 발생 자체가 정부나 대통령에 대한 부정 평가로 바로 이어지지는 않으며, 중요한 것은 발생한 자연재해와 피해에 대한 정부의 대응과 대처라고 말한다. 즉 재해가 발생하였을 때 정부의 대처와 대응이 적절하고 시민들이 이러한 정부의 대응을 긍정적으로 평가한다면, 정부나 대통령에 대한 시민들의 지지는 오히려 높아질 것이라는 주장이다. 재해가 발생하였을 때 정부나 대통령에 대한 지지가 하락하는 것은 시민들이 재해에 대한 정부의 대책에 불만족하거나 대책을 부정적으로 평가하는 경우에만 일어난다는 것이다(Abney and Hill 1966; Healy and Malhotra 2009; Gasper and Reeves 2011; Rubin 2020). 예를 들어, 애브니와 힐(Abney and Hill 1966)은 1965년 미국 루이지애나주의 허리케인 피해가 선거에서 시민들의 정치 지지에 미친 영향을 분석하였는데, 분석 결과 지역의 현직자가 재난 구호에 적극적으로 대응한 곳에서는 그렇지 않은 곳보다 정치적 지지 감소가 약하게 나타났다. 힐리와 말호트라(Healy and Malhotra 2009) 역시 미국의 사례를 분석하였는데, 자연재해가 발생하였을 때 대통령이 해당 지역에 재정 지원을 적극적으로 한 경우에는 이전이나 다른 지역과 비교하여 오히려 여당 소속 의원들의 득표율이 높아지는 것을 발견하였다. 이러한 결과는 연구 기간을 1970년부터 2006년까지 늘리고, 연구 대상 또한 주지사선거와 대통령선거로 확장한 개스퍼와 리브스(Gasper and Reeves 2011)의 연구에서도 유사하게 나타났다. 또한 최근 루빈(Rubin 2020)은 자연재해와 정치적 지지의 관계를 조사한 기존 연구들을 종합적으로 검토한 후에, 자연재해 발생이 정부나 대통령에 대한 지지 하락으로 바로 연결되기보다는 정부의 재난 대응 정책에 대한 평가를 거쳐 지지 여부가 결정된다는 결론을 내렸다.

한편, 한국에서 자연재해와 정치적 지지의 관계를 다룬 연구는 조영호(2019)를 제외하면 눈에 띄지 않는다. 비록 세월호 사건이 정부 신뢰나 대통령과 여당에 대한 정치적 지지에 미친 영향을 분석한 논문들(박원호·신화용 2014; 이동규·민연경 2014; 이현우 2015)은 여러 편 있지만, 세월호 사건은 기상재해나 유행성 감염병의 확산과 같이 광범위한 지역을 대상으로 발생한 자연재해라기보다는 인재(人災)로 인한 사건 사고의 성격이 강하기 때문에 이를 동일 선상에 놓고 비교하기는 어렵다고 할 수 있다 (이현우 2015). 조영호(2019)는 2015년 발생한 메르스 사태가 정부 신뢰와 대통령 지지에 어떠한 역할을 하였는지 설문조사를 통하여 분석하였다. 이 연구에 따르면 시민들 중 메르스 사태로 물질적, 정신적 피해를 입었다고 응답한 사람들이 그렇지 않다고 응답한 사람들과 비교했을 때 다른 조건이 동일할 경우 정부에 대한 신뢰와 대통령에 대한 지지가 낮은 것으로 나타났다. 그러나 이 연구는 메르스 확산 방지를 위한 정부의 방역 대책에 대한 시민들의 평가가 정부 지지에 미친 영향을 분석하기보다는 개인적 피해 여부에 초점을 맞추었다는 아쉬움이 있다. 반면에 이현우 (2015)의 연구는 비록 자연재해가 아닌 세월호 사고를 다루고 있기는 하지만 정부의 세월호 사고 대응에 대한 유권자 평가가 정부 여당에 대한 투표 선택에 어떠한 영향을 미쳤는지 분석하였다. 분석 결과에 따르면, 세월호 사고에 대한 유권자의 정부 평가는 당시 6회 지방선거에서 투표 선택에 통계적으로 유의미한 영향을 미친 것으로 나타났다.

지금까지 우리는 코로나19와 자연재해가 시민들의 정치적 태도와 정부에 대한 정치적 지지에 미친 영향을 탐구한 연구들에 대해서 간략하게 살펴보았다. 하지만 놀랍게도 코로나19와 정부의 방역 대책에 대한 시민들의 평가가 정부 여당이나 대통령의 정책 지지에 어떠한 영향을 미치는지에 대한 연구는 찾아보기 힘들었다. 이번 21대 국회의원선거가 코로나 선거로 불릴 만큼 코로나19의 영향력이 컸다는 세간의 평가를 고려해 본다면 놀라운 일이 아닐 수 없다. 본 연구는 이러한 상황에서, 실제로 코로나19가 대통령에 대한 지지에 어떠한 영향을 미쳤는지 설문조사를 활용하여 경험적으로 분석하였다. 본 연구가 실제 투표 선택이 아닌 대통령에 대한 지지를 종속변수로 한 이유는, 우리나라의 국회의원 선거제도가 단순 다수제와 비례대표제가 혼합된 복잡한 형태이며, 또한 양당제가 아닌 복수의 정당 경쟁 형태이기 때문이다. 더욱이 이번 선거는 준연동형 비례대표제가 도입되고, 비례선거용 위성 정당이 등장하는 등 유권자의 투표 선택에 혼란을 줄 수 있는 환경 속에서 치러졌다. 이렇게 복잡한 선거 환경에서 상당수의 유권자는 다양한 형태의 전략 투표(strategic voting)를 강요받을 수밖에 없었을 것이다. 또한 투표 선택을 종속변수로 할 때는 투표에 참여하지 않은 사람들을 어떻게 처리할 것인가 하는 문제가 생기게 된다. 따라서 코로나19가 시민들의 정치적 지지에 미친 영향을 탐구하는 목적에는 투표 선택보다 대통령에 대한 지지를 종속변수로 사용하는 것이 더 명확한 결과를 보여 줄 수 있다고 생각하였다. 또한 일반적으로 우리나라에서 정부 여당의 국회의원선거 성적표가 대통령의 인기와 지지도의 큰 영향을 받는다는 것을 생각해 보면, 코로나19가 대통령 지지율에 미친 영향력은 그대로 이번 국회의원선거 결과에도 영향을 주었을 것이라고 볼 수 있다. 이러한 고려 속에서 본 연구는 코로나19가 대통령에 대한 시민들의 정치적 지지에 미친 영향을 탐구하기 위하여 다음과 같은 연구 가설을 설정하였다.

연구 가설: 코로나19에 대한 정부의 방역 대책을 긍정적으로 평가할수록, 유권자의 대통령 직무 수행 평가는 높아질 것이다.

IV. 연구 설계

본 연구는 정부의 코로나19 방역 대책에 대한 시민들의 평가가 대통령에 대한 정치적 지지에 영향을 미쳤는지 알아보기 위하여 명지대학교 SSK 사업연구단인 미래정책센터가 한국리서치에 의뢰하여 실시한 '2020년 국회의원선거 유권자 인식 조사' 데이터를 사용하였다. 설문조사는 21대 국회의원선거가 끝난 직후인 4월 20일부터 30일까지 전국 만 18세 이상 남녀를 대상으로 실시되었다. 표본 크기는 2,000명이었으며, 표집오차는 신뢰수준 95%에 ±2.2%이었다.

본 연구는 대통령에 대한 지지 정도를 알아보기 위하여 '대통령 직무 수행 평가'를 종속변수로 사용하였다. 대통령 직무 수행 평가는 0에서 10까지 11단계의 척도를 가진 연속변수로 측정하였다. 숫자가 낮을수록 부정적 평가이며, 숫자가 클수록 긍정적 평가이다.

본 연구의 통계분석 모델은 종속변수가 연속변수이기에 최소자승 회귀분석(Ordinary Least Squares Regression)을 사용하였다.

본 연구의 독립변수는 정부의 코로나19 방역 대책에 대한 시민들의 평가로 설정하였다. 본 설문조사에서 정부의 코로나19 방역 대책에 대한 시민들의 평가는 과거 정부의 유행성 감염병 방역 대책과 비교적 차원에서 측정되었다. 일반적으로 정부 평가가 투표 선택이나 대통령 지지율에 미치는 영향을 탐구하는 회고 투표(retrospective voting) 연구에서도 정부 평가 변수는 단순히 현재 정부 정책이 잘 되고 있는지 아닌지 묻지 않으며, 정부 정책 평가의 시간적 기준을 부여하기 때문이다.[1] 따라서 본 연구

---

1. 회고 투표에 대한 내용은 다음의 리뷰 논문들을 참조(Lewis-Beck and Stegmaier 2000; Healy and Malhotra 2013).

의 독립변수는 감염병(코로나19, 메르스 등)에 대한 정부의 대응과 대책이 지난 정부와 비교하여 현재 어떻게 변했는지 묻는 질문을 사용하였다. 질문에 대한 응답은 서열척도로서 '매우 나빠졌다', '약간 나빠졌다', '비슷하다', '약간 좋아졌다', '매우 좋아졌다'로 측정되었다.

독립변수 이외에 응답자의 대통령 직무 수행 평가에 영향을 줄 것으로 판단되는 통제변수로는 다음과 같은 변수들이 포함되었다. 첫째, 코로나19로 인하여 경제적 피해를 입었는지 유무이다. 기존 연구들에 의하면 재해에 대처하는 정부의 대응에 대한 평가도 정치적 지지에 중요한 영향을 미치지만 재난 피해 자체도 중요한 변수라는 결과들이 있었기 때문이다. 둘째, 코로나19 확산의 책임이 누구에게 있는지 묻는 질문이다. 코로나19 확산의 책임이 정부나 대통령에게 있는지 다른 주체에게 있다고 생각하는지는 정부나 대통령에 대한 평가에 중요한 영향을 미칠 수 있기 때문이다. 셋째, 국가 경제에 대한 평가이다. 경제가 대통령 지지에 큰 영향을 미친다는 것은 선거 연구에서 오랫동안 주장되어 온 명제이다. 넷째, 유권자의 경제적 위치이다. 이를 측정하기 위하여 월평균 가정소득과 가구 자산 수준이 포함되었다. 다섯째, 세대가 포함되었다. 세대는 한국 사회에서 지속적으로 정치적 태도와 지지에 중요한 영향을 미치고 있다. 여섯째, 지역변수를 포함하였다. 지역변수는 응답자의 출신 지역이 어디인지로 측정하였다. 한국 사회에서는 여전히 지역주의가 개인의 정치적 지지에 큰 영향력을 미치고 있기에 꼭 필요한 변수라고 할 수 있다. 일곱째, 개인의 이념 성향을 포함하였다. 이념 성향은 0(진보)에서 10(보수)의 척도로 측정되었다. 그리고 이 변수들 이외에 성별과 교육 수준(대학 졸업 유무)을 변수로 포함하였다.

V. 연구 결과

본 연구의 목적은 유권자의 코로나19에 대한 정부 방역 평가가 대통령 지지에 어떠한 영향을 미쳤는지 분석하는 데 있다. 본격적으로 연구 질문에 대한 회귀분석 모델을 살펴보기에 앞서 코로나19 발생 이후 21대 국회 의원선거에서 시민들이 코로나19 문제를 얼마큼 중요하게 고려하였는지 살펴볼 필요가 있다.

〈표 1〉은 이번 21대 총선에서 유권자들이 중요하게 고려한 선거 이슈에 대한 설문조사 결과이다. 예상한 대로 이번 선거에서 유권자들이 가장 중요하게 고려한 선거 이슈는 중앙정부의 코로나 대응에 대한 것이었다. 중앙정부의 코로나19 대응을 매우 많이 고려하였다는 응답자는 전체의 42.6%에 달하였으며, 약간이라도 고려하였다는 응답자까지 포함하면 전체 응답자의 76.8%가 중앙정부의 코로나19 대응을 선거에서 중요한 이슈로 고려하였다. 이번 선거에서 중요하게 고려한 다른 이슈들과 비교해 볼 때 가장 높은 수치이다. 즉 이번 선거에서 거의 5명 중 4명 정도가 정치적 선택을 하는 데 중앙정부의 코로나19 대응을 매우 중요하게 고려했으며, 이번 선거가 코로나19 선거라고 불려도 무리가 없을 정도로 코로나19

〈표 1〉 21대 총선에서 유권자가 중요하게 고려한 이슈

	매우 많이 고려함	약간 고려함	별로 고려 않음	전혀 고려 않음
조국 전 장관과 가족에 대한 의혹	23.5%	25.8%	33.4%	17.4%
검찰 개혁	28.6%	38.7%	24.1%	8.7%
언론 개혁	30.2%	39.3%	23.9%	6.7%
중앙정부의 코로나 대응	42.6%	34.2%	18.2%	5.0%
광역자치단체장의 코로나 대응	26.1%	43.0%	25.4%	5.5%

〈표 2〉 정부의 감염성 질병에 대한 관리와 대처 수준에 대한 평가

매우 좋아졌다.	좋아졌다.	큰 변화가 없다.	나빠졌다.	매우 나빠졌다.
39.5%	38.0%	15.0%	4.7%	3.0%

가 중요한 이슈였다는 것을 알 수 있다.

〈표 2〉는 본 연구의 독립변수인 정부의 감염성 질병에 대한 대처 수준 평가이다. 4년 전 메르스 사태와 비교하여 이번 코로나19 사태에 대한 정부의 대처가 어떻게 변했는지 묻는 질문에 과반이 훨씬 넘는 응답자가 좋아졌다고 응답하였다. 이와 같이 코로나19 정부 방역에 대한 유권자들의 긍정적 평가가 이번 선거에서 정부 여당인 더불어민주당이 압도적 승리를 거두는 데 큰 요인이 되었다고 볼 수 있다.

〈표 3〉은 코로나19 사태로 응답자가 입은 피해 상황에 대한 설문 결과이다. 코로나19로 질병 피해를 입었다고 응답한 사람은 전체의 약 20% 정도였다. 반면에 경제적 피해를 입었다고 응답한 사람은 약 73% 정도였다. 그리고 정신적 피해를 입었다고 응답한 사람이 압도적으로 많았는데 약 92%에 달했다. 이는 사실상 거의 모든 사람들이 정신적 피해를 입었다고 할 수 있는 결과이다.

〈그림 1〉은 코로나19 확산의 책임이 누구에게 있는지 묻는 질문에 대한 응답 결과이다. 코로나19 확산 초기와 21대 국회의원선거가 치러진 3

〈표 3〉 코로나19로 인한 피해 여부

	매우 높음	약간 있음	전혀 없음
질병 피해	4.0%	16.2%	79.9%
경제적 피해	22.1%	50.8%	27.2%
정신적 피해	41.5%	50.4%	8.1%

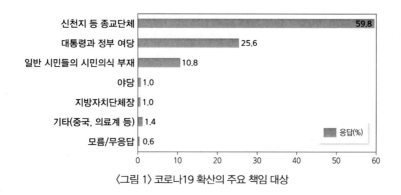
〈그림 1〉 코로나19 확산의 주요 책임 대상

월과 4월에는 종교단체인 신천지의 종교 활동 중에 감염된 사람들이 많았기에 코로나19의 확산 책임이 신천지 등 종교단체에 있다고 한 응답자가 받았다. 이 응답자는 전체의 약 60%에 달하였다. 반면에 대통령이나 정부 여당의 방역 대책 미비에 책임이 있다고 대답한 응답자는 약 26%에 불과하였다. 그리고 주목해 볼 만한 것은 일반 시민들의 시민의식 부재에 책임이 있다고 대답한 응답자가 약 11% 정도였다는 것이다. 요컨대 이번 선거에서 약 5명 중 4명 정도는 코로나19 확산의 책임이 정부나 대통령이 아닌 다른 주체에 있다고 생각한 것이다. 이는 이번 선거에서 왜 여당인 더불어민주당이 코로나19로 인하여 타격을 입지 않았는지 보여 주는 결과이다.

〈표 4〉는 이번 21대 총선에서 유권자의 대통령 직무 수행 평가에 어떤 변수들이 영향을 미쳤는지 보여 준다. 특히 본 연구의 목적인 정부의 코로나19 대응에 대한 유권자 평가가 대통령 직무 수행 평가에 어떤 영향을 미쳤는지 보여 준다. 본 연구의 주요 독립변수인 정부의 코로나19 대응에 대한 평가를 보면 회귀계수가 0.886으로 양의 계수이며, 통계적으로 99% 신뢰수준에서 유의미한 것을 알 수 있다. 이것은 유권자가 정부의 코로나

		모델 1
정부의 코로나19 대응에 대한 평가		.886 (.055)***
코로나19로 인한 경제적 피해 유무		.036 (.104)
코로나19 확산의 주요 책임 대상: 정부와 여당		−1.973 (.126)***
국가 경제에 대한 회고 평가		1.044 (.074)***
이념 성향		−.267 (.024)***
가구소득		.003 (.027)
가구 자산		−.035 (.032)
성별		.059 (.090)
연령	19−29	준거집단
	30−39	.417 (.159)**
	40−49	.511 (.153)***
	50−59	.403 (.156)**
	60세 이상	.051 (.151)
교육 수준		−.023 (.097)
출신 지역	서울	−.509 (.151)***
	인천/경기	−.695 (.166)***
	대전/충청/세종	−.598 (.175)***
	광주/전라	준거집단
	대구/경북	−.592 (.172)***
	부산/울산/경남	−.454 (.157)**
	강원/제주/이북/해외	−.452 (.235)
절편		2.588 (.381)***
표본 숫자		1872
R−squared		.595

참조: *p<0.05, **p<0.01, ***p<0.001

19 대응을 긍정적으로 평가할수록 대통령 직무 수행 평가 역시 긍정적으로 평가한다는 것을 의미한다. 이에 반해서 코로나19로 입은 경제적 피해 유무는 통계적으로 유의미하지 않았다. 즉 다른 조건이 동일할 때, 코로나19로 경제적 피해를 입은 사람과 입지 않은 사람의 대통령 직무 수행 평가 정도에 차이가 없다는 것이다. 이는 유권자들이 코로나19 확산 상황에

서 개인이 받은 경제적 피해를 대통령에게 전가하지 않았다는 것을 의미한다. 다음으로 코로나19 확산 책임이 대통령이나 여당에 있다고 한 사람들은 그렇지 않은 사람보다 대통령 직무 수행 평가를 부정적으로 하였다. 결국 코로나19 방역 대책의 회고적 평가와 코로나19 확산 책임에 대한 평가 모두 대통령에 대한 직무 수행 평가에 유의미한 영향을 미치는 변수로 나타난 것이다. 이는 이번 선거에서 코로나19와 관련된 유권자들의 정부 평가가 선거 결과에 중요한 영향을 미쳤다는 것을 간접적으로 보여 준다고 하겠다. 왜냐하면 대통령에 대한 지지는 국회의원선거에서 정부 여당 소속 후보에게 매우 중요한 영향을 주기 때문이다.

한편 통제변수들을 살펴보면 국가 경제에 대한 회고 평가, 개인의 이념 성향, 세대, 출신 지역이 대통령 직무 수행 평가에 통계적으로 유의미한 영향을 미치는 것으로 나타났다. 분석 결과, 국가 경제에 대한 평가가 긍정적일수록 대통령 직무 수행을 긍정적으로 평가하였다. 이념 성향은 진보에 가까울수록 대통령 직무 수행을 긍정적으로 평가하였다. 세대별로는 20대와 비교해서 30대, 40대, 50대 모두 대통령 직무 수행을 긍정적으로 평가하는 것으로 나타났다. 그러나 20대와 60대 이상은 대통령 직무 수행 평가에 있어 통계적으로 유의미한 차이를 보여 주지 않았다. 이는 최근의 주요 여론조사에서 나타나고 있는 결과와 유사하다고 하겠다. 즉 이번 정부의 가장 강한 지지층인 30대-50대에 비해 20대가 상대적으로 보수적 혹은 반여당적 성향을 가지고 있다는 것을 보여 준다고 하겠다. 마지막으로 출신 지역을 보면, 기존 연구들의 결과와 같이 대통령과 정부 여당의 가장 강력한 지지 지역인 호남 지역 출신들이 대통령 직무 수행을 가장 긍정적으로 평가하였다는 것을 알 수 있다. 그러나 성별, 교육 수준, 소득과 자산 수준은 다른 변수들을 통제하였을 때 대통령 직무 수행 평가에 유의미한 영향을 미치지 않은 것으로 나타났다.

VI. 결론

이번 21대 국회의원 총선거는 코로나19의 전국적 유행이라는 초유의 상황에서 실시되었다. 그리고 선거 결과는 예상대로 정부 여당인 더불어민주당의 우세로 끝났다. 그러나 정부 여당의 승리를 예측한 많은 선거 연구자들도 여당과 그 연합 세력이 전체 의석 300석 중 거의 2/3에 가까운 180석 정도를 획득하리라고는 예측하지 못하였을 것이다. 이와 같이 선거가 일방적인 정부 여당의 승리로 끝난 원인으로는 승자독식 제도인 단순다수제로 선출하는 의석이 많았다는 것, 준연동형 비례대표제를 도입했음에도 비례선거용 위성 정당이 출현하였다는 것, 구조적 요인으로 박근혜 정부 탄핵 여파가 지속되었으며 야당이 새로운 대안 정당으로 재정비를 확실히 하지 못했다는 것 등을 들 수 있다.

이러한 요인들에도 불구하고 많은 학자들은 코로나19가 이번 선거에서 매우 중요한 역할을 하였다는 데 동의하고 있다. 그러나 이러한 세간의 평가에도 불구하고 실제로 코로나19가 시민들의 정치적 선택에 어떠한 영향을 미쳤는지 경험적 데이터를 기반으로 탐구한 연구들은 거의 없는 상황이다. 본 연구는 이러한 상황에서, 코로나19가 시민들의 정치적 선택에 어떠한 영향을 미쳤는지 설문조사 데이터를 경험적으로 분석하였다. 구체적으로 정부의 코로나19 대응에 대한 시민들의 평가, 코로나19로 받은 경제적 피해 유무, 코로나19 확산의 책임 주체가 정부인지에 대한 평가 변수가 대통령 직무 수행 평가에 유의미한 영향을 미치는지 등을 분석하였다. 대통령 직무 수행 평가에 영향을 주는 다른 변수들을 통제한 회귀분석 결과에 따르면, 4년 전 메르스 사태에 대한 정부 대응과 비교하여 이번 코로나19에 대한 정부 대응이 더 좋아졌다고 평가할수록, 그리고 코로나19 확산의 책임이 정부나 대통령이 아닌 다른 주체에 있다고 평가할수록 대통령 직무 수행을 긍정적으로 평가하는 것으로 나타났다. 반면 코로나19 발생으로 경제적 피해를 입었다고 응답한 사람과 그렇지 않다고 응답한 사람 간에 대통령 직무 수행 평가는 통계적으로 유의미한 차이가 나타나지 않았다. 이러한 결과는 한국의 유권자들이 정부와 대통령에 대한 정치적 지지를 결정하는 데 코로나19라는 특수한 팬데믹 상황을 정부가 효과적이고 능률적으로 대응하는지를 중요한 평가 기준으로 활용하고 있다는 것을 보여 주는 것이라고 하겠다.

요약하자면, 그동안 우리나라 시민들의 정당과 대통령에 대한 정치적 지지 결정은 민주화 이후 지역주의에 의해 크게 구조화되어 있었고, 이념과 대북 문제에 대한 태도, 세대 등과 같은 개인적 특성에 따른 요인들에 큰 영향을 받아 왔다. 한편, 정당과 대통령에 대한 정치적 지지 결정에 영향을 미치는 단기적 외부 환경 요인으로는 경제적 변동이나 북한과의 갈등 수준 같은 요인들이 간헐적으로 영향을 미쳐 왔다. 그러나 본 연구 결과는 코로나19 확산 이후 새롭게 변화하고 있는 포스트코로나 시대에는 정당과 대통령에 대한 시민들의 정치적 지지가 정부의 팬데믹 대처 능력이라는 새로운 변수의 영향을 받을 수 있다는 것을 보여 준다고 하겠다.

참고문헌

박원호·신화용. 2014. "정당 선호의 감정적 기반: 세월호 사건과 지방선거를 중심으로." 『한국정치학회보』 48(5). 119-142.

이동규·민연경. 2015. "세월호 참사 이후, 재난 안전인식이 정부신뢰에 영향을 미치는가? 한국리서치의 재난안전 국민인식 옴니버스 조사결과를 중심으로." 『한국위기관리논집』 11(3). 19-38.

이현우. 2015. "2014년 지방선거에 세월호 사건이 미친 영향: 정부책임과 정당대응 평가를 중심으로." 『한국정치학회보』 49(1). 247-268.

조영호. 2019. "박근혜 정부 시절 메르스(MERS) 사태와 정부신뢰 하락." 『한국정치연구』 28(2). 167-193.

Abney, F. Gleen and Larry B. Hill. 1966. "Natural Disasters as a Political Variable: The Effect of a Hurricane on the Urban Election." *American Political Science Review* 60(4). 974-981.

Achen, Christopher H. and Larry M. Bartels. 2004. "Blind Retrospection Electoral Responses to Drought, Flu, and Shark Attacks." *Estudio/Working Paper* 2004/199 June 2004.

Arceneaus, Kevin and Robert M. Stein. 2006. "Who is Held Responsible When Disaster Strikes? The Attribution of Responsibility for a Natural Disaster in an Urban Election." *Journal of Urban Affairs* 28(1). 43-53.

Bækgaard, Martin, Julian Christensen, Jonas Krogh Madsen, and Kim Sass Mikkelsen. 2020. "Rallying Arounnd the Flag in Times of Covid-19: Societal Lockdown aand Trust in Democratic Institutions." *Journal of Behavioral Public Administration* 3(2). 1-28. doi: 10.30636/jbpa.32.172

Bol, Damien, Marco Giani, André Blais, and Peter J. Loewen. 2020. "The Effect of COVID-19 Lockdowns on Political Support: Some Good News for Democracy?" *European Journal of Political Research* Online First. 1-9. doi:10.1111/1475-6765.12401

Brody, Richard and Catherine R. Shapiro. 1991. "The Rally Phenomenon in Public Opinion." In Brody (Ed.) *Assessing the President: The Media, Elite Opinion, and Public Support* 45-78. Stanford: Stanford University Press.

Cornelson Kirsten and Boriana Miloucheva. 2020. "Political Polarization, Social Fragmentation, and Cooperation during a Pandemic." April 7. Working paper 663. Department of Economics. University of Toronto. https://www. economics.utoronto.ca/public/workingPapers/tecipa-663.pdf.

Dinesen, Peter T. and Mads M. Jæger. 2013. "The Effect of Terror on Institutional Trust: New Evidence from the 3/11 Madrid Terrorist Attack." *Political Psychology* 34(6). 917-926.

Edwards, George C. and Tami Swenson. 1997. "Who Rallies? The Anatomy of a Rally Event." *Journal of Politics* 59(1). 200-212.

Eriksson, Lina M. 2016. "Winds of Change: Voter Blame and Storm Gudrun in the 2006 Swedish Parliamentary Election." *Electoral Studies* 41. 129-142.

Gadarian Shana Kushner, Sara Wallace Goodman and Thomas B. Pepinsky. 2020. "Partisanship, Health Behavior, and Policy Attitudes in the Early Stages of the COVID-19 Pandemic." Preprint, posted March 30. Available at SSRN: https://ssrn.com/abstract=3562796.

Gasper, John T. and Andrew Reeves. 2011. "Make It Rain? Retrospection and the Attentive Electorate in the Context of Natural Disasters." *American Journal of Political Science* 55(2). 340-355.

Healy, Andrew and Neil Malhotra. 2009. "Myopic Voters and Natural Disaster Policy." *American Political Science Review* 103(3). 387-406.

Healy, Andrew and Neil Malhotra. 2013. "Retrospective Voting Reconsidered." *Annual Review of Political Science* 16. 285-306.

Kriner, Douglas. 2006. "Examining Variance in Presidential Approval: The Case of FDR in World War II." *Public Opinion Quarterly* 70(1). 23-47.

Leininger, Arndt and Max Schaub. 2020. "Voting at the Dawn of a Global Pandemic." Working Paper. SocArXiv Papers. DOI:10.31235/osf.io/a32r7

Lewis-Beck, Michael S. and Mary Stegmaier. 2000. "Economic Determinants of

Electoral Outcomes." *Annual Review of Political Science* 3(1). 183-219.

Merkley, Eric, Aengus Bridgman, Peter J. Loewen, Taylor Owen, Derek Ruths, and Oleg Zhilin. 2020. "A Rare Moment of Cross-Partisan Consensus: Elite and Public Response to the COVID-19 Pandemic in Canada." *Canadian Journal of Political Science* 53. 311-318.

Muller, John E. 1973. "Presidential Popularity from Truman to Johnson." *American Political Science Review* 64(1). 18-34.

Nicholas, Keith, and Steven Picou. 2012. "The Impact of Hurricane Katrina on Trust in Government." *Social Science Quarterly* 94(2). 344-361.

Perrin, Andrew and Sondra J. Smolek. 2009. "Who Trusts? Race, Gender, and The September 11 Rally Effect Among Young Adults." *Social Science Research* 38(1). 134-145.

Rubin, Oliver. 2020. "The Political Dynamics of Voter Retrospection and Disaster Responses." *Disasters* 44(2). 239-261.

Yates, Suzanne. 1998. "Attributions about the Causes and Consequences of Cataclysmic Events." *Journal of Personal and Interpersonal Loss* 3(1). 7-24.

제3장

21대 총선에서 나타난 선거 책임성과 당파성의 부모 사회화: 수도권 지역 유권자를 중심으로

정동준

인하대학교

본 장은 『21세기정치학회보』 제30집 3호(2020)에 게재된 논문을 일부 수정한 것이다.

I. 서론

　수도권 지역(서울, 인천 및 경기)은 현재 대한민국의 지역구에 배정된 총 253석 중 48.2%에 해당하는 122석을 차지하는 거대 지역으로, 국회의 원선거(이하 총선)에서 가장 큰 승부처가 되는 곳이다. 특히 선거에서 지역주의 경향이 큰 영향력을 발휘해 온 영호남 지역과 달리 수도권 지역은 상대적으로 현 정부의 국정 전반에 대한 평가, 정당과 후보자의 능력이나 자질에 의해 선거 결과가 좌우되는 측면이 커 선거 시기에 민심의 향방을 알려 주는 바로미터의 역할을 해 왔다. 실제로 2004년 17대 총선에서는 노무현 정부 초기의 기대감을 반영하며 당시 열린우리당이 한나라당을 크게 앞섰으나, 4년 후 18대 총선에서는 노무현 정부에 대한 실망감과 이명박 정권에 대한 기대감으로 한나라당이 통합민주당을 압도했다. 이후 19대와 20대 총선에서는 각각 이명박 정부와 박근혜 정부에 대한 실망감이 새누리당의 패배로 나타났다.

이처럼 정부의 지난 성과와 주요 정책 이슈에 심판적 성격이 강한 수도권 지역에서 이번 21대 총선 결과는 어떻게 나타났는가? 이번 총선은 시기적으로 문재인 정부에 대한 중간 평가의 성향이 강한 선거였다. 문재인 정부는 등락을 거듭하긴 했으나 전반적으로 높은 지지율을 보였고, 특히 선거를 앞두고는 코로나 바이러스 사태에 효과적인 대응을 함으로써 지지율이 계속 상승하였다.[1] 반면 미래통합당은 선거를 앞두고 당명을 바꾸는 등 쇄신의 노력을 기울였으나 위성 정당 창당으로 인한 논란, 김대호 관악구갑 후보의 세대 비하 발언, 차명진 경기 부천병 후보의 세월호 막말 등 계속되는 구설수로 위기감이 감돌았다. 특히 수도권 지역에서 실시된 여론조사에서 더불어민주당 쪽으로 민심이 기우는 결과가 나오면서 이러한 위기감은 더욱 고조되었다.[2] 이러한 상황을 고려할 때 수도권 지역에서는 여당인 더불어민주당의 승리가 예상되었다.

하지만 집합적 수준의 선거 결과와는 별도로 개인 수준에서 얼마나 정부에 대한 평가를 근거로 투표하였는지, 즉 얼마나 높은 수준의 '선거 책임성(electoral accountability)'이 이루어졌는지는 별도의 실증 분석을 요한다. 집합 차원에서 나타난 결과가 반드시 개인 차원에서도 나타난다고 할 수 없기 때문이다(Robinson 1950). 특히 수도권 지역은 다양한 출신의 유권자로 구성되어 있어 집합 차원에서 관찰된 특징이 유권자 개인 차원에서 어떻게 나타나고 있는지 살펴볼 필요가 있다. 수도권 지역은 유권자 수로 보나 정치적 상징성으로 보나 선거에서 매우 중요한 지역임에도 불구하고, 지역주의 경향이 강한 우리나라 선거의 특성상 영호남과 같이 당

---

1. 관련 기사는 다음을 참고: https://www.ytn.co.kr/_ln/0101_202004131514409923
2. 관련 기사는 다음을 참고: https://news.v.daum.net/v/20200410205605125?f=m&from=mtop

파성이 강한 지역에 비해 상대적으로 덜 주목을 받아 왔다(조진만 2019). 본 연구에서는 수도권 지역 유권자들의 투표 행동을 특히 선거 책임성과 당파성의 사회화를 중심으로 분석해 이러한 점을 보완하고자 한다.

먼저 본 연구에서는 이번 21대 총선에서 수도권 지역 유권자들의 책임성이 비수도권에 비해 높게 나타났는지 분석해 볼 것이다. 만일 수도권 지역에서 책임성이 높게 나타난다면, 혹은 그렇지 않게 나타난다면 그 원인을 좀 더 깊이 있게 분석해 볼 필요가 있다. 기존 연구들은 책임성에 가장 큰 영향을 미치는 요인 중 하나로 '당파성(partisanship)'[3]을 지목한다. 당파성이란 미시간학파의 고전적 정의에 따르면 인종, 지역, 계층, 종교 등 자신이 속한 집단의 특성을 따라 형성되는 일종의 사회적 정체성으로(Campbell et al. 1960; Dalton 2008; Lipset and Rokkan 1967; Mair 2001), 투표가 책임성의 기제로 작용하는 정도를 약화시키는 요인이라 알려져 있다(Kayser and Wlezien 2011; Jung 2018; Tillman 2008). 즉 당파성이 사회적 정체성으로 자리 잡은 사람에게서 책임성의 정도가 약하게 나타나는 것이다.

그런데 이러한 사회적 정체성 이론에 따르면 당파성은 주로 '사회화 과정'을 통해 형성된다. 유년 시절 부모로부터 사회화를 통해 학습된 당파성은 개인의 사회적 정체성으로 자리하게 되고, 성인이 된 이후에도 투표 행동을 비롯한 정치 행동과 태도에 지속적으로 영향을 미치게 된다. 그간 우리나라에서는 짧은 민주주의의 역사로 인해 당파성의 사회화에 대한 연구가 활발히 진행되지 않았다. 하지만 우리나라도 이제 정당 민주주의의

---

3. 본 장에서 사용된 의미의 당파성은 정당 일체감(party identification), 정당 애착심(party attachment), 정당 충성심(party allegiance) 등 다양한 용어로도 불리고 있는데, 본 장에서는 가장 간결하면서 포괄적인 단어인 당파성을 사용하도록 한다.

역사가 30년이 넘었다는 점에서, 세대 간 사회화를 통한 당파성의 형성을 본격적으로 연구할 시점이 되었다. 이러한 점에서 다양한 출신 요인과 당파적 연고로 구성된 수도권 지역은, 사회화를 통한 당파성의 형성을 연구하는 데 좋은 실험적 환경을 제공한다. 만일 우리나라에서도 당파성의 사회화가 일어나고 있다면, 수도권 거주자들은 자신의 출신지에 따라 부모를 통해 형성된 당파성을 계속하여 유지하고 있을 것이다. 반면 아직 사회화가 일어나지 않거나 약하다면, 수도권에 이주한 후 새로운 환경의 영향으로 기존의 당파성이 변화하거나 약화될 것이다. 이러한 당파성의 사회화는 수도권 지역에서 책임성의 특징을 일정 부분 설명할 수 있는 열쇠가 될 것이다.

본 장에서 다루고자 하는 연구 질문은 크게 두 가지이다. 첫째, 수도권 지역은 비수도권 지역에 비해 유이미하게 높은 수준의 선거 책임성을 가지고 있는가? 둘째, 우리나라 유권자의 당파성 형성에서 부모로부터의 사회화는 얼마나 큰 영향력을 발휘하고 있는가? 이어지는 장에서는 각각의 주제에 대한 기존의 문헌들을 정리하고 이를 바탕으로 21대 총선 유권자들을 대상으로 한 설문조사 결과를 분석할 것이다. 마지막 장에서는 분석 결과를 정리하고 이를 바탕으로 우리나라 선거 연구와 정책에 기여할 수 있는 함의를 도출한다.

II. 이론적 논의

1. 수도권 지역의 선거 특성

조진만(2019)이 지적하듯, '지금까지 한국에서 지역과 관련한 선거 연구는 영남과 호남 지역을 중심으로 존재하는 지역주의 투표 행태에 초점이 맞추어져 왔던 것이 사실'이다. 하지만 수도권은 많은 인구수를 기반으로 지역구 전체의 절반에 가까운 의석수를 차지하고 있고, 실질적으로도 대한민국 정치의 중심지 역할을 한다는 점에서 매우 중요한 의미를 지닌다(박성호 2017). 이러한 점에서 수도권 지역의 선거와 투표 행동에 대해서 더 많은 연구가 수행될 필요가 있다. 그렇다면 수도권 지역의 선거 특징은 무엇이고, 어떠한 주제를 가지고 연구되어야 할까? 이에 대한 답을 얻기 위해서는 먼저 우리나라 수도권 선거에 대한 기존의 연구들을 정리해 볼 필요가 있다.

많지 않은 연구들을 출판된 시간순으로 정리해 보면 다음과 같다. 먼저 윤종빈(2007)은 2002년 대선 결과를 분석하여 수도권 유권자들이 정치적 지식 수준이 높고, 지역주의 경향이 약하며, 상대적으로 후보자 인물과 공약을 더 중시하는 경향이 뚜렷함을 밝혔다. 수도권 유권자들은 자신이 속한 지역이나 당파에서 상대적으로 자유롭게 투표에 임하며, 후보자의 도덕성과 자질 등 인물 요인을 투표 선택에서 가장 중요한 기준으로 삼는다는 것이다. 즉 수도권 유권자들이 타 지역에 비해 선거를 책임성의 기제로 사용하는 정도가 강하다고 할 수 있다. 박명호(2007)는 2004년 총선을 분석하면서 수도권 지역이 다른 지역에 비하여 선거구별 정당 간 경쟁의 정도가 높음을 발견하였다. 반면 지역주의 경향이 강한 영호남 지역에서는 상대적으로 정당 간 경쟁이 낮게 나타났다. 따라서 정당 입장에서 수도권 지역은 선거 승패의 열쇠를 쥐고 있는 주요 격전지라 할 수 있다.

김영태(2009)는 우리나라의 지역주의 연구가 주로 영호남 지역을 중심으로 이루어졌으며, 특히 '거주지'를 중심으로 한 분석에 치중하여 '출신지'에 대한 논의가 크게 주목받지 못하였음을 지적하였다. 출신지를 중심으로 17대 대선을 분석한 결과, 수도권 거주자 중 호남 출신 유권자들의 이념적 중도화와 당시 여당이었던 노무현 정부에 대한 부정적 평가가 이명박 후보의 당선에 기여한 것으로 나타났다. 이는 지역주의 연구에서 거주지와 출신지에 대한 분석이 구분되어야 함을 보여 주는 결과라 할 수 있다. 이준한(2012)은 수도권 지역을 중심으로 19대 총선의 투표 참여와 투표 선택을 분석하였는데, 먼저 투표율 측면에서는 수도권 지역이 타 지역과 뚜렷이 구분되는 특징을 보이지 않았다. 한편 투표 선택에 있어 지역구 선거에서는 전국적 선거 결과와 상이한 모습을 보였고, 비례대표 선거에서는 전국적 결과와 비슷한 양상을 나타냈다. 이를 통해 수도권 지역이 전국 선거의 바로미터 역할을 하기는 하지만, 각 지역구 및 당시의 정치적 상황에 따라 유동적으로 변할 수 있다고 하겠다.

가장 최근 연구라 할 수 있는 조진만(2019)의 연구에서는 2018년 지방선거 설문조사 결과를 사용하여 수도권 지역 유권자들의 투표 참여, 정책 선거, 투표 선택을 다른 지역과 비교 분석하였다. 분석 결과, 이준한 (2012)의 연구와 마찬가지로 투표 참여에 있어서는 지역 간 뚜렷한 차이를 발견하지 못하였다. 반면 정책 선거에 있어서는 수도권 유권자들이 비수도권에 비해 정당의 정책과 공약을 더 중시하는 것으로 나타났다. 그리고 투표 선택에 있어서도 수도권에서 야당에 대한 심판과 현 정권에 대한 기대감이 더욱 분명하게 나타나, 수도권 지역이 비수도권 지역에 비해 선거 책임성이 높게 나타나는 것으로 분석되었다.

이상의 연구 결과를 종합해 볼 때, 이번 수도권 지역의 21대 총선에 대해 크게 두 가지 연구 질문을 던질 수 있다. 첫 번째는 수도권 지역 유권자들의 선거 책임성이 다른 지역 유권자들에 비해 높게 나왔는가이다. 앞선 연구 결과에서 수도권 지역은, 특히 영호남 지역에 비해 지역주의 경향에서 상대적으로 자유롭기 때문에 정부의 국정 운영에 대한 평가를 기반으로 투표하는 경향이 강한 것으로 나타났다. 하지만 일부 연구에서는 출신지, 후보자의 인물 평가, 해당 지역구의 정치적 사건 등 다른 요인들 또한 이러한 책임성에 영향을 주고 있는 것으로 분석되었다. 따라서 이번 21대 총선에서 수도권 지역의 선거 책임성이 비수도권 지역에 비하여 어떠한 정도로 나타났는지 살펴볼 필요가 있다.

두 번째는 당파성의 사회화에 대한 질문이다. 수도권 지역은 다양한 출신지의 유권자들이 이주해 와 사는 곳으로, 이들의 당파적 성향을 분석하기 위해서는 김영태(2019)의 지적처럼 거주지와 출신지를 구분하여 접근할 필요가 있다. 즉 어린 시절 출신지에서 형성된 당파성이 수도권으로 이주한 이후에 어떠한 변화를 겪는지 살펴볼 필요가 있다. 영호남과 같이 당파적으로 편향된 지역에서 태어나 살고 있는 사람의 경우, 부모로부터의 사회화와 자신이 속한 환경으로부터의 사회화를 구분하기 힘든 경향이 있다. 양자의 당파성이 같은 방향으로 작용하기 때문이다. 하지만 수도권 지역은 상대적으로 특정 정당에 편향되어 있지 않다는 점에서, 부모로부터의 사회화가 개인의 당파성에 얼마나 지속적인 영향력을 미치는지 살펴볼 수 있는 좋은 실험적 환경을 제공한다. 만약 수도권 지역에서 부모와 같은 정당에 당파성을 갖는 유권자의 비중이 타 지역, 특히 영호남과 같이 당파적 경향이 뚜렷한 지역과 비슷한 수준으로 나타난다면 이는 우리나

라에서도 부모 사회화를 통한 당파성이 형성되고 있음을 보여 주는 증거
가 될 것이다.

2. 선거 책임성

책임성이란 정치적 대표가 자신이 내린 정치적 결정에 얼마나 책임을
지는지 의미하는 개념으로(Key 1966), 통상 집권 여당이 국정 운영의 성
과에 따라 보상 또는 처벌을 받는 것으로 나타난다(Ferejohn 1986). 대표
가 정치적 성과에 따라 심판을 받음으로써 정책의 효과를 높이는 것은 대
의제 민주주의가 재대로 작동하기 위한 필수적 요건 중 하나이다(An-
derson 2007; Jung 2018; Przeworski et al. 1999; 장승진 2017). 민주주
의 체제에서 이러한 책임성을 제고할 수 있는 제도적 장치에는, 여러 가지
가 있겠지만 무엇보다도 선거를 들 수 있다. 유권자들이 선거를 통하여 정
치를 잘한 대표에게 투표를 하고, 그렇지 못한 대표에게는 투표하지 않음
으로써 심판을 할 수 있는 것이다.

이러한 선거를 통한 책임성, 즉 선거 책임성[4]이 담보되기 위해서는 유
권자들이 회고적 평가에 기반한 투표를 해야 한다(Fiorina 1981). 기존의
투표 행동 이론에 따르면 유권자들은 선거에서 회고적 투표(retrospective
voting)를 하기도 하고 전망적 투표(prospective voting)를 하기도 한다.

---

4. 기존의 많은 국내 연구에서는 선거를 통한 책임성을 주로 '회고적 투표(retrospective voting)'라
는 용어를 사용하여 분석해 왔다. 회고적 투표는 과거 국정 운영 평가를 기반으로 한다. 따라서 책
임성의 관점에서 투표를 보는 것과 일맥상통한다(Dalton 2008; Przeworski et al. 1999). 하지만
본 장에서 책임성 투표의 일종으로 다루는 경제투표에서도 경제 상황에 대한 회고적 평가뿐 아니
라 전망적(prospective) 평가를 고려하는 등 회고적 투표와 선거 책임성이 완전히 동일한 개념은
아니라 할 수 있다. 이러한 점에서 본 장에서는 좀 더 직접적이고 정확한 선거 책임성이라는 용어
를 사용하도록 한다.

회고적 투표는 주로 정당이나 정치인의 과거 정치적 성과에 대한 평가를 기반으로 투표를 하는 것으로, 책임성의 개념과 밀접한 연관이 있다(Key 1966). 반면 전망적 투표는 후보자의 능력이나 정당의 공약에 대한 기대를 바탕으로 투표를 하는 것으로, 과거의 성과가 좋지 못하거나 혹은 정치적 이력이 없다 하더라도 미래에 대한 기대감으로 투표하는 것을 의미한다(Powell 2000; Rosema 2006). 이러한 전망적 투표는 최근의 매니페스토(manifesto) 운동과 같이 꼼꼼하고 구체적인 정책 계획을 제시하여 유권자를 설득함으로써 정책 선거를 유도한다는 장점이 있다. 하지만 인기영합주의적 공약의 남발, 정당정치를 통하지 않은 아웃사이더의 등장을 초래할 수 있다는 단점 또한 존재한다. 결국 선거 책임성은 유권자들이 얼마나 회고적 평가에 기반하여 투표를 하는가에 성패가 달려 있다고 할 수 있다.

일반 유권자들이 대표의 정치적 성과를 판단하는 기준은 주로 정부, 즉 현재 집권 여당의 정책 성과이다. 특히 우리나라와 같이 대통령이 국정 운영에 주도권을 갖는 체제에서는 대통령에 대한 평가가 유권자들이 가장 손쉽게 내릴 수 있는 평가 준거라 할 수 있다(Jung 2018). 그렇다면 어떤 정책 영역이 유권자 입장에서 가장 객관적인 평가를 내리기 쉬울까? 많은 학자들은 경제가 유권자에게 가장 적은 인지적 부담을 요하는 평가 영역이라 말한다(Anderson 2007; Lewis−Beck 2006; Tillman 2008; Tucker 2006; 정동준 2017). 먹고사는 문제는 모든 사람에게 중요한 문제이고, 본인 또는 국가의 경제 상황에 대한 평가는 큰 인지적 부담을 요하는 이슈가 아니기 때문이다. 유권자들이 무엇보다도 경제 상황에 대한 평가에 기반하여 투표를 한다는 '경제투표(economic voting)' 이론은 이러한 점에서 이론적, 그리고 실증적으로 많은 지지를 받아 왔다.

이러한 경제 영역에 대한 평가는 크게 객관적 평가와 주관적 평가로 나눌 수 있다(Lewis-Beck and Stegmaier 2000). 객관적 평가는 GDP 증가율, 1인당 GNI 등 공식적으로 발표되는 거시적 통계 지표에 따라 평가를 내리는 것으로, 모든 유권자가 동일한 기준 아래 비교적 객관적인 평가가 가능하다는 장점이 있다. 하지만 해당 거시 지표의 신뢰성 문제, 그리고 그 지표가 개개인의 경제 상황을 설명할 수 없다는 문제가 있다. 주관적 평가는 크게 두 가지 기준으로 나누어 볼 수 있다. 첫째는 평가 대상이 국가의 전반적 경제 상황(sociotropic)인지, 아니면 개인 또는 가계의 주머니 사정(pocketbook)인지이다. 둘째는 그러한 평가가 과거 상황에 대한 회고적 평가인지, 미래 상황에 대한 전망적 평가인지이다. 투표 행동은 개인 수준에서 일어나는 일이고, 이러한 개인의 행동에 영향을 미치는 것은 결국 그 개인이 지닌 주관적 판단이라는 점에서 주관적 평가는 좀 더 확실히 개인의 행동에 영향을 미칠 수 있다.

하지만 이러한 평가가 얼마나 공정하고 객관적인지, 일반 유권자에게 그러한 평가를 내릴 능력이 있는지, 당파성 등 평가에 편향을 불러오는 요인이 없는지 등과 관련하여 비판을 받기도 한다(Anderson et al. 2004; Evans and Anderson 2006; 김성연 2016). 특히 일각에서는 경제 상황에 대한 평가를 통해 특정 정당을 지지하는 것이 아니라, 특정 정당을 지지하기 때문에 후한 평가를 내리게 된다는, 즉 '뒤바뀐 인과관계(reversed causal arrow)'라는 주장을 하기도 한다(Evans and Pickup 2010). 이외에도 경제정책에 대한 입장이 작은 정부를 지향하는가 큰 정부를 지향하는가, 보유한 자산이 얼마나 안정적인가(Lewis-Beck et al. 2013), 그리고 지난 경제 상황을 얼마나 현 정부의 탓으로 돌리는가(Rudolph 2003) 등 경제적 요인에 따라 투표 행동이 결정된다는 다양한 이론들도 존재한다.

국내 학계에서도 한국정치를 중심으로 이러한 책임성과 경제투표에 대한 연구는 많이 진행되었다(가상준 2008; 강우진 2013; 강원택 2008; 김성연 2016; 이내영·안종기 2013; 이재철 2008; 장승진 2016; 2019 등). 하지만 유권자들이 과연 얼마나 회고적 평가에 기반하여 투표를 하는지에 대해서는, 장승진(2017)이 잘 정리한 바와 같이 연구 결과 간 명확한 합의가 이루어지지 않고 있다. 그는 우리나라 선거에서 회고적 평가를 연구한 글들을 정리하며 '서로 다른 선거는 물론이고 심지어 동일한 선거를 대상으로 한 연구에서조차도 서로 상반된 결과가 제시되고 있다'고 말한다(장승진 2017, 45). 그렇다면 이번 21대 총선에서는 얼마나 정부 평가를 기반으로 투표가 이루어졌는가? 특히 수도권 지역에서는 기존 연구 결과대로 타 지역에 비해 높은 책임성을 보이는가? 본 장은 먼저 이러한 질문들에 답하고자 한다.

3. 당파성의 사회화

본 장의 두 번째 연구 질문인 당파성의 사회화는, 특히 정당 체제의 역사가 오래된 미국과 서유럽을 중심으로 오랫동안 연구되어 왔다. 이들의 연구에 따르면 당파성은 일차적으로 어린 시절 부모로부터의 사회화를 통하여 형성된다(Dalton 2008; Hess and Torney 1967; Jennings and Niemi 1973). 특히 청소년기는 정체성이 형성되는 전환기적 시기로, 인지적으로나 사회적으로 발달해가는 청소년들에게 부모를 통한 사회화는 당파성을 포함한 복잡한 사회현상을 이해하는 단서를 제공한다(Boonen 2019). 물론 이러한 정치사회화에는 부모의 영향만 있는 것이 아니라 또래집단이나 자신이 속한 환경 등 여러 사회적 관계를 통하여 이루어진다

(Greene 2004; Lyons 2017). 그리고 부모와의 관계 맺기가 어떠한 방식으로 이루어지는가에 따라 부모의 영향력 정도나 방향이 달라질 수 있다(Murray and Mulvaney 2012; 송원숙 2018). 그럼에도 불구하고 가장 원초적이며 친밀한 부모-자식 간의 관계를 통해 일차적인 당파성이 형성되고, 이렇게 형성된 당파성이 인생 주기를 통해 어느 정도 지속된다는 것이 고전적인 사회화 이론이라 할 수 있다(Fitzgerald 2011; Jennings et al. 2009; Kroh and Selb 2009). 물론 이렇게 어린 시절에 형성된 당파성은 성인이 된 후 자신이 속한 사회적 환경에 따라 수정될 수 있다(Lyons 2017). 하지만 많은 경우 어린 시절에 형성된 당파성을 바탕으로 인생의 첫 투표를 하고, 이때 내린 선택이 자신의 당파성을 강화하는 쪽으로 작용한다는 점에서(Dalton 2008; Converse 1969) 부모 사회화를 통한 당파성은 상당한 지속력을 갖는다.

우리나라는 아직 민주적 정당 체제와 선거의 역사가 그리 오래되지 않았기 때문에 당파성의 사회화에 많은 연구가 이루어지지 않았다. 당파성이란 개념 자체가 특정 정당에 대한 단순한 지지와 선호를 넘어 그 정당과의 장기적 접촉을 통해 가슴 깊이 뿌리내린 사회적 정체성의 일종으로 정의되기 때문이다(Campbell et al. 1960; Dalton 2008). 따라서 우리나라의 당파성의 사회화에 대한 연구는 당파성보다는 이념 성향, 정치 참여, 투표 선택 등 좀 더 넓은 범위의 정치 행태에 대해 이루어졌다. 이러한 정치사회화에 대한 연구는 주로 청소년과 대학생을 중심으로 그들 부모와의 관계를 통해 이루어졌는데, 정치 참여, 정치 효능감, 정치 태도(송원숙 2018), 이념 성향과 정치적 가치(김도경 2018; 김도경·박영애 2011; 이현직·조아미 2017; 홍재우 2012), 투표 참여 및 선택(김도경 2018; 김도경·박영애 2011), 그리고 당파성이라는 명확한 개념을 사용하지는 않았지만 정당 지지(김도경·박영애 2011; 홍재우 2012)에 대한 부모의 영향을 분석한 연구들이 대표적이라 할 수 있다.

하지만 아직까지 우리나라 유권자들의 당파성이 얼마나 부모로부터의 사회화를 통하여 형성되고 있는지에 대한 체계적인 실증 연구는 부족한 실정이다. 물론 본 분석에서 사용한 설문조사 역시, 응답자 본인과 부모의 당파성이 같은지를 묻는 가장 기본적인 질문만을 던지고 있다는 점에서 분석의 한계를 지닌다. 부모의 당파성이 정확히 어느 정당인지, 부모와 어떤 종류의 의사소통 양식을 가지는지, 또는 부모와 얼마나 오랫동안 같은 집에 거주했는지 등 좀 더 자세한 정보는 본 분석에서 알 수 없다. 그럼에도 불구하고 우리나라 유권자의 당파성이 얼마나 부모 사회화를 통해 형성되는지를 다른 투표 행동 변수들과의 연관성을 통해 좀 더 체계적으로 밝히려 한다는 점에서 그 의의가 있다고 할 수 있다. 특히 지역주의 경향이 상대적으로 약해 거주지의 사회적 환경이 미치는 영향이 어느 정도 통제된 수도권 지역에 분석의 초점을 맞춤으로써 좀 더 정확하게 부모 사회화의 영향력을 관찰할 수 있을 것이다.

III. 분석 및 결과

1. 수도권 지역 투표 선택 분석: 책임성

본 장에서는 위에서 제시한 두 가지 연구 질문에 초점을 두어 분석을 진행할 것이다. 분석을 위해 본 장에서는 명지대학교 미래정치연구소에서 실시한 '2020년 국회의원선거 유권자 인식 조사' 설문 자료를 사용하였다. 본 조사는 전국 만 18세 이상의 성인 남녀 2,000명을 대상으로 2020년 4월 20일부터 30일까지 11일간 컴퓨터를 이용한 웹 조사 방식으로 실시되었다.

먼저 본 장이 분석하고자 하는 첫 번째 주제인 선거 책임성을 알아보기 위해, 관련 변수로 대통령의 직무 수행(국정 운영)에 대한 평가를 살펴보았다. 대통령의 국정 운영에 대한 평가가 전반적인 정부의 국정 운영에 대한 평가와 동일하지는 않겠으나, 우리나라의 정부 체제가 주요 국정 운영에 대통령의 권한이 강하게 작용하는 대통령제라는 점에서 어느 정도 정당화될 수 있을 것이다. 구체적으로 '현재까지의 문재인 대통령의 직무 수행(국정 운영)을 0-10점 사이의 숫자로 답하여 주시기 바랍니다(0: 아주 못하고 있다-10: 아주 잘하고 있다)'라는 설문항을 사용하였다. 이에 더하여 경제투표 이론이 주로 사용하는 경제 평가 변수들도—국가 경제에 대한 지난 4년간의 회고적 평가(1: 나빠졌다, 2: 비슷하다, 3: 좋아졌다)와 향후 국가 경제에 대한 전망적 평가(1: 나빠질 것이다, 2: 비슷할 것이다, 3: 좋아질 것이다)—책임성을 보기 위한 변수로 사용하였다.

해당 변수들을 수도권 대 비수도권으로 나누어 살펴본 결과, 〈표 1〉과 같이 수도권 지역의 유권자와 비수도권 지역의 유권자 간(음영 표시)에 뚜렷한 차이는 나타나지 않았다. 대통령의 직무 수행 평가는 전국적으로 중간인 5점을 상회하는 수치(5.79)를 보인 가운데(굵게 표시), 수도권의 평균이 비수도권의 평균에 비해 소폭 높게 나타났으나 통계적으로 유의미한 차이는 아니었다. 수도권 내에서는 지역 간 큰 편차없이 고른 분포를 보인 반면, 비수도권 지역에서는 역시 영호남을 중심으로 지역 간에 높은 차이를 보였다. 여당인 더불어민주당의 텃밭 호남 지역에서는 7.14의 높은 수치가 나온 반면, 야당인 미래통합당의 지지 기반인 영남에서는 전

<표 1> 대통령 직무 수행 평가와 경제 평가에 대한 거주지별 응답(평균값)

변수	응답자 전체	수도권				비수도권			수도권과 비수도권 차이 (t-검정 유의미도)*
		서울	인천	경기	수도권 평균	영남	호남	비수도권 평균	
대통령 평가 (0-10점)	5.79	5.76	5.84	5.82	5.80	5.23	7.14	5.77	>
국가 경제 회고적 평가(1-3점)	1.53	1.58	1.67	1.53	1.56	1.38	1.72	1.49	>**
국가 경제 전망적 평가(1-3점)	1.88	1.90	2.01	1.86	1.89	1.72	2.22	1.86	>

* Two-tailed test, *** p<.01, ** p<.05, * p<.1

국 평균에 미치지 못하는 5.23을 기록하였다. 경제 평가에 대한 변수는 회고적 평가의 경우 수도권 응답자가 비수도권 응답자에 비하여 유의미하게 긍정적인 평가를 내린 것으로 조사되었다. 전반적으로 수도권 지역의 유권자들이 비수도권 지역에 비해 지난 4년간의 경제 상황이 좀 더 나았다고 느낀 것이다. 특히 서울과 인천 지역에서 전국 평균을 웃도는 긍정적 평가가 나와 이러한 차이를 견인하였다. 반면 비수도권의 경우에는 역시 영남과 호남의 지역 차가 크게 나타났다. 국가 경제에 대한 전망적 평가는 수도권과 비수도권에서 뚜렷한 차이가 발견되지 않았다.

그렇다면 이러한 대통령과 경제에 대한 평가는 투표 선택에 어떠한 영향을 미쳤을까? 선거 책임성을 좀 더 정확히 분석하기 위해 일련의 회귀분석을 실시하였다. 지역구와 전국구 선거 각각에서 더불어민주당에 투표를 한 경우를 1로 하고, 나머지 투표 선택을 0으로 하는 이원(binary) 변수를 종속변수로 삼았다. 그리고 위에서 제시한 대통령과 경제에 대한 평가 변수를 독립변수로 삼았다. 책임성이 높게 나타나기 위해서는 대통령과 경제에 긍정적인 평가를 내린 경우 여당인 더불어민주당에 투표를 해야 하고, 부정적 평가를 내린 경우에는 다른 정당을 선택해야 한다. 즉 대통령과 경제 평가 변수가 갖는 영향력의 크기가 곧 책임성의 정도라 볼 수 있다(Jung 2018). 이러한 책임성의 정도가 수도권 지역에서 과연 두드러진 특징을 갖는지 보기 위해 수도권 거주자를 1로 하고, 그 외 지역 거주자를 0으로 하는 더미변수를 만든 후 각각의 대통령과 경제 평가 변수에 곱하여 상호작용 변수를 만들어 주었다. 수도권 지역의 책임성이 타 지역에 비해 높다면 상호작용 변수의 계수 값이 양수를 취할 것이고, 반대의 경우라면 음수를 취할 것이다. 이외에 투표 선택에 영향을 미칠 것이라 여겨지는 일련의 변수들을 통제변수로 추가하였다. 종속변수가 이원 변수라는 점에서 비선형 모델인 로지스틱 분석을 실시하였다.

〈표 2〉에 나타난 분석 결과를 보면, 먼저 상호작용을 고려하지 않은 기본 모델인 모델 1(지역구)과 모델 5(전국구)에서 대통령 직무 수행 평가와 전망적 경제 평가 변수가 유의미한 영향력을 보인 것으로 나타났다. 특히 대통령 평가의 경우 승산비(odds ratio)[5]를 보면 모델 1과 모델 5에서 각각 1.40과 1.25로 나타났는데, 이는 대통령 평가가 1단위 긍정적으로 올라갈 경우 더불어민주당에 대한 투표 확률이 각각 40%와 25% 올라감을 의미하는 것이다. 대통령 평가 변수가 11점 척도로 되어 있다는 점을 고려할 때 이는 상당한 정도의 영향력이라 할 수 있다. 이는 우리나라 유권자들이 선거를 책임성의 도구로 사용하고 있음을 보여 주는 결과라 할 수 있다. 하지만 회고적 경제 평가 변수의 경우에는 어떠한 모델에서도 통계적으로 유의미하지 않게 나왔는데, 이는 해당 변수의 영향력이 상당 부분 대통령의 직무 평가로 설명되기 때문인 것으로 보인다. 대통령의 직무 수

---

5. 독립변수 1단위 증가 시 종속변수가 1단위 증가할 확률을 의미한다.

<표 2> 선거 책임성에 대한 로지스틱 회귀분석

변수	지역구 선거							
	모델 1 기본 모델		모델 2 대통령 평가 상호작용		모델 3 회고적 경제 평가 상호작용		모델 4 전망적 경제 평가 상호작용	
	계수	승산비	계수	승산비	계수	승산비	계수	승산비
성별(남자=1)	0.09	(1.10)	0.10	(1.10)	0.10	(1.10)	0.10	(1.10)
연령	0.01 *	(1.01)	0.01 *	(1.01)	0.01 *	(1.01)	0.01 *	(1.01)
교육 수준	-0.06	(0.95)	-0.06	(0.94)	-0.06	(0.94)	-0.06	(0.94)
소득	0.08 ***	(1.08)	0.07 ***	(1.08)	0.07 ***	(1.08)	0.08 ***	(1.08)
민주당 당파성	1.20 ***	(3.33)	1.21 ***	(3.36)	1.21 ***	(3.35)	1.21 ***	(3.35)
통합당 당파성	-1.75 ***	(0.17)	-1.74 ***	(0.18)	-1.74 ***	(0.18)	-1.74 ***	(0.18)
이념 성향	-0.20 ***	(0.82)	-0.20 ***	(0.82)	-0.20 ***	(0.82)	-0.20 ***	(0.82)
민주당과의 이념적 거리	-0.08 **	(0.92)	-0.09 **	(0.92)	-0.09 **	(0.92)	-0.09 **	(0.92)
대통령 평가	0.33 ***	(1.40)	0.31 ***	(1.37)	0.33 ***	(1.40)	0.33 ***	(1.40)
회고적 경제 평가	0.16	(1.18)	0.15	(1.17)	0.15	(1.16)	0.16	(1.17)
전망적 경제 평가	0.23 **	(1.26)	0.23 **	(1.26)	0.23 **	(1.26)	0.27 **	(1.31)
수도권 거주			-0.07	(0.93)	0.15	(1.16)	0.30	(1.35)
평가 변수*수도권 거주			0.04	(1.04)	0.01	(1.01)	-0.07	(0.93)
상수항	-2.24 ***	(0.11)	-2.17 ***	(0.11)	-2.29 ***	(0.10)	-2.36 ***	(0.09)
응답자 수(명)	1,830		1,830		1,830		1,830	
로그우도 (Log likelihood)	-757.59056		-756.527		-756.76671		-756.6676	

전국구 선거

변수	모델 5 기본 모델		모델 6 대통령 평가 상호작용		모델 7 회고적 경제 평가 상호작용		모델 8 전망적 경제 평가 상호작용	
	계수	승산비	계수	승산비	계수	승산비	계수	승산비
성별(남자=1)	-0.17	(0.84)	-0.17	(0.84)	-0.18	(0.84)	-0.17	(0.84)
연령	0.00	(1.00)	0.00	(1.00)	0.00	(1.00)	0.00	(1.00)
교육수준	-0.13**	(0.88)	-0.13**	(0.88)	-0.13**	(0.88)	-0.13**	(0.88)
소득	-0.01	(0.99)	0.00	(1.00)	0.00	(1.00)	0.00	(1.00)
민주당 당파성	1.14***	(3.14)	1.14***	(3.13)	1.14***	(3.12)	1.14***	(3.13)
통합당 당파성	-2.62***	(0.07)	-2.62***	(0.07)	-2.63***	(0.07)	-2.63***	(0.07)
이념 성향	-0.08**	(0.92)	-0.08**	(0.92)	-0.08**	(0.92)	-0.08**	(0.92)
민주당과의 이념적 거리	-0.06	(0.94)	-0.06	(0.94)	-0.06	(0.94)	-0.06	(0.94)
대통령 평가	0.22***	(1.25)	0.23***	(1.26)	0.22***	(1.25)	0.22***	(1.25)
회고적 경제 평가	0.12	(1.13)	0.13	(1.14)	0.07	(1.08)	0.13	(1.13)
전망적 경제 평가	0.16*	(1.17)	0.16*	(1.17)	0.16*	(1.17)	0.12	(1.12)
수도권 거주			0.08	(1.09)	-0.27	(0.77)	-0.27	(0.76)
평가 변수*수도권 거주			-0.02	(0.98)	0.10	(1.11)	0.08	(1.09)
상수항	-2.02***	(0.13)	-2.08***	(0.13)	-1.91***	(0.15)	-1.90***	(0.15)
응답자 수(명)	1,830		1,830		1,830		1,830	
로그우도 (Log likelihood) 값	-838.41908		-838.02305		-837.94746		-924.71045	

*Two-tailed test, *** p<.01, ** p<.05, * p<.1

행에 대한 평가 중 가장 큰 비중을 차지하는 것이 무엇보다도 경제라는 점에서(Anderson 2007; Lewis-Beck 2006), 과거 경제 상황에 대한 평가는 상당 부분 대통령에 대한 평가로 수렴될 수 있을 것이다.[6]

다음으로 본 회귀분석의 핵심이라 할 수 있는 각 평가 변수와 수도권 지역 변수를 곱한 상호작용 변수를 보면(평가 변수*수도권 거주, 음영 표시), 모델 2-4(지역구)와 모델 6-8(전국구)에서 모든 상호작용 변수가 유의미도 0.1 수준에서 통계적으로 유의미한 영향력을 보이지 못하였다. 수도권과 비수도권 응답자 간 책임성의 정도에 다소간 차이는 있을지언정, 통계적으로 유의미하다고 할 만한 차이는 아닌 것이다.

로지스틱 모델이 비선형 모델이라는 점에서 좀 더 정확한 결과를 보기 위해 모델 2와 모델 6의 상호작용 변수의 영향력을 시각화해 보았다. 〈그림 1〉을 보면, 대통령 평가에 따라 더불어민주당에 투표할 확률을 나타내는 그래프의 기울기가 수도권 응답자와 비수도권 응답자 사이에서 큰 차이가 나지 않음을 확인할 수 있다. 수도권 유권자라 하여 타 지역에 비해 분명하게 정부 평가를 투표 선택의 기준으로 삼지 않은 것이다. 이러한 결과는 수도권 유권자들이 지역주의와 당파적 편향에서 상대적으로 자유로워 타 지역에 비해 정부 평가에 기반하여 투표할 것이라는 기대에 못 미치는 것이라 할 수 있다. 그렇다면 왜 수도권 지역에서 책임성이 더 높게 나타나지 않은 것일까? 이를 알아보기 위해서는 수도권 유권자들이 가진 당파성의 특징을 더 깊이 살펴볼 필요가 있다.

---

6. 실제로 회고적 경제 평가 변수만을 회귀분석에 넣었을 경우에는 유의미도 0.01 수준에서 통계적으로 유의미한 결과가 나왔으나, 대통령 평가 변수를 추가하자 이러한 유의미함이 사라졌다.

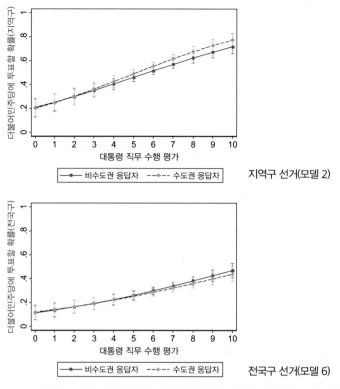

지역구 선거(모델 2)

전국구 선거(모델 6)

〈그림 1〉 대통령 평가에 따른 더불어민주당에 투표할 확률(95% 신뢰구간)

2. 수도권 지역 당파성 분석: 당파성의 사회화

선거 책임성은 여러 요인의 영향을 받는데, 특히 당파성은 유권자가 선거를 책임성의 도구로 사용하는 정도를 약화시키는 요인 중 하나로 여겨지고 있다(Jung 2018). 물론 당파성의 개념도 다양하게 정의될 수 있지만 당파성을 사회적 정체성의 하나로 볼 경우, 자신이 속한 사회경제적 배경에 따라 당파성을 형성하게 되고, 이에 기반하여 투표를 함으로써 책임성이 저해될 수 있다. 그렇다면 어떠한 사회경제적 배경이 당파성의 형성에 중요한 역할을 할까? 우리나라의 경우에는 무엇보다도 '지역'이 사회적 정체성으로서 당파성을 형성하는 주요 배경이 되어 왔다. 특히 영호남 지역에서는 각각의 지역을 기반으로 하는 정당—미래통합당과 더불어민주당—에 대한 당파성이 발달함으로써 이 지역 유권자들의 투표 행동을 가장 강력하게 설명하는 요인이 되고 있다(정동준 2018). 반면 수도권은 이러한 지역주의 경향이 상대적으로 약한 것으로 알려져 있다. 하지만 위에서 나타난 선거 책임성의 결과는 이러한 예상에 의문을 갖게 만든다. 수도권 유권자의 당파성은 비수도권, 특히 영호남 지역에 비해 약하게 나타나는가? 수도권은 다양한 지역에서 인구가 유입되는 곳이다. 따라서 수도권에 이주한 이후에도 자신의 출신지에 따른 당파성을 고수할 경우, 수도권 지역의 당파성도 비수도권 못지않게 나타날 수 있다. 또한 수도권에 거주하지만 타 지역 출신의 부모를 둔 자녀 역시, 부모로부터의 사회화를 통해 당파성을 형성하고 발전시킬 수 있다.

수도권 지역 유권자들이 지닌 당파성의 특징을 살펴보기 위해 먼저 당파성의 유무에 대한 지역별 응답을 비교해 보았다. 당파성의 유무를 알아보기 위해 '평소에 지지하거나 가깝게 느끼시는 정당이 있으십니까?'라는 질문을 사용하였다. 그런데 전통적으로 당파성이란 사회적 정체성으로 여겨질 만큼 해당 정당에 깊은 애착을 갖는 것을 의미한다는 점에서 해당 설문 하나만으로 당파성을 제대로 측정하지 못할 수 있다(Garry 2007). 따라서 본 분석에서는 위 질문에 '있다'라고 응답한 사람 중, 해당 정당에 대한 호오도(0점: 매우 싫음-10점: 매우 좋음)가 보통보다 좋은(6-10점) 경우만을 당파성이 있는 응답자로 보았다.

분석 결과 〈표 3〉에서 보는 바와 같이, 당파성이 있다고 응답한 사람은 수도권에서 46.4%, 비수도권에서 47.4%로 조사되었다. 당파성이 있다고

	응답자 전체	수도권				비수도권			수도권과 비수도권 차이 (t-검정 유의미도)*
		서울	인천	경기	수도권 평균	영남	호남	비수도권 평균	
당파성이 있다	46.9	45.2	44.2	47.7	46.4	44.9	57.4	47.4	<
더불어민주당에 대한 당파성	28.3	27.9	30.1	27.7	28.1	21.9	45.7	28.5	<
미래통합당에 대한 당파성	9.1	8.8	8.8	8.7	8.8	13.4	1.5	9.3	<

* Two-tailed test, *** p<.01, ** p<.05, * p<.1

응답한 사람이 비수도권에 비해 수도권이 소폭이나마 적게 나타난 것이다. 거대 양당인 더불어민주당과 미래통합당에 대한 당파성 또한 비수도권에 비해 수도권이 낮게 나타났다. 하지만 이러한 차이는 수도권 대 비수도권 응답자 간의 t-검정 결과, 모두 통계적으로 유의미하지 않은 것으로 나타났다. 수도권 지역의 당파적 유권자 비중이 비수도권에 비하여 뚜렷이 작다고 할 수 없는 것이다.

이렇듯 당파성의 규모 자체는 수도권이 타 지역에 비해 두드러지게 낮다고 할 수 없다. 그렇다면 당파성이 투표 선택에 미치는 영향력의 정도는 어떠할까? 이것은 회귀분석 결과 당파성 변수의 계수 값을 지역별로 비교해 봄으로써 알 수 있다. 앞의 〈표 2〉 기본 모델(모델 1과 모델 5)을 수도권과 비수도권 응답자로 표본을 나누어 돌린 결과(split-sample tests), 일정한 결과를 얻지 못했다. 지역구 선거의 경우 더불어민주당에 대한 당파성 변수의 승산비는 수도권 표본에서 5.07, 비수도권 표본에서 3.47로 수도권에서 좀 더 큰 영향력을 갖는 것으로 나타났다. 하지만 전국구 선거에서는 수도권 3.39, 비수도권 3.87로 반대의 결과가 나왔다. 반면 미래통합당에 대한 당파성은 오히려 수도권 지역에서 강하게 나타났는데, 지역구 선거의 경우 수도권 표본에서 0.31, 비수도권 표본에서 0.09의 승산비를 보였다.[7] 이는 미래통합당에 당파성을 가질 경우 더불어민주당에 투표할 확률이 수도권은 69% 감소하는 데 비해, 비수도권에서는 91% 감소함을 의미한다.[8] 하지만 이러한 지역 간 차이 역시 통계적으로 유의미한 것은 아니었다. 전체 표본을 대상으로 각각의 당파성 변수에 수도권 지역 더미 변수를 곱한 상호작용 변수를 추가하여 분석한 결과, 해당 변수들 모두 통계적으로 유의미하지 않았다. 즉 당파성의 크기뿐 아니라 그 영향력의 정도에 있어서도 수도권과 비수도권 사이에서 뚜렷한 차이가 발견되지 않은 것이다.

이렇듯 당파성의 규모와 영향력의 정도만으로 볼 때 수도권 유권자들의 뚜렷한 특징을 말하기 어렵다. 수도권 유권자의 당파성을 좀 더 정확히 이해하기 위해서는 이들의 당파성이 어떻게 형성되었는지 그 과정을 좀 더 깊이 살펴볼 필요가 있다. 특히 수도권은 다양한 지역 출신의 유권자들로 구성되어 있다는 점에서 당파성을 거주지뿐 아니라 출생지와 부모의 당파성에 따라 분석해 볼 필요가 있다. 이러한 출생지와 부모의 당파성에 대한 분석은 당파성이 어린 시절 부모와 가정의 영향을 받아 형성된다는 '부모 사회화' 이론에 기초하고 있다(Lyons 2017). 우리나라의 지역주의 경향을 고려할 때, 특히 영호남 출신의 경우 부모의 영향을 통해 각 지역을 대변하는 정당에 당파성을 형성할 것이고 수도권에 거주한 이후에도 이러한 당파성을 유지할 것으로 예상해 볼 수 있다.

이러한 점을 살펴보기 위해 먼저 본인의 당파성과 부모의 당파성이 얼

---

7. 해당 변수들의 영향력은 유의도 0.05 수준에서 모두 통계적으로 유의미하게 나타났다.
8. 전국구 선거의 경우에는 실제 분석에 사용된 수도권 표본에서 미래통합당에 당파성을 가진 응답자 전원이 더불어민주당에 투표하지 않음으로써, 해당 변수를 포함한 회귀분석을 실시할 수 없었다. 이는 그만큼 수도권 지역에서 당파성의 영향력이 크다는 것을 보여 준다고 할 수 있다.

마나 같은지 분석하였다.[9] 해당 분석을 위해 응답자 부모의 당파성을 각각 조사하였다. 구체적으로 '선생님의 아버지께서(어머니의 경우 어머니께서) 평소에 지지하거나 가깝게 느끼시는(돌아가신 경우 생전에 느끼셨던) 정당이 있으십니까?'라는 질문에, '있다'고 응답한 경우[10] 그 정당은 '다음 중 어느 정당입니까?'라는 질문을 사용하였다. 부모 사회화를 통하여 당파성이 형성되기 위해서는 해당 정당이 한 세대를 거치는 동안 정당체제 내에 존속하고 있어야 한다는 점에서, 민주화 이후 우리나라의 양대 정당이라 할 수 있는 더불어민주당과 미래통합당을 정당 리스트에 제시하였다.[11] 다만 두 정당이 그동안 많은 당명의 교체와 크고 작은 이합집산을 거쳤다는 점에서, 응답에 도움을 주기 위해 같은 계열 정당이라 할 수 있는 정당의 이름을 괄호 안에 함께 제시하였다.[12]

또한 같은 가정에서 아버지와 어머니의 당파성이 다를 경우 부모 사회화의 효과가 약해질 수 있다는 점을 감안하여, 양친이 모두 더불어민주당 혹은 미래통합당에 당파성을 가진 경우, 양친 중 한 명이 둘 중 한 정당

---

9. 물론 부모와 당파성이 같다고 하여 이것을 단순히 부모 사회화의 결과라 할 수는 없을 것이다. 부모 외에 다른 요인으로부터 당파성이 형성되었을 수 있고, 또한 반대로 자식의 당파성이 부모에게 영향을 미쳤을 수도 있기 때문이다. 하지만 다른 연구에서도 비슷한 방식으로 당파성의 사회화를 측정하고 있고(Dalton 2008 등), 사회화 자체가 본 설문조사의 목적이 아니었기에 제한된 방법이나마 사용하여 분석을 진행하였다.

10. 본 질문에 '모름/무응답'이라고 답한 응답자 가운데 아버지가 해당되는 경우 전체 응답자의 27.5%(549명), 어머니가 해당되는 경우 28.7%(574명)에 달해 이를 모두 결측치로 처리하기에는 지나친 표본의 손실이 발생하였다. 자녀가 부모의 당파성을 모르거나 응답하지 않을 정도면 부모의 당파성이 사회화가 일어날 만큼 뚜렷하지 않은 것으로 보고, 이를 '없다'와 같게 취급하였다.

11. 양대 정당을 제외한 다른 정당에 당파성을 가진 경우를 위해 '기타 정당'도 리스트에 포함시켰다. 하지만 기타 정당에 응답한 경우는, 아버지의 경우 당파성을 가진 1,010명 중 14명(1.4%), 어머니의 경우 791명 중 14명(1.8%)으로 매우 적게 나타났다.

12. 구체적으로 더불어민주당의 경우 '(과거 새정치민주연합, 민주통합당, 대통합민주신당, 열린우리당, 새천년민주당, 새정치국민회의 등 민주당계 정당)', 미래통합당의 경우 '(과거 자유한국당, 새누리당, 한나라당, 신한국당, 민주자유당 등 보수 정당계 정당)'이라고 제시하였다.

에 당파성을 가지고 나머지 한 명은 당파성이 없는 경우, 그리고 나머지 조합의 경우로 집단을 나누어 분석을 진행하였다. 이러한 방식으로 조사한 전체 응답자와 부모 간의 당파성 분포를 〈표 4〉에 정리하였다. 당파성의 부모 사회화를 알아보기 위해 응답자와 부모의 당파성이 같은 경우를 중심으로 보면(음영 표시), 응답자와 부모 모두 더불어민주당에 당파성을 가진 경우 61.4%, 응답자와 부모 모두 미래통합당에 당파성을 가진 경우 26.4%로 나타났다.[13] 부모 중 한쪽만 당파성을 가진 경우는 두 정당 모두에서 낮게 나타났다. 하지만 양친 모두 당파성이 없거나 다른 조합의 경우에 비해서는 그 비중이 높은 것으로 조사되었다. 이를 통해 당파성의 형성에 있어 부모, 특히 양친의 당파성이 같을 경우 특정 정당에 대한 친밀도가 높은 가정환경이 중요한 영향력을 행사한다는 것을 알 수 있다.

〈표 4〉 응답자 본인과 부모 간 당파성 분포(전체 표본, 괄호 안: %)

		부모 모두 당파성 없음	부모 모두 더불어 민주당	부모 모두 미래통합당	부모 중 한쪽만 더불어민주당	부모 중 한쪽만 미래통합당	나머지 조합
응답자 본인의 당파성	당파성 없음	289 (79.0)	57 (23.7)	137 (41.5)	74 (47.1)	152 (53.9)	353 (56.6)
	더불어 민주당	46 (12.6)	148 (61.4)	69 (20.9)	62 (39.5)	73 (25.9)	168 (26.9)
	미래 통합당	11 (3.0)	8 (3.3)	87 (26.4)	1 (0.6)	27 (9.6)	47 (7.5)
	기타 정당	20 (5.5)	28 (11.6)	37 (11.2)	20 (12.7)	30 (10.6)	56 (9.0)
	합계	366 (100.0%)	241 (100.0%)	330 (100.0%)	157 (100.0%)	282 (100.0%)	624 (100.0%)

---

13. 더불어민주당이 미래통합당에 비해 높은 비중을 차지한 것은, 이번 총선이 치러진 시기 두 정당의 지지도가 반영된 것으로 보인다. 하지만 미래통합당의 경우에도 다른 당파적 환경에서 당파성을 형성한 비중과 비교하면 26.4%라는 수치도 상대적으로 높다고 할 수 있다.

그렇다면 이러한 응답자-부모 간 당파성의 분포는 거주지별로 어떤 양상을 보일까? 이를 알아보기 위하여 〈표 4〉의 결과를 수도권과 비수도권 지역으로 나누어 〈표 5〉에 정리하였다. 먼저 수도권과 비수도권을 비교해 보면(음영 표시), 수도권의 경우 응답자와 양친이 모두 양대 정당 중 한 정당에 같은 당파성을 가진 경우가 37.7%를 차지해 비수도권의 44.4%에 못 미치는 것으로 나타났다. 즉 부모를 통해 당파성을 형성하는 비중이 수도권에서 상대적으로 낮게 나온 것이다. 하지만 지역주의 경향이 강한 것으로 알려져 있는 영남 지역(34.4%)에 비해 수도권 전 지역이 높은 비중을 보이는 등 세부 지역별로 편차가 나타났다. 아울러 수도권과 비수도권 표본에서 부모 모두와 같은 당파성을 갖는 비중이 얼마나 다른지 통계적으로 검정한 결과(t-검정), 그 차이는 유의수준 0.1에서도 유의미하지 않은 것으로 나왔다. 앞선 분석과 마찬가지로 당파성의 부모 사회화에서도 수도권 지역이 비수도권에 비해 뚜렷한 차이를 보이지 않고 있는 것이다.

　　하지만 이러한 거주지별 분석은 출신지에 따른 부모 사회화의 영향을

〈표 5〉 응답자 본인과 부모 간 당파성의 거주지별 분포(괄호 안: %)

	서울 거주	인천 거주	경기 거주	수도권 거주
부모 모두와 당파성*이 같은 경우	113명 중 43명 (38.1)	27명 중 10명 (37.0)	136명 중 51명 (37.5)	276명 중 104명 (37.7)
부모 중 한쪽**과 당파성이 같은 경우	86명 중 15명 (17.4)	23명 중 2명 (8.7)	122명 중 17명 (13.9)	231명 중 34명 (14.7)
	영남 거주	호남 거주	비수도권 거주	응답자 전체
부모 모두와 당파성*이 같은 경우	151명 중 52명 (34.4)	78명 중 55명 (70.5)	295명 중 131명 (44.4)	571명 중 285명 (49.9)
부모 중 한쪽**과 당파성이 같은 경우	108명 중 21명 (19.4)	36명 중 14명 (38.9)	208명 중 55명 (26.4)	439명 중 112명 (25.5)

* 양대 정당인 더불어민주당과 미래통합당에 대한 당파성만 조사하였음.
** 다른 한쪽의 부모는 당파성이 없거나, 응답자가 이에 대해 모르거나 무응답한 경우임.

알 수 없다는 점에서, 특히 다양한 출신으로 구성된 수도권 지역의 정확한 정보를 제공하지 못한다. 지역주의 연구에서 흔히 거주지와 출신지를 명확히 구분하고 있지 않은데, 양자는 구분될 필요가 있다. 주거지 중심의 지역주의가 해당 지역의 지역적 이해관계를 반영한 것이라면, 출신지 중심의 지역주의는 해당 지역을 바탕으로 한 사회적 정체성의 반영이라 할 수 있기 때문이다(김영태 2009). 또한 지역주의 경향이 강한 영호남 지역 출신의 경우, 부모 사회화의 영향력이 다른 지역 출신보다 더 클 수 있다.

이러한 점을 고려하여 수도권 지역 응답자만을 대상으로 출신지에 따라 동일한 분석을 실행해 보았다. 그 결과 〈표 6〉과 같이 출신지에 따라서도 큰 차이는 나타나지 않았다. 수도권 거주자 중 수도권 출신과 비수도권 출신으로 나누어 부모 모두와 당파성이 같은 비중을 조사했더니 각각 37.0%와 38.7%로 비슷한 결과가 나온 것이다. 다만 비수도권 중 지역주의 경향이 강한 영호남 출신에서는 그 비중이 모두 40%를 넘게 나와 수도권 출신에 비해서는 상대적으로 높은 비중을 보였다. 하지만 이러한 차이도 통계적으로 유의미하지는 않았다.

당파성 형성에 대한 부모의 영향을 좀 더 직접적으로 추론하기 위해 부모의 당파성을 독립변수로, 응답자의 당파성을 종속변수로 하는 회귀분석을 실시하였다(Boonen 2019). 당파성 형성에 영향을 미칠 것이라 여겨

〈표 6〉 수도권 지역 응답자 본인과 부모 간 당파성의 출신지별 분포(괄호 안:%)

	수도권 거주자 중 수도권 출신	수도권 거주자 중 비수도권 출신	수도권 거주자 중 영남 출신	수도권 거주자 중 호남 출신
부모 모두와 당파성이 같은 경우	165명 중 61명 (37.0)	111명 중 43명 (38.7)	50명 중 20명 (40.0)	28명 중 13명 (46.4)
부모 중 한쪽과 당파성이 같은 경우	150명 중 19명 (12.7)	81명 중 15명 (18.5)	23명 중 3명 (13.0)	27명 중 10명 (37.0)

지는 일련의 변수들을 통제한 후 실시한 로지스틱 회귀분석 결과, 〈표 7〉과 같이 부모의 당파성(음영 표시)이 모든 모델에서 유의미하고 강한 영향력을 갖는 것으로 나타났다. 이러한 영향력은 어떠한 정당—더불어민주당 또는 미래통합당—에 당파성을 가지는지, 또는 어떠한 지역에 살고 있는지에 상관없이 다른 모든 변수들보다 강한 설명력을 보였다. 비수도권이 수도권에 비하여 계수와 승산비의 크기가 다소 크게 나타나기는 하였으나, 역시 통계적으로 유의미한 차이는 아니었다.[14]

이상의 결과를 종합해 보면, 수도권 지역에서는 비수도권 지역과 비슷한 수준으로 부모 사회화를 통해 당파성이 형성되고 있다. 이러한 경향은 지역주의가 강한 영호남 지역 거주자, 그리고 수도권 내에서도 영호남 지역 출신과 비교하더라도 약하지 않은 것으로 나타났다. 이러한 결과는 앞의 책임성 분석 결과와도 일맥상통한다고 할 수 있다. 기존의 연구에서는 수도권 지역이 비수도권 지역에 비하여 지역주의 경향이 약하여 당파성이 약하고, 약한 당파성으로 인해 상대적으로 높은 책임성을 갖고 있다고 말해 왔다. 하지만 민주화를 이룬 지 이제 30년이 넘어가고, 우리나라에서도 부모를 통한 당파성의 사회화가 일어나면서, 수도권에서도 비수도권, 특히 영호남 지역에 못지않은 당파성을 보이고 있다. 물론 수도권은 다양한 출신과 당파적 지지자들이 모여 있기 때문에 영호남 지역처럼 특정 정당에 배타적인 당파성을 보이지는 않는다. 하지만 하나의 정당으로 수렴되지 않을 뿐, 수도권에서도 각자의 출신 및 집안의 당파적 경향에 따라 당파성이 형성되고 있고, 이것이 이들의 투표 행동에 강한 영향을 미치고 있는 것이다.

---

14. 부모 당파성 변수에 수도권 거주 변수를 곱한 상호작용 변수를 추가하여 테스트한 결과, 해당 변수는 통계적으로 유의미하지 않게 나타났다.

<表 7> 영호남 출생과 수도권 거주 연수 사이의 상호작용에 대한 로지스틱 모델

더불어민주당에 대한 당파성	전체 응답자		수도권 거주자		비수도권 거주자		호남 거주자	
변수	계수	승산비	계수	승산비	계수	승산비	계수	승산비
성별(남성)	0.06	(1.06)	−0.05	(0.95)	0.16	(1.18)	−0.27	(0.76)
연령	0.00	(1.00)	−0.01 *	(0.99)	0.01	(1.01)	−0.01	(0.99)
교육 수준	0.08	(1.08)	0.03	(1.03)	0.15	(1.16)	−0.08	(0.93)
소득 수준	−0.02	(0.98)	−0.01	(0.99)	−0.04	(0.96)	0.01	(1.01)
이념 성향	−0.27 ***	(0.77)	−0.23 ***	(0.80)	−0.32 ***	(0.73)	−0.40 ***	(0.67)
대통령 평가	0.59 ***	(1.80)	0.63 ***	(1.87)	0.55 ***	(1.73)	0.46 ***	(1.59)
부모 모두 더불어민주당에 대한 당파성	0.94 ***	(2.56)	0.76 ***	(2.15)	1.10 ***	(2.99)	1.70 ***	(5.47)
상수항	−3.93 ***	(0.02)	−3.80 ***	(0.02)	−4.06 ***	(0.02)	−1.72	(0.18)
응답자 수	2,000		1,005		995		197	
로그우도 값	−774.19652		−392.88107		−377.60049		−88.351921	
미래통합당에 대한 당파성	전체 응답자		수도권 거주자		비수도권 거주자		영남 거주자	
변수	계수	승산비	계수	승산비	계수	승산비	계수	승산비
성별(남성)	0.34	(1.40)	0.27	(1.32)	0.48	(1.61)	0.42	(1.52)
연령	0.02 ***	(1.03)	0.03 ***	(1.03)	0.02 **	(1.02)	0.03 *	(1.03)
교육 수준	−0.10	(0.90)	−0.05	(0.95)	−0.17	(0.84)	−0.08	(0.93)
소득 수준	0.00	(1.00)	0.01	(1.01)	−0.01	(0.99)	0.03	(1.03)
이념 성향	0.64 ***	(1.90)	0.51 ***	(1.67)	0.79 ***	(2.20)	0.90 ***	(2.47)
대통령 평가	−0.33 ***	(0.72)	−0.35 ***	(0.70)	−0.30 ***	(0.74)	−0.29 ***	(0.75)
부모 모두 미래통합당에 대한 당파성	1.28 ***	(3.59)	1.28 ***	(3.60)	1.34 ***	(3.83)	1.02 ***	(2.76)
상수항	−6.23 ***	(0.00)	−5.58 ***	(0.00)	−7.02 ***	(0.00)	−8.36 ***	(0.00)
응답자 수	2,000		1,005		995		506	
로그우도 값	−349.6766		−181.74867		−164.91146		−104.20898	

Two-tailed test, *** p<.01, ** p<.05, * p<.1

IV. 결론 및 함의

본 장은 정치적 중요성에도 불구하고 그간 우리나라의 선거 연구에서 상대적으로 소홀히 여겨진 수도권 지역 투표 행동의 특징을 분석하였다. 수도권 지역은 특별한 당파적 성향을 띠지 않고, 상대적으로 정부 평가를 기반으로 투표하는 경향이 강하다는 기존 연구 결과를 토대로, 이번 총선에서도 과연 그러한 경향이 나타났는지 선거 책임성과 당파성의 사회화를 중심으로 살펴보았다. 분석 결과, 먼저 이번 총선에서는 전국적으로 높은 수준의 선거 책임성이 나타났다. 지역구와 전국구 선거, 그리고 수도권과 비수도권 지역 모두에서 대통령에 대한 평가가 투표 선택에 중요한 영향을 미친 것으로 나온 것이다. 이는 대한민국의 유권자들이 선거를 책임성의 도구로 사용하고 있음을 보여 주는 결과라 할 수 있다. 그렇다면 이러한 선거 책임성은 수도권 지역에서 더 강하게 나타나는가? 분석 결과는 그렇지 않다는 것이다. 대통령 평가가 투표 선택에 미친 영향력을 볼 때 비수도권 지역에 비해 수도권 지역에서 통계적으로 유의미한 차이를 보이지 않았다. 이러한 결과는 기존 연구들의 주장과 다른 것이다.

그렇다면 왜 수도권에서 상대적으로 높은 책임성이 나타나지 않은 것일까? 이를 알아보기 위해 책임성에 영향을 미치는 중요한 변수 중 하나인 당파성을, 특히 우리나라의 지역주의 경향을 고려하여 거주지와 출신지, 그리고 부모로부터의 사회화를 중심으로 살펴보았다. 분석 결과, 당파성의 규모와 투표 선택에 미치는 영향력에 있어 수도권 지역이 비수도권 지역에 비해 뚜렷하게 약한 모습을 보이지 않았다. 당파성의 사회화에 대한 분석에서도 부모와 같은 당파성을 지닌 사람의 비중이 수도권에서 특별히 낮게 나타나지 않았다. 그리고 수도권 거주자를 출신지별로 분석한 결과에서도 수도권 출신과 비수도권 출신, 특히 영호남 출신 사이에 차이가 두드러지지 않았다. 부모 당파성의 영향력을 회귀분석한 결과에서도, 당파성 형성에 부모의 당파성이 가장 큰 영향을 미치는 것으로 나타난 가운데 이러한 영향력이 지역에 따라 뚜렷한 차이를 보이지는 않았다. 지역주의 성향이 상대적으로 약한 수도권이라는 환경에서도, 각자의 부모로부터 사회화를 통하여 당파성이 형성되고 있는 것이다. 이를 통해 우리나라에서도 부모로부터의 사회화가 당파성 형성에 중요한 역할을 하고 있고, 환경적 요인보다 크게 작용함으로써 수도권에서도 비수도권 못지않게 강한 당파성이 나타나고 있음을 알 수 있다.

본 장의 결과는 향후 우리나라의 투표 행동 연구가 나아갈 방향을 제시해 준다. 우선 우리나라 당파성의 사회화 과정에 대한 연구가 좀 더 심도 있게 이루어질 필요가 있다. 민주화 이후 정당정치의 역사가 어느덧 한 세대를 넘긴 우리나라에서도 서구의 오래된 민주주의와 같이, 유년시절 부모와 출신 환경에 따라 당파성이 형성될 가능성이 충분히 존재한다. 본 연구는 횡단면 설문조사를 통해 부모와의 당파성을 비교하는 제한적인 방식으로나마 우리나라에서도 당파성의 사회화가 일어나고 있음을 발견하였다. 본 장의 발견에 기초하여 향후 연구에서는 좀 더 다양한 설문과 방법으로 당파성의 사회화를 연구해 갈 필요가 있다.

또한 본 연구는 수도권 지역의 투표 행동과 정치 태도에 대한 연구가 강화될 필요가 있음을 보여 준다. 지역주의 경향이 강한 우리나라 선거의 특성상 수도권 지역은 상대적으로 많은 주목을 받지 못했다. 하지만 본 연구에서도 보듯, 다양한 출신의 유권자로 구성되어 있는 수도권 지역은 우리나라에서 당파성과 책임성이 어떠한 양상으로 일어나고 있는지 알 수 있는 실험적 환경을 제공한다. 따라서 수도권 유권자의 분석으로 우리나라 선거 행태를 좀 더 깊이 있게 이해할 수 있을 것이다. 아울러 본 장에서는 분석을 하지 않았지만, 서울의 강남 3구와 같이 일부 지역구에서 나타나고 있는 새로운 양상의 지역주의에 주목할 필요가 있다. 경제와 안보, 교육 이슈 등을 중심으로 해당 지역에서 나타나고 있는 당파성은 지역주의가 어떻게 시작되는지, 그 뿌리를 알 수 있는 단초를 제공해 주기 때문이다. 따라서 앞으로 이러한 수도권 내 새로운 지역주의 경향에 대해서도 추가 연구가 수행되어야 할 것으로 보인다.

　마지막으로, 설문조사를 통한 투표 행동과 정치 태도의 분석에는 매우 세심한 주의가 필요함을 지적하고 싶다. 실제로 필자가 다른 설문조사 결과를 바탕으로 실시한 동일한 분석에서는, 본 장의 결과와는 사뭇 다른 결과가 나왔다. 이러한 차이가 나타난 데에는 표본, 설문조사 기간과 방식 등 여러 요인이 작용했겠지만, 그중에서도 가장 큰 요인은 설문항의 구성이라 할 수 있다. 같은 내용이라 하더라도 어떠한 표현을 사용하고, 어떠한 순서로 질문하는가에 따라 다른 응답이 유도될 수 있다. 특히 당파성과 같이 복잡하고 미묘한 태도는 질문의 구성에 따라 다른 대답이 나올 수 있다. 응답자 본인의 당파성도 그러할진대 부모의 당파성에 대한 응답은 더욱 그러할 것이다. 따라서 분석하고자 하는 대상을 좀 더 정확히 측정할 수 있는 설문항의 개발 및 타당성에 대한 검증이 향후 연구에서 지속적으로 이루어져야 할 것이다.

참고 문헌

가상준. 2008. "노무현 대통령에 대한 평가가 2007년 대통령선거에 미친 영향력 분석." 『현대정치연구』 1(1), 33-57.

강우진. 2013. "제18대 대선과 경제투표: 경제성장에 대한 정책선호의 일치의 영향력을 중심으로." 『한국정치학회보』 47(5), 213-233.

강원택. 2008. "2007년 대통령선거와 이슈: 회고적 평가 혹은 전망적 기대?" 『의정연구』 14(1), 31-58.

김도경. 2013. "가족 내에서의 정치사회화에 관한 연구." 『21세기정치학회보』 23(2), 75-97.

김도경·박영애. 2011. "가족 내에서의 정치사회화에 관한 연구: 자녀에 대한 어머니의 영향력을 중심으로." 『법정리뷰』 28(2), 37-57.

김성연. 2016. "한국 선거에서 경제투표의 영향: 제18대 대통령선거 패널 데이터 분석 결과." 『한국정치학회보』 50(5), 109-130.

김영태. 2009. "한국의 선거와 출신지역: 15-17대 대통령선거 수도권지역 결과를 중심으로." 『현대정치연구』 2(2), 61-85.

박명호. 2007. "국회의원선거의 선거구별 정당경쟁 유형 결정요인에 관한 연구: 2004년 총선을 중심으로." 『세계지역연구논총』 25(3), 35-52.

박성호. 2017. "한국 국회의원선거에서의 혼성효과: 19대 국회의원선거 수도권 선거결과 분석." 『사회과학논집』 48(1), 1-16.

송원숙. 2018. "가족 의사소통 유형에 따른 청소년의 정치사회화 차이 연구." 『한국청소년연구』 29(2), 569-96.

윤종빈. 2007. "2007 대선과 수도권 투표성향: 지역, 이념, 그리고 인물." 『한국정당학회보』 6(2), 65-95.

이내영·안종기. 2013. "제18대 대통령선거와 회고적 투표: 왜 제18대 대통령선거에서 집권정부에 대한 회고적 평가가 중요한 영향을 미치지 못했나?" 『한국정당학회보』 12(2), 5-36.

이재철. 2008. "17대 대통령선거에서의 경제투표: 유권자의 경제인식과 투표결정." 『현대정치연구』 1(1). 111-136.

이준한. 2012. "제19대 총선과 수도권의 선택." 『사회과학송도논집』 2. 33-50.

이현직·조아미. 2017. "대학생의 정치사회화에 영향을 미치는 요인." 『청소년학연구』 24(8). 247-272.

장승진. 2016. "제20대 총선의 투표 선택: 회고적 투표와 세 가지 심판론." 『한국정치학회보』 50(4). 151-169.

장승진. 2017. "한국 선거에서의 회고적 투표: 이론과 현실." 『미래정치연구』 7(1). 35-59.

장승진. 2019. "한국 지방선거의 다층적 회고적 투표: 2018년 광역단체장선거를 중심으로." 『한국정당학회보』 18(1). 5-27.

정동준. 2017. "경제 평가가 통일의식에 미치는 영향: 2007-2017년 통일의식조사 설문결과 분석." 『담론201』 20(3). 157-195.

정동준. 2018. "2018년 지방선거 이후 유권자들의 정치 양극화: 당파적 배열과 부정적 당파성을 중심으로." 『OUGHTOPIA』 33(3). 143-180.

조진만. 2019. "수도권 선거는 어떠한 특성을 보이는가?: 2018년 6·13 지방선거 분석." 『연구방법논총』 4(2). 1-30.

홍재우. 2012. "아버지와 나는 다르다? 세대정치와 정치사회화." 『21세기정치학회보』 22(3). 183-211.

Anderson, Christopher J. 2007. "The End of Economic Voting? Contingency Dilemmas and the Limits of Democratic Accountability." *Annual Review of Political Science* 10. 271-96.

Anderson, Christopher, Silvia Mendes and Yuliya Tverdova. 2004. "Endogenous economic voting: Evidence from the 1997 British election." *Electoral Studies* 23(4). 683-708.

Boonen, Joris. 2019. "Learning who not to vote for: The role of parental socialization in the development of negative partisanship." *Electoral Studies* 59. 109-119.

Campbell, Angus, Philip Converse, Warren Miller, and Donald Stokes. 1960. *The*

American Voter University of Michigan, Survey Research Center. New York: Wiley.

Converse, Philip. E. 1969. "Of time and partisan stability." *Comparative Political Studies* 2(2). 139-171.

Dalton, Russell J. 2008. *Citizen Politics: Public Opinion and Political Parties in Advanced Industrial Democracies*, 5th edition. Washington, D.C.: CQ Press.

Evans, Geoffrey and Robert Andersen. 2006. "The Political Conditioning of Economic Perceptions." *Journal of Politics* 68(1). 194-207.

Evans, Geoffrey and Mark Pickup. 2010. "Reversing the Causal Arrow: The Political Conditioning of Economic Perceptions in the 2000-2004 U.S. Presidential Election Cycle." *Journal of Politics* 72(4). 1236-51.

Ferejohn, John. "Incumbent performance and electoral control." *Public Choice* 50. 5-25.

Fiorina, Morris P. 1981. *Retrospective Voting in American National Elections* New Haven: Yale University Press.

Fitzgerald, Jennifer. 2011. "Family Dynamics and Swiss Parties on the Rise: Exploring Party Support in a Changing Electoral Context." *Journal of Politics* 73(3). 783-796.

Garry, John. 2007. "Making 'Party Identification' More Versatile: Operationalising the Concept For the Multiparty Setting." *Electoral Studies* 26(2). 346-358.

Greene, Steven. 2004. "Social identity theory and party identification." *Social Science Quarterly* 85(1). 136-153.

Hess, Robert and Judith Torney. 1967. *The Development of Political Attitudes in Children* Chicago: Aldine.

Jennings, M. Kent and Richard Niemi. 1973. *The Character of Political Adolescence* Princeton: Princeton Universtiy Press.

Jennings, M. Kent, Laura Stoker and Jake Bowers. 2009. "Politics across Generations: Family Transmission Reexamined." *Journal of Politics* 71(3). 782-799.

Jung, Dong-Joon. 2018. "Does Partisanship Hurt Electoral Accountability? Individual-Level and Aggregate-Level Comparisons of Western and Postcommunist Democracies." *East European Politics and Societies and Cultures* 32(1). 168-201.

Key, V. O. 1966. *The Responsible Electorate* New York: Vintage.

Kroh, Martin and Peter Selb. 2009. "Inheritance and the Dynamics of Party Identification." *Political Behavior* 31(4). 559-574.

Lewis-Beck, Michael S. 2006. "Does Economics Still Matter? Econometrics and the Vote." *Journal of Politics* 68(1). 208-212.

Lewis-Beck, Michael S. and Mary Stegmaier. 2000. "Economic Determinants of Electoral Outcomes." *Annual Review of Political Science* 3. 183-219.

Lewis-Beck, Michael S., Richard Nadeau and Martial Foucault. 2013. "The Compleat Economic Voter: New Theory and British Evidence." *British Journal of Political Science* 43(2). 241-261.

Lyons, Jeffrey. 2017. "The Family and Partisan Socialization in Red and Blue America." *Political Psychology* 38(2). 297-312.

Murray, Gregg R. and Matthew K. Mulvaney. 2012. "Parenting Styles, Socialization, and the Transmission of Political Ideology and Partisanship." *Politics and Policy* 40(6). 1106-1130.

Petrocik, John R. 2009. "Measuring Party Support: Leaners Are Not Independents." *Electoral Studies* 28(4). 562-572.

Powell, G. Bingham. 2000. *Elections as Instruments of Democracy: Majoritarian and Proportional Visions*. New Haven, CT: Yale University Press.

Przeworski, Adam, Susan C. Stokes and Bernard Manin. 1999. *Manin, Democracy, Accountability, and Representation* Cambridge: Cambridge University Press.

Rosema, Martin. 2006. "Partisanship, Candidate Evaluations, and Prospective Voting." *Electoral Studies* 25. 533-546.

Rudolph, Thomas J. 2003. "Who's Responsible for the Economy? The Formation and Consequences of Responsibility Attributions." *American Journal of Political Science* 47(4). 698-713.

Tillman, Erik R. 2008. "Economic Judgments, Party Choice, and Voter Abstention in Cross-National Perspective." *Comparative Political Studies* 41(9). 1290-

21대 총선과 한국 민주주의의 진화

1309.

Tucker, Joshua A. 2006. *Regional Economic Voting: Russia, Poland, Hungary, Slovakia and the Czech Republic, 1990-1999* Cambridge; New York: Cambridge University Press.

제4장

선택적 미디어 노출로 인한 정치적 양극화: 21대 총선 사례를 중심으로

박지영

명지대학교

본 장은 『한국정치연구』 제29집 3호(2020)에 게재된 논문을 수정 보완한 것이다.

I. 서론

현대 사회에서 미디어는 일반 대중에게 대량의 정보와 시사 내용, 당대의 이슈 등을 전달하는 역할을 담당하고 있다. 특히 뉴스 미디어(news media)는 사회를 간접적으로 경험하고 외부 세계의 현실을 인지하는 창구로서 기능한다. 최근에는 4차 산업혁명으로 정보통신 기술이 비약적으로 발전하면서 인터넷으로 대변되는 뉴미디어를 통해 전달되는 다양한 정보들이 우리 삶 전반에 영향을 주고 있으며, 신문과 같은 전통적인 매체역시 소비 경로가 모바일로 빠르게 전환되면서 뉴스의 정치적 영향력은 여론 형성뿐만 아니라 정책 결정 과정과 방향, 그리고 집행 단계에까지 이르고 있다.

인터넷을 통한 뉴스 공급의 비중이 늘어나면서 영향력이 증대된 뉴스 미디어가 과연 사회적 현안이나 사안에 대해 얼마나 객관적이고 공정하게 보도하고 있는지에 대하여 기존의 많은 연구들은 뉴스 미디어가 '게이트키핑(gatekeeping)' 과정을 통해 특정 이슈를 선별적으로 선택하고 배제하는 등의 강조와 해석을 거쳐 대중에게 전달하기 때문에 객관적 현실과는 괴리감이 있을 수 있다고 주장한다(Entman 1993; Gitlin 1980; Tuchman 1978). 예를 들어, 리프만(Lippmann 1922)은 그의 저서 『Public Opinion』에서 모든 뉴스 기사는 운동경기의 점수를 제외하고 어떠한 형식으로든 선택과 배제의 과정을 거친다고 주장하였다. 즉 뉴스 미디어는 사실에 대한 축소나 부분적인 주목, 또는 완전한 왜곡이나 철저한 무시를 통해 그들이 다루는 뉴스에 그들의 이념이나 가치를 반영하기 때문에 본질적으로 편향적이라는 것이다(de Vreese 2002).

이처럼 특정 사안에 대해 자의적으로 관련 정보를 선택하거나 생략하고 정보 출처에 대한 신뢰도를 다르게 부여함으로써 동일한 사건을 완전히 다른 내용으로 보도를 하는 것 또는 한쪽 입장의 정보만을 사용하여 보도하는 것을 미디어 편향(media bias)이라고 정의하는데, 이는 일반 대중에게 선택적 노출(Stroud 2007)과 양극화(Iyengar et al. 2019)를 야기하기도 한다. 특히 정파적 뉴스 미디어에 대한 일반 대중의 선택적 노출은 다양한 정치적 파급 효과를 초래하며 선거 결과에도 중요한 영향을 미칠 수 있다. 선거는 일반 대중에게 정치에 대한 관심을 증가시키고 정치적 판단에 필요한 다양한 정치 정보를 제공하지만 뉴스 미디어에서 접한 정보나 메시지로 인해 이전에 가지고 있던 생각을 바꾸거나 지지 후보 혹은 지지 정당을 변경하기도 한다. 혹은 이전에 가지고 있던 생각이나 특정 후보, 특정 정당을 지지하는 생각이나 태도가 더 강화되기도 한다는 사실을 상기할 때, 선택적 뉴스 이용으로 인한 정치적 양극화가 선거 결과에 어떠한 영향을 미치는지 분석하는 것은 매우 중요한 함의를 지닌다.

그렇다면 최근 한국 사회에서 정파적 미디어에 노출된 일반 대중은 특정 사안을 어떻게 인식하는가? 이와 같은 질문에 답하기 위하여 본 논문은 언론의 편향성이 21대 총선에서 유권자의 투표 행태에 어떠한 영향을 미쳤는지 실증적으로 규명하고자 한다. 본 논문의 구성은 다음과 같다. 제2장에서는 선택적 노출의 영향에 대한 기존 문헌을 알아보고, 제3장에서는 관련 설문조사 분석을 통해 응답자의 선택적 언론 노출이 투표 행태에 미친 영향을 경험적으로 규명한다. 마지막으로 결론에서는 본 연구 결과를 요약하고 정치학적 함의를 제시한다.

II. 정파적 미디어에 대한 일반 대중의 '선택적 노출'

편향적인 뉴스 미디어에 일반 대중의 선택적 노출이 지속된다면 정치적 양극화와 같은 부정적인 정치 현상이 가중될 수 있다. 일반적으로 선택적 노출이란 개인이 자신의 기존 관점이나 신념에 부합하는 정보나 미디어를 선택하고 그렇지 않은 정보나 미디어의 선택은 기피하는 심리적 정향을 말한다(Fischer et al. 2008; Klapper 1960). 정파적 미디어 환경에서 선택적 노출의 결과로 가장 주목해야 하는 것이 바로 뉴스 수용자의 정치적 태도와 신념에 대한 영향이다. 사실 선택적 노출과 양극화된 태도에 관한 기존 연구는 일관되지 않은 결과를 보여 준다(Knobloch-Westerwick 2012). 정파적 미디어에 대한 선택적 노출로 일반 대중의 태도가 더욱 양극화된다고 주장하는 학자들이 있는 반면(Bennett and Iyengar 2008; Stroud 2008; Sunstein 2009), 정파적 미디어에 대한 선택적 노출은 양극화와 상관없이 정파적 성향이 강한 사람들이 비슷한 성향의 미디어를 주로 이용하는 현실을 반영한 것뿐이라는 견해 역시 존재한다(Mills 1965; Sears and Freedman 1967). 이와 같은 상반된 관점에 대하여 스트라우드(Stroud 2010)의 최근 연구는 미디어의 선택적 이용이 정치적 양극화를 야기한다는 전자의 주장이 더욱 타당함을 경험적으로 보여 주고 있다.

한편 미디어 매체 수의 증가로 정파적 뉴스가 활성화되면서 사람들이 자신의 생각과 비슷한 미디어(like-minded media)에 노출될 가능성이 높아졌고, 이러한 정파적 미디어에 대한 노출로 인하여 기존에 갖고 있던 태도가 더욱 강화되어 결과적으로는 정치적 양극화를 초래한다는 주장도 있다(Garrett et al. 2014; Stroud 2008; 2010). 예를 들어, 미국의 대표적인 보수 성향의 정치평론가인 러시 림보(Rush Limbaugh)의 라디오 토크쇼 청취자들은 보수주의자들이 일반적으로 중요하게 여기는 다양한 이슈 중에서 러시 림보 라디오 방송에서 자주 언급되는 이슈에 더욱 보수적인 태도를 보였는데, 이는 라디오 토크쇼 청취가 청취자의 보수적 태도에 영향을 미쳤다는 사실을 반영한다고 할 수 있다(Barker and Knight 2000).

최근 많은 학자들은 경험적 연구를 통해 정파적인 미디어에 대한 선택적 노출이 정치적 양극화에 영향을 미친다는 것을 입증하고 있다(Arceneaux and Johnson 2013; Leeper 2014; Levendusky 2013; Feldman et al. 2014; Stroud 2011). 예를 들어, 정파적 미디어 이용과 지구온난화 관련 태도 간의 관계를 분석한 펠드만 외(Feldman et al. 2014)의 연구에 따르면, 대중의 정파적 미디어에 대한 선택적 노출과 그들의 진보 또는 보수적 신념 사이에는 통계적으로 유의미한 인과적 관계가 있다고 한다. 이러한 연구들은 대중이 특정 미디어에 지속적으로 노출되면 정치적 신념의 변화가 이루어지며, 이것이 다시 유사한 미디어 선택을 촉진하고 기존의 신념이 한층 강화되는 결과로 나타난다고 주장한다.

비슷한 맥락에서 국내의 많은 학자들도 한국 사회에서 미디어 수용자의 선택적 노출이 미친 정치적 영향에 대하여 연구하고 있다. 손영준 (2004)은 조선일보, 동아일보, 한겨레, 오마이뉴스와 같은 특정 매체의 지속적 이용이 북한에 대한 보수적 또는 진보적 견해 형성에 많은 영향을 미친다고 주장한다. 지병근 외(2013)의 연구는 조선일보, 동아일보, 중앙일보와 같은 보수적 신문에 대한 노출이 많을수록 복지 확대, 재벌 개혁, 남북 관계 개선, 환경 문제와 같은 진보적 이슈에 대하여 국민들의 인식이 약화되는 경향이 있음을 밝힌 바 있다. 또한 손영준과 이완주(2013)에 따르면 2011년 서울시장선거에서 한겨레, 경향신문, 오마이뉴스, 프레시안과 같은 진보적 미디어를 주로 이용하는 유권자일수록 진보 성향의 박원순 후보를 지지한 반면, 진보적 미디어를 거의 이용하지 않는 유권자일수록 보수 성향의 나경원 후보를 지지했다고 한다. 이러한 연구들은 한국 사회에서도 정파적 미디어의 이용이 미디어 수용자의 의견 형성과 투표 선택에 영향을 미칠 뿐만 아니라 사회의 양극화를 확대하는 요인으로 작용하고 있다는 사실을 뒷받침한다.

III. '검찰' 관련 기사를 통해 나타난 미디어의 정파적 특성

본 연구는 최근 한국 사회에서 검찰 개혁을 둘러싸고 양극화된 정치적 갈등과 검찰 관련 뉴스를 다루는 미디어 편향성에 주목한다. 미디어의 편향성은 특정 사안을 바라보는 언론 매체의 관점 차이를 반영하며, 이는 뉴스의 논조나 사용되는 단어의 차이를 통해 분명하게 드러난다(Gentzkow and Shapiro 2010; Groseclose and Milyo 2005; Mullainathan and

Shleifer 2005). 지난 1년간 '검찰' 보도와 관련한 주요 일간지의 사설에서도 언론 매체에 따라 서로 다른 논조를 확인할 수 있다. 2019년 7월 16일 윤석열 검찰총장이 취임한 이후 검찰 개혁에 대한 논의가 정치권에서 본격적으로 시작되었다. 당시 조국 법무부 장관 후보자의 인사청문회, 조국 장관 임명, 조국 장관 일가에 대한 검찰 수사 및 정경심 교수 기소와 같은 일련의 사건을 거치고 조국 장관이 임명 35일 만에 전격 사퇴를 하는 과정에서 '검찰 개혁'에 대한 논의는 한국 사회에서 보수와 진보를 가르는 첨예한 이슈로 대두되었다. 이후 추미애 법무부 장관과 윤석열 검찰총장 간의 정치적 대립, 공수처법 및 검경수사권조정법 통과, 검찰 개혁 권고안 등 일련의 검찰 관련 사안들에 대해 정파적 미디어 간 상반된 시각차를 보여 주고 있다.

〈표 1〉은 2020년 7월 27일 검찰 개혁 권고안이 발표된 이후 한국 주요 일간지 사설에서 드러난 상반된 시각을 보여 준다. 2020년 7월 27일 법무부 산하 검찰개혁위원회는 검찰 개혁 권고안을 발표하였는데, 권고안의 주요 내용을 살펴보면 검찰총장의 수사지휘권 폐지, 법무부 장관의 검찰 인사 시 총장이 아닌 '인사위원회'의 의견 청취 등에 관한 것이었다. 이러한 검찰 개혁 권고안에 대하여 당시 뉴스 매체들은 검찰총장에게 집중된 권한 분산이 필요하다는 견해부터 검찰총장을 사실상 허수아비로 만드는 행위라는 주장까지 제기하며 극단적으로 양극화된 미디어 편향을 보여 주었다. 〈표 1〉에서 볼 때 한겨레와 경향신문은 검찰 개혁 권고안을 다소 소극적인 자세로 보도하고 있고, 한국일보, 서울신문, 세계일보는 양비론적 입장을 취하고 있다. 반면 문화일보, 국민일보, 중앙일보, 동아일보, 조선일보는 직접적으로 정부와 검찰 개혁 권고안을 강하게 비판하는 논조의 사설을 싣고 있다. 이는 '검찰 개혁 권고안'이라는 동일한 정치적 사

〈표 1〉 '검찰 개혁 권고안' 관련 주요 일간지의 신문 사설 제목

신문사	사설 제목
한겨레	검찰총장 권한 분산, 방향 맞지만 독립성 훼손 없어야 (2020.07.28)
경향신문	검찰총장의 수사지휘권 폐지하라는 법무·검찰개혁위 권고 (2020.07.27)
한국일보	검찰총장 권한 축소 필요하나 정치적 오해 없도록 (2020.07.28)
서울신문	검찰총장 지휘권 폐지안, '검찰 길들이기'로 오해 산다 (2020.07.29)
세계일보	친여 시민단체마저 우려하는 '검찰총장 힘빼기' 행태 (2020.07.29)
문화일보	급기야 '검찰의 정치 예속' 제도화 나선 文정권 暴政 (2020.07.28)
국민일보	검찰개혁위 권고안, 허수아비 검찰총장 만들 셈인가 (2020.07.28)
중앙일보	조국 수호 세력이 만든 건 검찰 개혁안인가, 장악안인가 (2020.07.29)
동아일보	검찰총장 수사지휘권 폐지… 檢의 권력 예속화 부를 퇴행 (2020.07.28)
조선일보	검찰을 대통령 사냥개로 되돌리려는 '개혁안' (2020.07.29)

안에 대하여 정치 성향 및 이해관계 등에 따라 개별 뉴스 미디어가 상이한 프레임을 적용하여 해석하는 한국 미디어 환경의 정파적 특성을 보여 주는 사례이다.

일반적으로 뉴스 미디어의 편향성은 선거, 정치, 기업, 환경, 개발, 안보 등과 같은 이슈에 집중되어 나타나는데, 보수 성향의 미디어들은 애국주의, 개인주의, 사회적 질서, 국가적 리더십 등을 주요 보도 가치로 삼는 반면, 진보 성향의 미디어들은 책임 있는 자본주의, 빈부 격차 해소, 개방적 태도 등과 같은 자유주의적 가치 편향을 드러내는 경향이 있다(Mayer 2008). 한국 사례를 분석한 최선규 외(2012)의 연구에서는 취재원 인용도에 따른 미디어 편향성에 대해 총 12개 언론 매체들을 다양한 이슈별로 분석한 결과 한국의 미디어들은 평균적으로 보수적인 성향을 보임에도 불구하고 정치적 스펙트럼은 상대적으로 다양하다는 결론을 내리고 있다. 이완수와 배재영(2015)은 세월호 사고의 원인과 책임에 대한 조선일보와 한겨레 간의 보도를 비교하면서 보수 신문인 조선일보는 사고 원

인을 개인 중심적 관점에서 기술하는 것과 달리 진보 신문인 한겨레는 상황 중심적 관점으로 기술한다는 점을 규명하였다. 또한 세월호 사고 책임과 관련해서 조선일보는 개인에 귀의하는 방식을 선택한 반면 한겨레는 개인과 사회를 상호작용적으로 연결하여 보도하는 경향이 있다고 분석했다. 김왕근(2014) 역시 세월호 사고 보도와 관련해 진보 미디어가 '문제 제기'에 좀 더 치중한 반면 보수 미디어는 '문제 해결'에 더욱 비중을 두었다고 분석하였다.

　최근 한국 사회의 심각한 정치 양극화의 이면에는 이처럼 정치 이념 성향이 대립적 경쟁 관계에 있는 뉴스 미디어들이 정치적 분열을 가중시키는 갈등 기제로 작용하고 있다. 미디어 편향을 미디어의 공급적 측면에서 본다면 종합 편성 채널과 같은 미디어 매체 수의 증가와 뉴스 구독자 감소로 격화된 뉴스 미디어 간의 경쟁이 미디어 편향의 심화 요인 중 하나가 될 수 있다. 반면 미디어의 수요적 측면에서 분석하면 정파적 미디어 환경에서 뉴스 이용자는 점점 자신의 정치적 성향이나 신념과 비슷한 뉴스 미디어 채널 혹은 콘텐츠를 선호하는 경향을 보이고 있으며 자신의 성향과 반대되는 정치 정보나 미디어 선택은 회피하여 미디어의 선택적 노출(selective exposure) 현상이 증가되고 있다. 이에 따라 뉴스 미디어가 건전한 공론장의 역할이 아니라 오히려 사회의 양극화를 부추기는 역할을 하고 있다는 설명이 가능하다.

　본 연구는 21대 총선에서 보수 성향 미디어에 대한 선택적 노출이 유권자의 검찰 관련 사안 인식 및 태도에 어떠한 영향을 미쳤는지 설문조사를 사용하여 분석하였다. 구체적으로 유권자의 정파적 미디어에 대한 선택적 노출 정도에 따라 검찰에 대한 신뢰 정도와 검찰 개혁 및 조국 사태에 대한 견해가 어떻게 달라지는지 알아보았다.

IV. 데이터 및 연구 방법

유권자는 자신이 선호하고, 자신의 정치적 성향에 맞는 미디어에 선택적으로 자신을 노출시킴으로써 기존에 자신이 가지고 있던 생각과 의지를 점점 더 공고히 해 나가는 경향이 크다. 저마다 이용자층이 다른 미디어의 혼재는 다양한 이슈와 성향의 이질성으로 인해 이용자 간 커뮤니케이션 채널의 분리와 정치적 양극화 현상을 촉진시킨다. 즉 성격이 다른 미디어에 대한 이질적 접근이 개인의 정치사회적 시각의 정립과 참여 행태에 소통의 측면보다는 갈등 측면의 영향을 미치게 된다. 이러한 선택적 노출의 효과를 검증하기 위해 명지대 미래정책센터와 한국리서치가 조사한 '2020년 총선 유권자 인식 조사' 데이터를 사용하였다. 해당 설문조사는 2020년 4월 20일부터 30일까지 만 18세 이상 전국 성인 남녀 2,000명을 대상으로 CAWI (Computer Assisted Web Interview) 방식으로 시행되었다.

본 연구에서는 세 종류의 회귀분석 모형이 사용되었는데, 첫 번째 모형은 주로 보수 성향의 뉴스 미디어를 시청하는 유권자의 검찰에 대한 신뢰도를 분석한 것으로, 선형 회귀분석(OLS, Ordinary Least Squares)을 사용하였다. 종속변수는 검찰에 대한 신뢰도로 0(전혀 신뢰하지 않음)부터 10(완전히 신뢰함)까지 11점 척도로 구성되었다. 두 번째 모형은 주로 보수 성향 미디어를 시청하는 유권자가 21대 총선에서 '검찰 개혁'을 얼마나 고려했는지 분석한 것으로 순서형 로짓 모델(orderd logit model)을 사용하였다. 종속변수는 21대 국회의원선거에서 '검찰 개혁'을 얼마나 고려했는가로 1(전혀 고려하지 않음)부터 4(아주 많이 고려함)까지 4점 척도로 구성되었다. 마지막 모형은 주로 보수 성향 미디어를 시청하는 유권자가 투표 시 '조국 전 장관 및 그의 가족 의혹'을 얼마나 고려했는가를 분석한 것으로 역시 순서형 로짓 모델을 사용하였다. 종속변수는 21대 국회의원 선거에서 '조국 전 장관 및 그의 가족 의혹'을 얼마나 고려했는가로 1(전혀 고려하지 않음)부터 4(아주 많이 고려함)까지 4점 척도로 구성되었다.

본 연구의 핵심 변수는 유권자의 선택적 미디어 노출이다. 이를 위하여 보수 성향 매체에 대한 편향적 이용을 독립변수로 사용하였다. 본 연구에서는 주로 종편 채널 뉴스를 보고 상대적으로 지상파 뉴스를 보지 않는 유권자의 경우를 보수적 미디어 노출이 높다고 간주하였고, 반대로 정치 정보를 주로 지상파 뉴스를 통해서 얻고 종편 채널 뉴스는 그다지 이용하지 않는 유권자의 경우를 보수 미디어에 대한 선택적 노출 정도가 낮다고 간주하였다. 즉 '종편 뉴스의 편향적 이용'과 '지상파 뉴스의 편향적 이용'이라는 두 개의 핵심 독립변수를 사용하였는데, 두 변수 모두 4점 척도로 구성되었다. '종편 뉴스의 편향적 이용' 변수는 0(지상파 뉴스만 이용하거나 뉴스를 거의 시청하지 않는 경우)부터 3(지상파 뉴스를 보지 않고 종편 뉴스만 시청하는 경우)으로 코딩하였고, '지상파 뉴스의 편향적 이용' 변수 역시 0(종편 뉴스만 이용하거나 뉴스를 거의 시청하지 않는 경우)부터 3(종편 뉴스를 보지 않고 지상파 뉴스만 시청하는 경우)으로 코딩하였다.[1]

---

1. 이러한 변수 조작의 근거는 종편 채널 및 지상파 관련한 여러 비교 연구에서 발견할 수 있다. 예를 들어, 백영민 외(2016)는 지상파 채널은 정치적 편향성이 두드러지지 않으며, 정파에 따라 시각이 다를 수는 있지만 공정 보도에 대한 사회적 감시 대상이라 논평 기능이 약하다고 평가한 반면, 종편 채널은 보수 진영으로 기울어져 있음을 입증하였다. 원희영과 윤석민(2015) 그리고 강명현(2016)은 특정 이슈에 대한 종편 채널의 심화 현상 및 취재원의 편향성을 경험적으로 입증하였고, 류동협과 홍성일(2013)은 이러한 종편 채널의 편향성이 정치적 영향력 증대를 위한 전략적 측면 때문이라고 분석하였다. 조은영과 유세경(2014)은 지상파 채널과 종편 채널을 철도 노조 파업 이슈로 분석하였는데 그들에 따르면, 종편 채널의 등장으로 보도의 다양성은 증가하였으나 보도 성향에 있어 지상파 채널과 종편 채널 간에 유의미한 차이가 있다는 것을 발견하였다. 유수정과 이건호(2017)는 2012년부터 2015년까지 종편 뉴스 채널의 논조를 분석해 종편 채널들은 보수

변수	평균	표준편차	최소값	최대값	전체(N)
검찰 신뢰도	3.748	2.453	0	10	2000
검찰 개혁에 대한 고려	2.871	0.926	1	4	1796
조국 사태에 대한 고려	2.554	1.032	1	4	1796
정치 이념	4.738	2.041	0	10	2000
정치 관심도	2.892	0.702	1	4	2000
대통령 국정 수행 평가	5.787	2.958	0	10	2000
종편 뉴스의 편향적 이용	0.148	0.549	0	3	2000
지상파 뉴스의 편향적 이용	0.214	0.612	0	3	2000
더불어민주당 지지자	0.289	0.453	0	1	2000
미래통합당 지지자	0.110	0.313	0	1	2000
여성	0.503	0.500	0	1	2000
연령	3.237	1.450	1	5	2000
교육 수준	2.850	1.026	1	5	2000
호남	0.099	0.298	0	1	2000
영남	0.110	0.313	0	1	2000

이 밖에 유권자의 정치 이념[2], 정당 지지자(미래통합당 지지자, 더불어민주당 지지자)[3], 정치에 대한 관심도[4], 대통령의 직무 수행 평가[5], 성별[6], 교육 수준[7], 연령[8], 거주 지역(호남, 영남)[9]을 통제변수로 사용하였다. 본 연구의 통계분석에서 사용된 모든 변수들의 기술통계량은 〈표 2〉와 같다.

적 논조를 띠었다는 결론을 얻었다. 이정훈과 이상기(2016) 역시 종편의 시사 프로그램에 대한 방송통신심의위원회의 심의제재 보고서를 분석한 뒤 종편은 지지 정파에 대한 긍정적 묘사보다 반대 정파에 대한 분노와 혐오로 유권자들의 정서적 양극화를 유도한다고 주장하였다.

2. 정치 이념은 0(극좌)부터 5(중도), 10(극우)의 11점 척도로 구성되었다.

3. 정당 지지와 관련해서는 더불어민주당 지지자와 미래통합당 지지자로 나누어 각각을 가변수로 조작화하였다.

4. 정치에 대한 관심도는 1(전혀 관심 없음)에서 4(아주 관심 많음)까지 4점 척도로 구성되었다.

5. 대통령의 직무 수행 평가는 0(아주 못함)에서 10(아주 잘함)까지 11점 척도로 구성되었다.

6. 성별은 여성을 1로, 남성을 0으로 코딩하였다.

V. 경험적 분석

〈표 3〉의 회귀분석 결과는 뉴스 미디어에 대한 선택적 노출이 유권자의 인식과 태도에 미치는 영향을 통계적으로 보여 준다. 우선 〈표 3〉의 모형 1과 2의 분석 결과는 주로 종편 뉴스를 시청하는 유권자가 검찰에 대하여 높은 신뢰도를 갖고 있으며, 주로 지상파 뉴스를 시청하는 유권자는 검찰에 대한 신뢰가 높지 않음을 보여 준다. 그리고 유권자가 보수 성향이거나 미래통합당 지지자이며 연령이 높고 여성인 경우에 검찰에 대한 신뢰도가 높은 것으로 나타났다. 한편 문재인 대통령의 국정 수행을 긍정적으로 평가할수록 검찰에 대한 신뢰도는 높지 않음이 드러났다. 매년 한국행정연구원이 시행하는 '사회통합 실태 조사'[10] 결과를 보면 검찰에 대한 국민의 신뢰도 및 공정성에 대한 인식은 아주 낮은 수준이다. 비록 검찰의 신뢰도에 대한 평가는 조사가 시작된 이래 지금까지 계속 낮은 수준을 유지하고 있지만, 모형1과 2의 결과에서 보여지듯이 검찰의 신뢰도에 대한 인식이 응답자의 정파적 미디어 이용 여부, 정치 이념, 대통령의 국정 평가, 정당 지지, 연령, 성별에 따라 상이하게 나타난다는 점은 흥미롭다고 할 수 있다.

모형3과 4에서는 정파적 뉴스의 편향적 이용으로 인해 21대 총선에서 유권자가 '검찰 개혁'이라는 사안을 얼마나 고려했는지 분석하였다. 분석

---

7. 교육 수준은 1(중학교 졸업 이하), 2(고등학교 졸업), 3(전문대 졸업 또는 대학 재학), 4(대학교 졸업), 5(대학원 졸업)의 5점 척도로 구성되었다.
8. 연령은 10세 단위로 나눈 연령 집단을 기준으로 1(18-29), 2(30-39), 3(40-49), 4(50-59), 5(60세 이상)의 5점 척도로 구성되었다.
9. 거주 지역은 호남과 영남을 각각 가변수로 조작화하였다.
10. https://www.kipa.re.kr/site/kipa/research/selectReList.do?seSubCode=BIZ017A001

<표 3> 보수 미디어 뉴스 시청 빈도와 검찰 신뢰도

모형	모형1	모형2	모형3	모형4	모형5	모형6
종속변수	검찰 신뢰도		투표 시 '검찰 개혁' 고려		투표 시 '조국 사태' 고려	
정치 이념	0.158** (0.030)	0.155** (0.030)	−0.078** (0.026)	−0.078** (0.026)	0.184** (0.027)	0.187** (0.027)
정치 관심도	−0.098 (0.075)	−0.083 (0.077)	0.528** (0.069)	0.530** (0.071)	0.277** (0.069)	0.298** (0.071)
대통령 국정 수행 평가	−0.149** (0.022)	−0.148** (0.022)	0.218** (0.020)	0.217** (0.021)	−0.283** (0.021)	−0.281** (0.021)
종편 뉴스 편향적 이용	0.243* (0.097)	0.240* (0.097)	−0.316** (0.086)	−0.322** (0.086)	0.188+ (0.098)	0.192+ (0.099)
지상파 뉴스 편향적 이용	−0.486** (0.084)	−0.477** (0.084)	0.238** (0.076)	0.240** (0.076)	−0.200** (0.074)	−0.195** (0.074)
더불어민주당 지지자	−0.075 (0.134)	−0.066 (0.134)	0.219+ (0.116)	0.209+ (0.116)	−0.149 (0.113)	−0.147 (0.113)
미래통합당 지지자	0.777** (0.186)	0.743** (0.187)	−0.342* (0.162)	−0.343* (0.163)	0.524** (0.170)	0.494** (0.172)
여성		0.203+ (0.103)		0.042 (0.091)		0.126 (0.091)
연령		0.073* (0.036)		0.026 (0.032)		0.077* (0.032)
교육 수준		−0.064 (0.050)		−0.006 (0.044)		−0.109* (0.045)
호남		−0.021 (0.175)		0.201 (0.156)		−0.030 (0.154)
영남		0.135 (0.119)		−0.014 (0.104)		−0.044 (0.106)
상수	4.152** (0.299)	3.924** (0.347)				
N	2000	2000	1796	1796	1796	1796
R^2	0.153	0.159				
Log-likelihood			−2064.906	−2063.449	−2123.836	−2115.029

주: 모형1-2의 종속변수는 검찰에 대한 신뢰도(0: 전혀 신뢰하지 않음~10: 아주 신뢰함)로 OLS 회귀분석을 사용함. 모형 3-4의 종속변수는 21대 국회의원선거에서 '검찰 개혁'을 투표 시 얼마나 고려했는가(1: 전혀 고려하지 않음~4: 아주 많이 고려함)이며, 순위형 로짓 회귀분석(Ordered Logistic Regression)을 사용함. 모형 5-6의 종속변수는 21대 국회의원선거에서 '조국 전 장관과 그 가족을 둘러싼 의혹'을 투표 시 고려 정도(1: 전혀 고려하지 않음~4: 아주 많이 고려함)이며, 역시 순위형 로짓 회귀분석(Ordered Logistic Regression)을 사용함. 괄호 안의 숫자는 표준오차를 나타낸 것임.

**p<0.01, *p<0.05, +p<0.1

결과 유권자가 보수 성향이며, 미래통합당 지지자이고, 종편 뉴스를 주로 시청하는 유권자일수록 '검찰 개혁'은 투표 시에 중요한 고려 대상이 아니었던 것으로 보이며, 주로 지상파 뉴스를 시청하는 유권자의 경우에는 '검찰 개혁' 이슈가 투표에 중요한 요인으로 작용하였음을 알 수 있다. 또한 정치에 관심이 많은 유권자나 문재인 대통령의 국정 수행을 긍정적으로 평가하는 유권자, 그리고 더불어민주당 지지자는 '검찰 개혁'을 선거 당시 중요한 이슈로 여기고 있었음을 보여 주고 있다.

마지막으로 모형5와 6은 종편 뉴스의 편향적 이용으로 '조국 전 장관 및 그의 가족에 대한 의혹'이 투표 당시 얼마나 많은 영향을 끼쳤는가를 분석한 결과이다. 다른 모형 결과와 비교해 볼 때, 조국 사태에 대한 종편 뉴스에 선택적으로 노출된 유권자의 투표 결정에 다소 영향을 미친 반면에, 지상파 뉴스에 선택적으로 노출된 유권자에게는 조국 사태가 투표 결정의 주요 요인으로 작용하지 않았음을 보여 준다. 또한 투표 시 조국 사태에 대한 유권자의 인식은 보수적 성향, 정치적 관심, 미래통합당 지지자, 연령, 대통령 국정 수행 평가, 교육 수준에 따라 서로 다르게 영향을 미쳤음을 알 수 있다.

요컨대 〈표 3〉의 회귀분석 결과는 개인의 정치 성향에 따른 미디어 이용이 검찰 관련 사안에 대하여 정파적 해석을 강화하고 결과적으로 양극화된 태도로 이어졌음을 보여 준다. 즉 일반 대중이 동질의 정보나 의견에만 노출되면 자신과 견해가 다른 사람들을 이해하기 어렵고 타인에 대한 관용의 수준이 낮아질 뿐 아니라(Mutz 2002), 자신의 기존 입장이 강화되어 그 결과 정치적 양극화 현상이 나타나게 된다고 할 수 있다(Jones 2002; Slater 2007; Stroud 2010). 또한 검찰 관련 사안에서 유권자들은 미디어에 대한 선택적 노출로 자신이 선호하는 정당에 유리한 정보를 불리한 정보에 비해 더욱 잘 습득하는 '정파적 지식 습득(partisan knowledge learning)'을 하고, 특정 정치인이나 공적 이슈에 대한 정치적 평가를 달리하며(Jerit and Barabas 2012) 자신의 기존 정치 태도나 견해를 유지하기에 유리한 쪽으로 해석하는 '정파적 해석'으로 정치 양극화 현상이 일어난다고 볼 수 있다(Gaines et al. 2007; Mutz 2006).

사실 문재인 정부는 출범 이후 '검찰 개혁'을 지속적으로 추진한 반면 '개혁의 대상'으로 전락한 검찰은 그 방식과 내용에 강한 불만을 표출하며 양측의 거리감은 더욱 커졌다고 할 수 있다. 여기에 조국 전 장관의 사퇴 및 그의 가족을 둘러싼 각종 의혹과 검찰 수사에 대한 논란, 그리고 이와 관련한 미디어의 정파적 보도와 수용자의 선택적 노출은 정치적 양극화를 더욱 심화시켜 '조국 수호·검찰 개혁'을 주장하는 서초동 촛불집회와 '조국 구속·윤석열 수호'를 주장하는 광화문 집회의 대립 속에서 진영 간의 극심한 갈등으로 표출되었다.[11] 이는 뉴스 수용자의 선택적 미디어 이용이 정치적 성향이 다른 집단과 의견 격차를 확대하고, 결과적으로 집단 갈등으로 확대되어 나타난 것이다.

---

11. 미디어오늘과 리서치뷰가 2019년 11월 공동으로 실시한 조사에 따르면 조국 사태를 가장 공정하게 보도한 방송사를 묻는 여론조사 결과 MBC가 1위, TV조선이 2위를 기록했다. 정당 지지도별로 보면 더불어민주당 지지자의 36%, 정의당 지지자의 25%가 MBC를 선택했고, 자유한국당 지지자의 선택은 3%에 불과했다. 반면 자유한국당 지지자의 40%, 바른미래당 지지자의 14%가 TV조선을 선택했고, 더불어민주당 지지자는 2%만 TV조선을 선택했다. 이와 같은 여론조사에서 MBC와 TV조선에 대한 여론의 '집중도'는 청와대가 조국 전 민정수석을 법무부 장관으로 지명한 2019년 8월 9일 이후 80일간 방송사 메인 뉴스 시청자 수를 분석한 결과와 유사하다. 당시 분석 결과 MBC와 TV조선의 시청자가 동시에 그리고 가장 눈에 띄게 늘어났다. http://www.mediatoday.co.kr/news/article View.html?idxno=203370

VI. 결론

오늘날 한국 사회의 양극화 현상은 갈수록 심화되고 있다. 소득의 양극화뿐만 아니라 주거, 교육, 소비, 의식 등 일반 대중의 삶 전 영역에서 양극화 현상이 나타나고 있다. 무엇보다도 정치 이념의 양극화는 진보와 보수 사이의 정치적 갈등으로 확산되고 격화되어 때로는 폭력적 양상으로 나타나기도 한다. 본 연구는 이러한 정치적 양극화 원인의 하나로 미디어의 편향성에 주목하였다. 최근 한국 사회는 인터넷을 통한 뉴스 공급의 비중이 늘어나면서 뉴스 미디어의 전반적인 영향력은 증대되었지만 과연 뉴스 미디어가 사회적 현안이나 정치적 사안에 대해 얼마나 객관적이고 공정하게 보도하고 있는지에 대해서는 많은 비판이 있어 왔다. 뉴스 미디어가 특정 사안에 대해 관련 정보를 자의적으로 선택하거나 생략하고 정보 출처에 대한 신뢰도를 다르게 부여함으로써 동일한 사건을 완전히 다른 내용으로 보도하거나 한쪽 입장만 전달하는 미디어의 편향적 보도는 대중의 정치사회 현안 인식에 커다란 영향을 미칠 수 있다.

따라서 본 연구는 편향적 미디어에 대한 선택적 노출의 영향을 경험적으로 분석한 결과 주로 종편 뉴스를 시청하는 유권자는 검찰에 대한 신뢰도가 높은 반면 이번 21대 총선에서 투표 당시 '검찰 개혁'에 대한 정치적 이슈는 중요하게 인식하지 않았지만 '조국 전 장관 및 그의 가족 의혹'은 크게 고려하였음이 드러났다. 이와는 반대로 주로 지상파 뉴스를 시청하는 유권자는 검찰에 대한 신뢰도가 낮았고, '검찰 개혁' 이슈는 21대 총선에서 투표 결정의 주된 요인으로 작용하였지만, '조국 관련 의혹'은 투표 당시 주요 이슈가 아니었음이 드러났다. 이러한 분석 결과는 대중들의 정파적 미디어 이용이 정치 현상에 대한 정파적 해석을 강화하고 결과적으로 양극화된 정치 태도로 이어진다는 사실을 뒷받침한다고 할 수 있다.

한국 사회의 심각한 양극화 이면에는 이처럼 정치 이념 성향에 있어 대립적 경쟁 관계에 있는 뉴스 미디어가 정치와 사회의 분열을 촉진하는 갈등 기제로 작용하여 건전한 공론장의 역할을 하기보다 사회의 양극화를 강화하는 역할을 주도하는 것이 주된 원인으로 작용하고 있음을 알 수 있다. 본 연구 결과는 미디어가 다양한 정치적 입장 중에서 개별 사안과 이념적 성향에 맞는 정치적 입장을 전략적으로 선택하고 의제화함으로써 정치적 사건들을 특정한 방향으로 여론화할 수 있는 가능성을 시사하고 있다. 본 연구의 이러한 결과는 특정 매체가 지니는 보도 성향에 따라 해당 매체를 접하는 사회의 여론 또한 다르게 형성될 수 있음을 보여 주며 나아가 미디어에 의해 정치적 현실이 상이하게 구성될 수도 있음을 보여 주고 있다.

참고문헌

강명현. 2016. "지상파와 종편 채널의 뉴스특성 비교연구." 『언론과학연구』 16(1). 5-36.

김왕근. 2014. 『세월호와 대한민국의 소통』 서울: 미래를 소유한 사람들.

류동협·홍성일. 2013. "종합편성채널 시사대담 프로그램의 차별화 전략과 그 효과." 『방송통신연구』 85. 9-36.

백영민·김희정·한규섭·장슬기·김영석. 2016. "정치적 이념 성향에 따른 정파적 신문 노출: 여론지도층으로서의 칼럼기고자와 일반 대중 비교연구." 『한국언론학보』 60(1). 99-132.

손영준. 2004. "미디어 이용이 보수 진보적 의견에 미치는 영향." 『한국언론학보』 48(2). 240-266.

손영준·이완주. 2013. "후보 지지와 선택에 영향을 미치는 요인에 관한 연구: 2011년 지방선거를 중심으로." 『의정논총』 8(1). 179-204.

이완수·배재영. 2015. "세월호 사고 뉴스 프레임의 비대칭적 편향성: 언론의 차별적 관점과 해석 방식." 『한국언론정보학보』 71(3). 247-298.

이정훈·이상기. 2016. "민주주의의 위기와 언론의 선정적 정파성의 관계에 대한 시론: 채널A와 TV조선의 정치시사토크쇼를 중심으로." 『한국언론정보학보』 77. 9-35.

유수정·이건호. 2017. "메인 뉴스 논조 차별화가 드러낸 한국 종편 저널리즘의 지형. 무상복지 이슈를 중심으로." 『한국언론학보』 61(1). 7-35.

윤석민. 2015. 『미디어 공정성 연구』 서울: 나남.

지병근·신두철·엄기홍. 2013. "보수 언론에 대한 노출과 이슈에 대한 태도의 변화." 『현대정치연구』 6(2). 127-155.

최선규·유수정·양성은. 2012. "뉴스 시장의 경쟁과 미디어 편향성." 『정보통신정책연구』 19(2). 69-92.

Arceneaux, Kevin, and Martin Johnson. 2013. *Changing Minds or Changing Chan-*

nels? Chicago: University of Chicago Press.

Barker, David, and Kathleen Knight. 2000. "Political Talk Radio and Public Opinion." *Public Opinion Quarterly* 64(2). 149-170.

Bennett, W. Lance, and Shanto Iyengar. 2008. "A New Era of Minimal Effects? The Changing Foundations of Political Communication." *Journal of Communication* 58(4). 707-731.

De Vreese, Claes H. 2002. *Framing Europe: Television News and European Integration* Amsterdam: Aksant Academic Publishers.

Entman, Robert M. 1993. "Framing: Towards Clarification of a Fractured Paradigm." *Journal of Communication* 43(4). 51-58.

Fischer, Peter, Stefan Schulz-Hardt, Dieter Frey. 2008. "Selective exposure and information quantity: How different information quantities moderate decision makers' preference for consistent and inconsistent information." *Journal of Personality and Social Psychology* 94. 231-244.

Feldman, Lauren, Teresa A. Myers, Jay D. Hmielowski, and Anthony Leiserowitz. 2014. "The Mutual Reinforcement of Media Selectivity and Effects: Testing the Reinforcing Spirals Framework in the Context of Global Warming." *Journal of Communication* 64(4). 590-611.

Gaines, Brian J., James H. Kuklinski, Paul J. Quirk, Buddy Peyton, and Jay Verkuilen. 2007. "Same Facts, Different Interpretations: Partisan Motivation and Opinion on Iraq." *Journal of Politics* 69(4). 957-974.

Garrett, R. Kelly, Shira Dvir Gvirsman, Benjamin K. Johnson, Yariv Tsfati, Rachel Neo, and Aysenur Dal. 2014. "Implications of Pro- and Counterattitudinal Information Exposure for Affective Polarization." *Human Communication Research* 40(3). 309-332.

Gentzkow, Matthew, and Jesse M. Shapiro. 2010. "What Drives Media Slant? Evidence from U.S. Daily Newspapers." *Econometrica* 78(1). 35-71.

Gitlin, Todd. 1980. *The Whole World is Watching: Mass Media in the Making & Unmaking of the New Left* Berkeley: University of California Press.

Groseclose, Tim, and Jeffrey Milyo. 2005. "A Measure of Media Bias." *Quarterly*

Journal of Economics 120(4). 1191-1237.

Iyengar, Shanto, Yphtach Lelkes, Matthew Levendusky, Neil Malhotra, and Sean J. Westwood. 2019. "The Origins and Consequences of Affective Polarization in the United States." *Annual Review of Political Science* 22. 129-146.

Jerit, Jennifer, and Jason Barabas. 2012. "Partisan Perceptual Bias and the Information Environment." *The Journal of Politics* 74(3). 672-684.

Jones, David A. 2002. "The Polarizing Effect of New Media Messages." *International Journal of Public Opinion Research* 14(2). 158-174.

Klapper, Joseph. 1960. *The effects of mass communication* New York: Free Press.

Knobloch-Westerwick, Silivia, and Steven B. Kleinman. 2012. "Preelection Selective Exposure: Confirmation Bias Versus Informational Utility."*Communication Research* 39(2). 170-193.

Leeper, Thomas J. and Rune Slothuus. 2014. "Political Parties, Motivated Reasoning, and Public Opinion Formation." *Advances in Political Psychology* 35(1). 129-156.

Levendusky, Matthew. 2013. *How Partisan Media Polarize America* Chicago: University of Chicago Press.

Lippmann, Walter 1922. *Public Opinion* New Brunswick, London: Transaction Publishers

Mayer, Richard. 2003. "The Promise of Multimedia Learning: Using the Same Instructional Designmethods across Different Media." *Learning and Instruction* 13(2). 125-139.

Mills, J. 1965. "Effect of Certainty about a Decision upon Postdecision Exposure to Consonant and Dissonant Information." *Journal of Personality and Social Psychology* 2(5). 749-752.

Mullainathan, Sendhil, and Andrei Shleifer. 2005. "Market for News." *American Economic Review* 95(4). 1031-1053.

Mutz, Diana. C. 2002. "Cross-Cutting Social Networks: Testing Democratic Theory in Practice." *American Political Science Review* 96. 111-126.

Mutz, Diana. C. 2006. "How the Mass Media Divide Us." In P. S. Nivola and

D. W. Brady,eds. *Red and Blue Nation?: Characteristics and Causes of America'Polarized Politics 1.* 223-242. Washinton, DC: Brookings Institution Press.

Sears, David O. and Jonathan L. Freedman. 1967. "Selective Exposure to Infomation: A Critical Review." *Public Opinion Quarterly* 31(2). 195-213.

Slater, Michael. D. 2007. "Reinforcing Spirals: the Mutual Influence of Media Selectivity and Media Effects and Their Impact on Individual Behavior and Social Identity." *Communication Theory* 17(3). 281-303.

Sunstein, Cass R. 2009. *Republic. Com 2.0.* New York, NY: Princeton University Press.

Stroud, Natalie Jomini. 2007. "Media Effects, Selective Exposure, and Fahrenheit 9/11." *Political Communication* 24(4). 415-432.

Stroud, Natalie Jomini. 2008. "Media Use and Political Rredispositions: Revisiting the Concept of Selective Exposure." *Political Behavior* 30(3). 341-366.

Stroud, Natalie Jomini. 2010. "Polarization and Partisan Selective Exposure." *Journal of Communication* 60(3). 556-576.

Stroud, Natalie Jomini. 2011. *Niche news: The politics of news choice* New York, NY: Oxford University Press.

Tuchman, Gaye. 1978. *Making News: A Study in the Construction of Reality* New York: Free Press.

제2부

팬데믹 시대의
사회갈등과 시민사회

제5장

유권자의 정당 지지 구조와
안정성 재탐구

이현출

건국대학교

이 논문은 2019년 대한민국 교육부와 한국연구재단의 지원을 받아 수행된 연구이다(NRF-2019S1
A 3A2098969).

I. 서론

오늘날 한국 사회에서는 당파적 양극화의 문제가 심각하게 제기되고 있다. 특히 정치 엘리트의 이념적 양극화는 더욱 심화되는 경향을 보이고 있다(가상준 2016; 강원택 2012). 유권자의 주관적인 이념 성향의 분포도 과거 중앙 집중의 단봉형 구조에서 중도 이념이 약화되고 보수와 진보로 재편되는 경향을 보이고 있다(Lee 2007). 대통령선거 시 후보의 이념 성향과 자질, 그리고 경제 상황에 대한 인식 등에서 기존의 당파적 입장이 강화되는 양극화(polarization) 현상이 심화되고 있다는 분석도 나오고 있다(김성연 2015). 이에 대하여 유권자의 성향과 선호가 특별히 더 극단적으로 변하지 않았음에도 불구하고 정치 성향이 다른 것에 대하여 예전보다 더욱 부정적인 태도를 보이는 현상은 정서적 양극화(affective polarization)에서 비롯되었다고 보는 견해도 있다(Fiorina 2017; 장승진·서정규 2019).

이러한 정서적 양극화 현상은 자신이 지지하는 정당에 대해서는 더욱 강한 선호를 표출하는 반면 지지하지 않는 정당에 대해서는 강한 반감을 가지는 것을 말한다(Fiorina 2017). 이러한 현상은 자신의 신념과 일치해서 확신할 수 있는 증거(확증)는 수용하지만, 자신의 주장을 부정하거나 반대되는 증거(반증)는 배척하고 무시하는 심리적 경향, 즉 확증 편향(confirmatory bias)으로 인하여 선호하는 쪽에 대한 과신을 유도한다는 논의들과 맥락을 같이한다(Rabin & Schrag 2017; Frenda, Nichols and Loftus 2011). 정당 연구에서는 유권자들의 갈등 인식과 정당에 대한 호감도 간의 관계를 규명하면서 유권자의 정당 일체감이 주는 효과에 주목한다. 유권자들이 정파성을 띠지 않는 경우에는 여야 간 갈등 인식이 반드시 정당에 대한 반감으로 이어지지 않지만, 유권자들이 정파성을 띠고 있는 상황에서는 갈등 인식이 상대방 정당에 대한 반감으로 이어진다는 것이다(김성연 2015; 길정아·하상응 2019). 대통령선거에서 이슈의 영향력도 유권자의 정당 일체감에 따라 다르게 나타난다는 연구도 같은 맥락이다(송진미·박원호 2014).

정치적 태도와 인식의 변화에 영향을 미치는 요인과 관련해 다양한 설명이 가능하나 최근 정당 일체감(party identification)이 미치는 영향을 둘러싼 연구와 논쟁이 가속화되고 있다(Bartels 2002; Bullock 2009; 김성연 2015). 이처럼 정당 일체감이 정치적 태도와 인식에 미치는 영향이 지대함에도 불구하고 이에 대한 한국의 연구는 일천하며, 용어에 대한 통일된 정의도 확립되지 못한 상황이라고 할 수 있다. 본 연구는 그동안 투표 행태를 설명할 때 여야 성향, 정당 지지, 정당 일체감 등 다양한 용어로 표현돼 온 정당에 대한 유권자의 태도를 좀 더 심층적으로 분석하는 데 목적이 있다. 즉 '선택'으로서의 지지와 '선호의 표출'로서의 지지로 구분하여 정당 지지를 설명하고자 한다. 선택으로서의 지지는 여러 정당 중 하나의 정당을 선택하는 것을 말하지만, 선호의 표출로서의 정당은 다양한 형태로 나타날 수 있기 때문이다(이현출 2004). 예를 들면 지지 혹은 반대의 선호뿐만 아니라 지지의 강약, 나아가 지지의 안정성 등 정당 지지 구조의 다양한 측면으로 나타날 수 있을 것이다. 이러한 맥락에서 필자는 약 20년의 간격을 두고 한국 유권자의 정당 지지 구조의 변화와 지속을 탐구하고자 한다. 그리고 이 논문은 '한국 유권자의 정당 지지 구조와 안정성'(이현출 2004)이라는 제하의 연구와 같은 선상에 있다.

II. 정당 일체감, 정당 선호 그리고 정당 지지

유권자들은 정당에 대해 일체감, 선호, 지지 등과 같은 태도를 가질 수 있는데, 이를 동일시하는 학자들도 있지만 엄밀히 각각 다른 개념으로 설명할 수 있다. 우선 정당 일체감(party identification)은 투표 참여 이론 중 사회심리학적 접근에서 기인한 것으로 특정 정당에 대해 느끼는 개인적인 애착감(the sense of personal attachment)이나 소속감(the sense of beloning)으로 정의된다(Campbell et al. 1960). 미시간학파라고 불리는 이들은 정당에 대한 애착심, 이슈에 대한 의견, 후보자에 대한 이미지 등이 투표 결정에 영향을 미치며, 특히 사회심리학적 요인인 정당 일체감이 중요한 역할을 수행한다는 것을 경험적으로 확인하였다. 그들은 정당 일체감이 부모나 자신이 속해 있는 사회적 집단으로부터 특정한 정당에 대해 오랜 기간 체득해 온 것이기에 매우 안정적이며 지속되는 심리적인 정향이라고 보았다(Dalton 2002). 정당 일체감이 정당의 역사가 오래된 미국에서 수세대에 걸쳐 형성된 정체성 개념이라면, 유럽에서는 감정적 평가 개념으로 사용되고 있다(Rosema 2006).

다음으로 정당에 대한 선호(party preference)는 감정적인 측면에서 보았을 때 일종의 호감도로, 좋고 싫음의 개념이라 할 수 있다. 주로 감정 온도계로 측정되는데 특정 정당을 얼마나 싫어하는지, 혹은 얼마나 좋아하는지 감정의 정도를 0부터 10까지 응답자가 선택하게끔 하는 것이다. 이러한 정당 선호는 유권자의 정치적 태도나 행태에 강한 영향을 미치는 요인으로 여겨지고 있다(Campbell et al. 1960; Bartels 2002; 길정아 2013). 정당 선호는 지속성과 안정성을 가지고 있는 정당 일체감과는 달리 단기적인 이슈나 상황에 따라 변화할 수 있으며 평가의 요소가 들어갈 수는 있으나 감정에 더욱 치우친 개념이라 할 수 있다(김진주 2019).

이에 반해 한국 사회에서 특정 정당에 대한 장기적이고 역사적인 평가, 감정, 이미지가 총체적으로 포괄된 태도로 '정당 지지'라는 개념을 제안하기도 한다(조기숙 2013). 조기숙(2013)은 정당 일체감이 수세대에 걸쳐 사회화 과정을 통해 형성되는 정체성의 개념으로서 한국은 역사적, 정치적 특수성 때문에 이를 적용하기 어려우며, 조사 방법론상 전통적으로 '어느 정당을 지지하십니까?' 혹은 '가깝게 느끼는 정당이 있습니까?'라는 설문을 사용해 왔기 때문에 경험분석에 활용하기 위해서는 정당 지지가 더 유용한 개념이라고 주장한다.

민주화 이후 정당정치의 역사가 일천한 한국에 정당의 역사가 오래된 미국의 정당 일체감 개념을 차용하여 우리의 정당정치와 선거정치에 활용하는 데에는 한계가 있다고 볼 수 있다. 최근 일부 설문조사에서 '선생님의 아버지께서 평소 지지하거나 가깝게 느끼시는 정당은 어느 정당입니까?' 등의 질문을 하지만 이 같은 질문을 통해 당대의 사람들에게 정당 일체감이 형성되었다고 주장하기에는 한계가 있다고 할 수 있다. 더욱이 정당의 당명 변경이 잦은 상황에서 영남과 호남 또는 보수와 진보로 지지가 이어지거나, 정당들의 이합집산이 이루어지는 가운데 여당과 야당이라는 기준으로 정당이 구분되는 여야 성향이 투표 결정에 영향을 미치는 주요 요인으로 여겨지기도 했기 때문에(박찬욱 1993; 조중빈 1993) 정당 지지에 일정한 안정성이 보인다고 하더라도 이를 곧 정당 일체감이라고 설명하기에는 한계가 있을 것이다.

하지만 강원택(2012)과 박원호(2013), 최준영(2016) 등은 한국의 정당들이 이름이나 구성을 수시로 변경하고 있더라도 정책이나 이념의 특성을 유지하고 있으며, 무당파보다는 특정 정당에 대한 지지자들이 증가하고 있기에 정당 일체감이 존재할 수 있다고 주장한다. 윤종빈 등(2014)은 한국에서 정당 일체감을 가진 유권자의 비중이 절대적으로 높은 것은 아니지만 꾸준하게 상승하는 추세에 있다는 분석을 내놓고 있다. 이들은 한국 유권자의 정당 일체감에는 다양한 사회경제적 요인이 영향을 미치는데 특히 연령과 이념 성향 등의 영향력이 일관되게 발견되고, 정부에 대한 신뢰도 또한 영향을 미치는 것으로 설명하고 있다.

그러나 과거 서구의 정당 일체감과 기능적 대등성을 갖는 것으로 설명되어 온 여야 성향은 보수-진보-보수-진보로 세 차례 정권 교체를 경험한 오늘날 상황에서 그 유용성은 제한적이라고 할 수 있을 것이다. 따라서 여야 성향이라는 개념은 정권 교체 이후 변화할 수밖에 없었으며, 여야 성향을 대체할 개념으로서 정당 성향, 정당 태도, 정당 일체감, 정당 지지 등이 자연스레 논의되기 시작하였다(황아란 1998; 이현출 2000; 이현출 2004). 이 논문에서는 기존의 여야 성향, 정당 선호, 정당 지지, 정당 일체감 등의 개념들이 갖는 일정한 한계를 고려하여 한국 사회에서 특정 정당에 대한 장기적이고 역사적인 평가, 감정, 이미지가 총체적으로 포괄된 태도(조기숙 2013)로서 분석의 적실성을 갖는 정당 지지의 개념을 활용하고자 한다.

이러한 측면에서 1차 정권 교체기인 1997년 대통령선거 이후 정당 지지의 변화와 2차 정권 교체기인 2017년 대통령선거 전후의 정당 지지 변화를 고찰하는 것은 정당 연구에 많은 함의를 줄 것으로 판단된다. 기존 연구들을 기반으로 정당 지지 요인을 살펴보면, 장기적 요인의 측면에서 소득 수준, 균열 등 사회 계급적 요인과 정당 일체감으로 대표되는 사회심리학적 요인 등을 들 수 있다. 그리고 단기적 요인으로 위치 이슈, 성과 이슈로 구분되는 이슈 요인과 후보자나 정당 지도자의 이미지에 따라 변화할 수 있는 요인 등이 있다. 그러나 본 연구의 분석은 2020년 국회의원 총선거(이하 총선) 후 조사 결과를 활용하여 2020년 및 2016년 총선, 2017년 대통령선거, 2018년 지방선거에서 응답자의 지지를 통하여 정당 지지의 안정성을 분석하고자 하였기 때문에 분석의 한계가 있을 수 있다. 즉 지방선거에서는 지역에 따라 후보 공천을 하지 않을 수도 있고, 국가적 차원의 선거를 지방선거와 동일 선상에서 비교하며 정당 지지의 안정성을 논의하는 데에는 일정한 한계가 있다. 그러나 장기간에 걸친 패널 데이터가 부재한 상황에서 한국 유권자의 정당 지지 구조와 안정성을 이해하는 데에는 나름대로 의의를 가질 것이다. 본 연구는 2020년 4월 실시된 국회의원 총선거 직후 명지대학교 미래정치연구소가 수행한 설문조사 자료를 활용하였다. 표본은 전국의 만 18세 이상 남녀 유권자 2,000명을 대상으로 하였으며 성별, 지역별, 연령별 기준 비례 할당 추출에 따라 구성되었다. 표본오차는 95% 신뢰수준에서 ±2.2%p 이다.

III. 정당 지지 성향과 강도

1. 정당 지지 성향

정당 지지는 지지 성향과 반대 성향, 그리고 양자를 동시에 갖는 복합 성향, 또는 무성향 등으로 나눌 수 있다(황아란 1998). 한국 유권자들의 정당 지지 성향을 분석해 본 결과 '평소 지지하거나 가깝게 느끼는' 지지 정당과 '선거에서 절대로 투표하지 않을' 반대 정당을 동시에 가진 복합 성향의 유권자가 45.8%로 가장 많은 비중을 차지하는 것으로 나타났다(〈표 1〉 참조). 반면 지지 정당은 있으나 반대 정당은 없는 지지 성향의 유권자는 10.6%에 불과한 반면, 지지하는 정당은 없으나 반대하는 정당은 있는 반대 성향은 21.8%로 나타나 대조를 이루고 있다. 아울러 지지하는 정당과 반대하는 정당이 동시에 없다고 응답한 무성향 유권자도 21.8%를 차지하는 것으로 나타났다.

2002년 지방선거 후 조사 결과와 비교해 볼 때 복합 성향과 지지 성향은 줄어들고, 반대 성향과 무성향은 늘어난 것으로 나타났다. 2002년 조사에서는 복합 성향이 56.1%, 지지 성향이 14.7%로 나타나 각각 10.3%, 4.1%씩 줄어든 것이다. 반면 반대 성향은 10.0%에서 21.8%로, 무성향은 19.3%에서 21.8%로 늘어났다. 이러한 결과는 일반적으로 지지 성향과

〈표 1〉 정당 지지 성향 분류

		지지 정당	
		있다	없다
반대 정당	있다	복합 성향 916(45.8%)	반대 성향 436(21.8%)
	없다	지지 성향 212(10.6%)	무성향 436(21.8%)

반대 성향을 동시에 갖는 복합 성향을 가진 유권자가 여전히 많은 비중을 차지하고 있고, 단순 지지 성향보다 단순 반대 성향이 더 많이 나타나고 있음을 말해 주고 있다. 그리고 무성향의 유권자도 늘어나고 있음을 확인할 수 있다.

지지하는 정당을 더불어민주당(이하 민주당)이라고 응답한 유권자들을 대상으로 선거에서 절대로 투표하지 않을 정당을 살펴본 결과, 미래통합당(23.2%), 미래한국당(16.3%), 친박신당(15.2%), 우리공화당(10.7%) 순으로 나타났다(〈표 2〉 참조). 통합당과 위성 정당인 한국당을 반대하는 민주당 지지 응답자가 40%에 육박하는 것을 알 수 있다. 친박신당이나 우리공화당의 모정당이 새누리당-한국당이라고 본다면 민주당 지지자는 보

〈표 2〉 주요 정당 지지자의 반대 정당

민주당 지지자			통합당 지지자		
정당	빈도	%	정당	빈도	%
더불어민주당	1	.2	더불어민주당	53	24.1
미래통합당	134	23.2	미래통합당	2	.9
민생당	15	2.6	민생당	13	5.9
미래한국당	94	16.3	미래한국당	1	.5
더불어시민당	2	.3	더불어시민당	21	9.5
정의당	10	1.7	정의당	25	11.4
우리공화당	62	10.7	우리공화당	3	1.4
민중당	12	2.1	민중당	15	6.8
한국경제당	30	5.2	한국경제당	7	3.2
국민의당	15	2.6	친박신당	11	5.0
친박신당	88	15.2	열린민주당	22	10.0
열린민주당	7	1.2	기타정당	1	.5
기타정당	5	.9			
소계	475	82.2	소계	174	79.1
결측	103	17.8	결측	46	20.9
전체	578	100.0	전체	220	100.0

수 라이벌 정당에 대한 반대 성향이 매우 강하다는 것을 알 수 있다. 반면에 지지 정당을 미래통합당(이하 통합당)이라고 응답한 유권자들을 대상으로 반대 정당을 살펴본 결과, 더불어민주당(24.1%), 정의당(11.4%), 열린민주당(10.0%) 순으로 나타났다. 민주당과 동일 계열인 열린민주당을 합하면 반대 정당의 비중이 34.1%에 이르고 정의당도 11.4%에 달하여 진보 진영에 대한 반대 성향을 짐작할 수 있다.

이어서 정당 지지 성향에 따라서 선거에 대한 관심과 후보 선택 및 지지의 안정성에 어떤 차이를 보이는지 알아보았다(〈표 3〉 참조). 먼저 선거에 대한 관심도를 살펴보면, 지지 정당과 반대 정당을 동시에 갖는 복합 성향은 68.0%가 선거에 관심이 '매우 많다'는 응답을 했고, 다음으로 지지 성향(45.8%), 반대 성향(37.6%), 무성향(24.5%) 순으로 관심도가 나타났다. 관심이 있다(매우 많음+조금 있음)는 응답의 비율을 보면 복합 성향이

〈표 3〉 정당 지지 성향과 투표 행태 교차분석

		무성향	반대 성향	복합 성향	지지 성향	
선거 관심도	매우 많음	24.5	37.6	68.0	45.8	347.906 (.000)
	조금 있음	48.9	47.0	29.3	49.5	
	별로 없음	22.2	13.1	2.5	4.2	
	전혀 없음	4	2.3	0.2	0.5	
투표 결정 시기	투표 당일	16.0	11.8	3.2	7.6	223.747 (.000)
	투표 1~3일 전	31.4	27.2	15.1	20.7	
	투표 1주일 전	27.6	24.2	18.3	22.2	
	투표 2주일 전	8.7	9.0	10.4	14.6	
	투표일 전 1달 이내	7.0	8.7	13.5	12.1	
	투표 1달 이상 전	9.3	19.0	39.4	22.7	
정당 지지의 안정성	4회 동일 정당	16.3	25.5	54.3	35.4	252.012 (.000)
	3회 동일 정당	13.1	13.3	10.5	11.3	
	2회 동일 정당	23.9	23.4	17.2	27.4	
	지지 정당 변경	46.8	37.8	18.0	25.9	

97.3%로 가장 높았으며 다음으로 지지 성향(95.3%), 반대 성향(84.6%), 무성향(73.4%) 순으로 나타났다. 이와 같이 선거 관심도는 복합 성향–지지 성향–반대 성향–무성향 순으로 나타났으며, 이러한 결과는 통계적으로 유의미한 차이를 보이고 있다(p<.001).

지지 정당과 반대 정당을 동시에 갖는 복합 성향일수록 선거에 대한 관심도가 높으므로 후보 결정 시기도 빠를 것이라고 예상할 수 있다. 이를 알아보기 위해 교차분석 결과를 살펴보니, 투표 한 달 이상 전에 후보를 결정했다는 응답자 가운데 복합 성향(39.4%) 비중이 가장 높았다. 다음으로 지지 성향(22.7%), 반대 성향(19.0%), 무성향(9.3%) 순으로 나타났다. 반대로 투표 당일 결정했다는 응답자의 지지 성향은 무성향(16.0%), 반대 성향(11.8%), 지지 성향(7.6%), 복합 성향(3.2%) 순으로 나타나 대조를 보이고 있다. 즉 정당의 지지 성향은 선거 관심도뿐만 아니라 투표 결정 시기에도 큰 차이를 보이고 있음을 알 수 있고, 그 차이는 통계적으로 유의미하게 나타났다(p<.001).

정당 지지 성향과 정당 지지의 안정성 관계를 살펴본 결과, 복합 성향이면서 4회 동일 정당을 지지한 응답자의 비율이 54%로, 정당 지지의 안정성이 가장 강한 것으로 나타났다. 지지 성향과 반대 성향을 비교하면, 지지 성향 유권자가 반대 성향 유권자보다 정당 지지의 안정성이 강한 것을 알 수 있다. 반면 무성향의 유권자들은 지지 정당을 변경한 경우가 46.8%에 달하여 가장 안정성이 낮은 것으로 나타났다. 이처럼 정당 지지 성향과 정당 지지의 안정성 간에도 그 차이가 통계적으로 유의미한 것으로 나타났다(p<.001).

2. 정당 지지 강도(强度)

다음으로 정당 지지의 강도를 살펴보자. 일차적으로 전체 응답자를 대상으로 각 정당의 선호도 평균을 비교해 보면, 더불어민주당의 평균이 5.49로 가장 높게 나왔으며, 미래한국당이 3.03으로 가장 낮게 나왔다. 다음으로 선호하는 정당의 선호도 평균을 살펴보면, 민주당을 선호한다는 응답자의 민주당 선호도 평균을 살펴보면 7.96으로 높은 편이다. 이것은 정의당 지지자의 정의당 선호도 평균 8.08 다음으로 높은 수준이다. 이에 반해 미래통합당 지지자들의 미래통합당 선호도 평균은 6.54로, 진보 정당 계열 지지자들의 선호 강도와 차이를 보이고 있다(〈표 4〉 참조).

다음으로 정당의 지지 강도를 보수와 진보, 양당의 호감도에 따라 약한 지지(0-5), 강한 지지(6-10)로 나누어 살펴보고자 한다. 비교를 위하여 무당파층을 포함하여 지지 강도에 따른 분포를 살펴보면 〈표 5〉와 같다. 민주당 지지자의 대부분은 지지 강도가 높게 나타난 반면 통합당 지지자

〈표 4〉 정당 선호도 평균

	전체 응답자 대상		선호 정당 응답자 대상		
	평균	표준편차	평균	표준편차	N
더불어민주당	5.49	2.838	7.96	1.610	578
미래통합당	3.17	2.687	6.54	1.890	220
민생당	3.45	1.967	4.40	2.608	5
미래한국당	3.03	2.483	5.86	2.248	57
더불어시민당	4.55	2.555	6.77	2.016	53
정의당	4.61	2.530	8.08	1.546	97
열린민주당	4.06	2.457	7.00	2.704	33
국민의당	4.02	2.133	7.28	1.785	58

* 정당 선호도는 '0: 매우 싫음 – 5: 보통 – 10: 매우 좋음' 사이에서 답하도록 하였음

<표 5> 정당 지지 강도별 분포 N(비율)

강한 민주당	약한 민주당	무당파	약한 통합당	강한 통합당
528(31.6)	50(3.0)	871(52.2)	197(11.8)	23(1.4)

의 지지 강도는 '약한 통합당'이 더 많은 것을 알 수 있다.

　이러한 지지 강도에 따른 정치적 태도의 차이, 즉 이념과 대통령 국정 수행 평가 및 우리나라 민주주의에 대한 만족도 평가 사이에 나타나는 차이를 비교하여 보자. 먼저 정당 지지 강도와 이념 성향의 관계를 살펴보면, 그동안 선거에서 영남 지역은 대체로 보수 정당을 지지해 왔고 유권자들 역시 보수적인 성향을 보였다. 즉 지역주의와 이념이 어느 정도 결합된 특성을 보였다. 이에 반해, 호남 지역은 상대적으로 진보 정당을 지지해 왔고 이념 성향도 진보적인 특성을 보였다(강원택 2019). 조사 결과에 따르면 전라도 지역은 상대적으로 진보적으로 나타나는 반면, 대구·경북은 가장 보수적으로 나타난다는 점을 고려할 때(강원택 2019), 전라도 지역의 강한 지지를 받는 민주당에 정체성을 가진 유권자 중 강한 민주당층이 가장 진보적이고, 다음으로 약한 민주당, 무당파, 약한 통합당, 강한 통합당 순으로 보수화되고 있음을 알 수 있다(<표 6> 참조). 이러한 차이는 통계적으로 유의미한 것으로 나타났다(p<.001). 지역과 이념이 결합된 특성이 여기에서도 확인된 것이다. 전체 평균 4.77과 비교할 때 민주당의 정체성을 갖는 응답자들은 평균보다 진보적이며, 무당파층과 통합당의 정체성을 갖는 응답자들은 평균보다 보수적임을 알 수 있다.

　문재인 대통령에 대한 직무 수행 평가에서도 정당 지지 강도에 따른 차이가 드러나고 있다(p<.001). 대통령 치적에 대한 평가는 같은 정당을 선호하더라도 선호 강도에 따라 뚜렷하게 차이가 나타난다(이현출 2004).

<표 6> 정당 지지 강도에 따른 정치적 태도의 차이

항목	구분	강한 민주당	약한 민주당	무당파	약한 통합당	강한 통합당	ANOVA
이념의 차이	평균	3.44	4.58	5.02	6.51	7.24	F=195.461 p=.000
	표준편차	1.965	1.955	1.391	1.821	1.632	
대통령 직무 수행 평가	평균	8.29	5.85	5.05	3.03	2.24	F=321.015 p=.000
	표준편차	1.712	1.822	2.452	2.455	2.207	
민주주의에 대한 의견	평균	7.21	6.08	5.52	4.58	4.51	F=89.980 p=.000
	표준편차	1.726	1.412	2.100	2.053	2.425	
N		531	48	872	67	152	

* 응답자의 이념 성향: 매우 진보(0) – 중도(5) – 매우 보수(10)
  문재인 대통령 직무 수행 평가: 아주 못하고 있다(0) – 보통(5) – 아주 잘하고 있다(10)
  민주주의에 대한 의견: 매우 불만족(0) – 보통(5) – 매우 만족(10)

대통령 직무 수행 평가의 전체 평균은 5.77인데 반하여 통합당에 정체성을 가진 유권자들은 약한 통합당층(3.03), 강한 통합당층(2.24) 순으로 낮게 평가하고 있다. 약한 통합당층이 강한 통합당층보다 다소 높은 평가를 내리고 있는 것이다. 그리고 무당파층도 평균보다는 낮게 평가하고 있지만 민주당층과 통합당층의 중간에 위치하고 있는 것으로 나타났다. 강한 민주당층(8.29)과 약한 민주당층(5.85) 사이에서도 대통령 직무 수행 평가에 큰 차이가 나타남을 알 수 있다.

다음으로 정당의 지지 강도에 따라 우리나라 민주주의에 대한 평가도 달리 나타나고 있는 것을 확인할 수 있다. 전체 평균이 5.94임을 고려할 때 무당파층과 통합당에 지지 성향을 가진 응답자들은 평균 이하의 만족도를 보이고 있다. 윤종빈 외(2015)의 연구는 정치 신뢰가 높을수록 지지하는 정당이 있고 특히 여당을 지지하는 반면 정치 신뢰가 낮을수록 야당을 지지하거나 아예 지지하는 정당이 없는 무당파일 가능성이 높은 경향이 있음을 밝히고 있다. 이러한 경향은 민주주의에 대한 평가에서도 나타나고 있다. 즉 우리나라 민주주의에 대한 만족도가 높을수록 여당인 민주당에 대한 지지 강도가 높아지고 있음을 알 수 있다. 반면 민주주의에 대한 만족도는 무당파, 약한 통합당층, 강한 통합당층 순으로 낮아짐을 확인할 수 있다(p<.001). 이러한 결과는 정치 신뢰뿐만 아니라 민주주의에 대한 만족도도 기존 정당 전반에 대한 태도와 연결될 뿐만 아니라 특히 여당과 야당에 대한 지지 강도에 차별적으로 영향을 미치고 있음을 보여 준다.

IV. 정당 지지의 변화와 안정성

이 장에서는 본 연구의 배경이 되는 2016년 20대 총선 전후의 정치적 상황에 대한 논의를 살펴보고, 이어 총선, 대통령선거, 지방선거로 연결되는 정당 지지의 안정성에 대해 고찰하고자 한다. 2016년 총선 이전의 정치 상황을 살펴보면, 2013년 박근혜 정권 출범 이후 야당은 지리멸렬한 상황에 놓여 있었다. 박근혜 후보는 51.6%의 득표로 직선제 도입 이후 유일하게 유권자의 과반수를 넘는 표를 얻어 당선자가 되었다. 이후 2014년 6·4지방선거는 박근혜 정권 1년 중간 평가의 성격을 띠었는데, 새누리당이 8개 지역의 광역단체장 선거에서 승리하였으며(영남 지역 5곳과 경기, 인천, 제주), 새정치민주연합은 5개 지역(서울, 강원, 대전, 충남, 충북)에서 승리하는 데 그쳤다. 전국 기초단체장은 226개 중 새누리당이 117곳 승리하였으며 민주당은 80곳에서 승리하였다. 광역의원 선거에서도 새누리당은 416명이 당선(4년 전 288명)되었으나, 야당은 349명이 당선(4년 전 360명)되어 4년 전보다 줄어들었다. 기초의원 선거에서도 새누리당은

1,413명이 당선(4년 전 1,247명 당선)되는 성과를 내었다. 2014년 7·30 재보궐선거에서도 15개 선거구 중 새누리당이 11곳, 민주당이 4곳에서 승리하여 새누리당의 압승으로 끝났다. 이처럼 야당은 선거에서 한 번도 이기지 못하는 무기력에 빠져 있었고, 진보 정당인 통합진보당(이하 통진당)도 2013년 해산 청구된 이후 2014년 헌법재판소에 의하여 해산 선고를 받았다(이현출 2018).

박근혜 정권은 선거에서의 불패 신화에도 불구하고 대통령선거 과정에서 국정원과 군 사이버 부대 관여에 의한 부정 시비와 그에 대한 대응, 국정교과서 방침 발표, 전교조 법외 노조 통보와 공무원노조 설립 신고 반려, 세월호 사건 발생과 그 대응 과정, 통합진보당 해산 등 일련의 강경한 대응을 이어갔다. 여기서 주목해야 할 것은, 반박근혜 투쟁 노선에서 민주노총이 가장 적극적인 대안으로 떠올랐다는 것이다. 진보 정당은 해산되고 제도권 내의 야당은 무기력하고 보수 언론이 언로를 장악하고 진보 언론이 몸을 사리는 상황에서 정권과 맞설 조직과 자금을 가진 세력은 민주노총이 거의 유일했기 때문이다(원희복 2018, 155). 민주노총은 2015년 11월 14일 제1차 민중총궐기대회를 앞두고 4월 24일 선제 총파업을 주도하며 노동운동의 조직화를 꾀하였다. 그리고 제1차 총궐기투쟁에 13만 명이 참여하여 광우병 촛불집회 이래 가장 큰 규모의 시위를 일으키게 된다. 이들은 이러한 투쟁 경험을 토대로 2016년 3월 26일 제5차 민중총궐기대회로 '2016 총선투쟁 승리 범국민대회'라는 정치 투쟁을 전개하였다.

결과적으로 20대 총선에서 민주당 분당과 국민의당 창당이라는 야권의 분열 속에서 당시 여당인 새누리당이 180석을 얻을 것이라는 예상과는 달리 민주당이 123석을 차지하며 원내 1당이 되었다. 여소 야대의 결과가 나온 것이다. 여당이 참패한 원인으로 힘든 현실에 분노한 젊은 층, 이른

바 앵그리 보터(angry voter)의 활발한 투표 참여를 꼽는 분석이 제기되었다.[1] 이러한 총선 결과는 일차적으로 민중 세력에게 기존 투쟁을 더욱 강화하는 정치적 기회를 제공해 주었으며 진보 진영의 재결집에 새로운 계기를 마련하기도 했다.

앞으로 살펴볼 〈그림 1〉과 〈그림 2〉는 2016년 20대 총선에서부터 2020년 21대 총선에 이르기까지 약 5년간 한국 유권자의 정당 지지 변화를 추적한 것이다. 기술의 간명함을 위하여 4회 모두 선거에 참여한 진보와 보수 양당, 즉 더불어민주당과 미래통합당(20대 총선 당시 새누리당)을 중심으로 고찰하고자 한다.[2] 주지하다시피 민주화 이후 선거정치는 지역주의에 의해 크게 영향을 받아 왔다. 특히 1990년 1월 대구, 경북 지역을 지지 기반으로 한 민정당과 부산, 경남 지역을 지지 기반으로 한 통일민주당이 민주자유당으로 합당한 이래 경남과 경북 지역의 유권자들은 그 이후 선거 때마다 매우 유사한 정치적 선택을 해 왔다. 그리고 이러한 기반 위에 영남과 호남을 대표하는 민주자유당 계열 정당과 민주당 계열 정당이 양당 구도를 형성해 왔다. 종종 제3당들이 등장하곤 했지만, 이들 두 정당의 정치적 우위는 매 선거마다 지속되어 왔다. 그런 점에서 1990년 이후 한국의 정당 체제는 정당들의 잦은 명칭 변경에도 불구하고, 대체로 큰 변화 없이 안정적으로 유지되어 왔다(강원택 2018). 따라서 본 논문에서도 이 양당의 지지를 중심으로 안정성을 검토해 보고자 한다.

---

1. "20대 총선 강타한 '젊은 앵그리 보터' 높은 투표율 입증"
   http://news.jtbc.joins.com/article/article.aspx?news_id=NB11265832;
   "20대 '분노의 투표'" http://www.seoul.co.kr/news/newsView.php?id=20160705004008;
   "2030의 분노… 청년 희망 묵살한 여당 버렸다"
   http://news.heraldcorp.com/view.php?ud=20160414000140
2. 2016년 총선에서는 지역구 후보자 투표 정당, 2018년 지방선거에서는 광역단체장 투표 정당, 2020년 총선에서는 지역구 후보자 투표 정당을 대상으로 분석하였다.

1. 더불어민주당 지지의 변화

2016년 총선에서 응답자 2,000명 가운데 민주당 지지자는 976명으로 나타났다(〈그림 1〉 참조). 그중 85.2%인 832명이 2017년 대통령선거에서도 문재인 후보를 지지하였다. 60명(6.1%)이 안철수 후보, 25명(2.6%)이 유승민 후보, 21명(2.2%)이 심상정 후보로 지지를 변경하였으나, 보수계인 자유한국당 홍준표 후보로 옮겨 간 표는 12표(1.2%)에 불과하였다. 2016년 총선 이후 여권의 분열이 가속화되고, 이어진 탄핵 정국에서 대통령선거에서의 민주당 지지는 안정적으로 지속된 것으로 보인다.

2017년 박근혜 대통령 탄핵 이후 실시된 대통령선거에서는 당시 여권에 대한 실망으로 야당 후보인 문재인 후보에게 지지의 이동이 두드러지게 나타났다. 전체 1,110명의 지지자 중 2016년 총선에서 민주당을 지지한 응답자는 832명으로 75%를 차지하였다. 반면에 2016년 총선에서 지지를 변경하여 당시 여당인 새누리당 지지자 91명(8.2%), 국민의당 지지자 42명(3.8%), 정의당 지지자 32명(2.9%)이 민주당 지지로 옮겨 온 것을 알 수 있다.

2017년 대통령선거에서 민주당 문재인 후보 지지자들 중 78.6%인 873명은 2018년 지방선거에서도 민주당 지지를 이어갔다. 그러나 9.9%인 110명은 한국당으로 지지를 변경한 것으로 나타났다. 이러한 지지의 이동은 2018년 지방선거에서 민주당을 지지한 1,055명 중 문재인 후보 지지자가 873명으로 82.7%를 차지할 정도로 안정적 지지 경향을 보이고 있다. 2018년 지방선거는 대통령 탄핵 이후 박근혜 정권에 대한 심판이라는 선거 구도와 선거 직전에 이루어진 북미 정상회담 등 한반도 비핵화와 평화체제 구축이라는 환경 속에서 진보 진영에 유리한 판세에서 치러졌다.

대통령선거에서 안철수, 유승민, 심상정 후보 등을 지지한 유권자들이 지방선거에서는 이들 정당이 시도지사 후보를 세우지 못한 경우나 사표 방지 심리로 민주당으로 지지를 옮겨 온 경우가 많은 것으로 나타났다. 그 결과 안철수 후보 지지자 88명(8.3%), 심상정 후보 지지자 31명(2.9%), 유승민 후보 지지자 22명(2.1%) 등이 민주당으로 지지를 변경하였다.

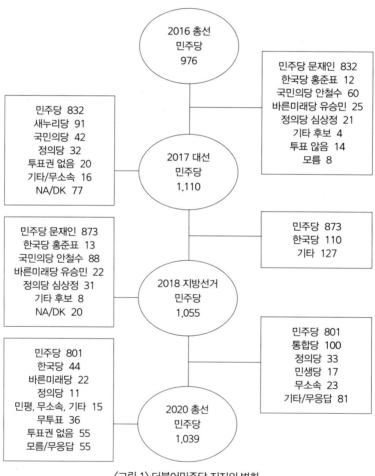

〈그림 1〉 더불어민주당 지지의 변화

21대 총선과 한국 민주주의의 진화

지방선거에서 민주당 지지자 중 801명(75.9%)이 2020년 총선에서도 민주당 지지를 이어온 것으로 나타났다. 반면 100명(9.5%)이 통합당으로 지지를 변경하였다. 총선에서 민주당 지지자 1,039명 중 지방선거에서 민주당 지지를 이어온 표본은 77%인 801명이다. 이는 지방선거에 이어 문재인 후보 지지로 지지를 이어온 82.7%보다 줄어든 수치이나 여전히 높은 지지의 안정성을 보여 주고 있다. 그리고 2020년 총선에서도 지방선거 이후 한국당 지지자 44명, 바른미래당 지지자 22명, 정의당 지지자 11명 등이 민주당으로 지지를 옮겨 왔다.

전반적으로 2016년 20대 총선 이후 민주당은 대통령 탄핵과 남북 정상회담, 코로나19 사태 등 국내외적 환경의 유리함을 활용하여 선거 승리를 이어오고 있다. 또한 지속적으로 지지를 보내는 강한 민주당 지지자들이 지지의 안정성을 보여 주고 있는 것으로 나타났다.

2. 미래통합당 지지의 변화

이상에서 지난 네 번의 선거를 통해 민주당 지지의 궤적을 살펴보았다. 다음으로 미래통합당 지지의 궤적을 살펴보도록 한다(〈그림 2〉 참조). 앞에서 살펴본 바와 같이 2012년 대통령선거 이후 불패의 신화를 보여 온 박근혜 정권의 2016년 총선 패배는 이후 정국의 격변을 예고하는 변곡점이 되었다. 20대 총선 이후 새누리당의 질곡의 역사는 당명의 변경처럼 순탄하지 않았다. 20대 총선에서 새누리당이 압도적으로 승리할 것이라는 예측과 달리 총선 공천 파동으로 여소야대의 국회가 되었다. 이후 최순실 태블릿 PC사건이 보도되고 국민들의 분노가 표출되면서 1차 촛불집회가 열리고, 연이은 집회로 여권이 분열하며 대통령 탄핵의 길이 가속화되었다. 박근혜 전 대통령 탄핵에 찬성하는 의원들이 새누리당에서 분당하여 바른정당을 창당하고, 이를 계기로 촛불시위대의 압력과 함께 12월 9일 국회에서 탄핵소추안이 가결되었다.

2016년 총선에서 새누리당 지지자는 421명이었는데, 이들 중 189명(44.9%)이 2017년 대통령선거에서 자유한국당 홍준표 후보를 지지하였고, 91명(21.6%)이 민주당 문재인 후보 지지로 선회하였다. 또한 국민의당 안철수 후보에게 72명(17.1%), 바른미래당 유승민 후보에게 38명(9.0%)이 이탈한 것으로 나타났다. 이 이면에는 대통령 탄핵이라는 헌정사상 처음 있는 사건으로 정당의 정체성을 지속하기 어려운 한계가 있었을 것으로 짐작할 수 있다. 즉 업적에 대한 만족도가 정당 일체감을 변경할 수 있다는 논의(Fiorina 1981)와 같이 박근혜 정권의 국정 수행 및 최순실 게이트에 대한 국민의 분노로 인하여 유권자의 정치 불신이 팽배해져 이것이 새누리당에 대한 지지를 철회하도록 한 요인이 되었다고 볼 수 있다. 그 결과 2017년 대통령선거에서 자유한국당 지지는 228명으로 줄어들었다.

2017년 대통령선거에서는 한국당 지지가 크게 위축되어 228명으로 줄어들었는데, 이들 가운데 189명(82.9%)이 2016년 총선에서도 새누리당을 지지하였다. 그 외에 타 정당 지지자로부터의 유입은 두드러지지 않은 것으로 나타났다. 아울러 대통령선거에서 홍준표 후보를 지지한 표본 중 83.3%인 190표가 지방선거에서도 한국당 지지로 이어졌다.

2018년 지방선거에서는 2017년 대통령선거에 비하여 지지가 다소 확장되어 404명이 한국당 후보를 지지한 것으로 나타났다. 그러나 선거 결과는 더불어민주당의 압승으로 끝이 났다. 더불어민주당은 대구와 경북, 제주를 제외한 14개 전 지역에서 광역단체장을 당선시켰고, 전국 226개 기

초단체장 가운데 151개 지역에서 승리했다. 광역의원 선거와 기초의원 선
거에서 모두 더불어민주당이 압승을 기록했다. 앞서 살펴본 환경적 요인
으로 여권이 압승하였지만 보수 정당 지지는 다소 회복세를 보여 주었다.

지방선거에서 한국당을 지지한 404명 중 2020년 총선에서도 통합당 지
지를 계속한 표본은 313명으로 77.5%를 차지하고 있다. 반면 민주당으
로 이탈한 지지자는 44명으로 10.9%를 차지하였다. 2020년 21대 총선에

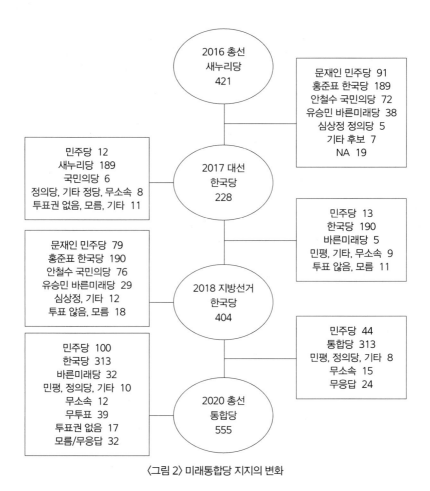

〈그림 2〉 미래통합당 지지의 변화

서 통합당 지지 표본은 555명으로, 지방선거 당시 한국당 지지자 313명 (56.4%), 민주당 지지자 100명(18.0%), 바른미래당 지지자 32명(5.8%) 등으로 구성되었다.

3. 정당 지지의 안정성과 유동성

지금까지 민주당과 통합당을 중심으로 2016년 20대 총선부터 2020년 21대 총선에 이르기까지 네 번의 선거를 통해 정당 지지의 변동을 분석해 보았다. 이어서 〈표 7〉을 통하여 민주당과 통합당 지지의 안정성을 살펴보고자 한다. 〈표 7〉에서 '적어도 한 번 지지'는 적어도 한 번 양당을 지지한 유권자의 비율을 나타내고 있다. '항상 동일 정당 지지'는 네 번 연속 동일 정당을 지지한 유권자의 비율을 나타낸다. 두 가지 지표를 활용하여 한 번이라도 어느 정당을 지지한 적이 있는 사람의 비율(X)에서 어느 정당을 연속적으로 지지한 사람들의 비율(Y) 정도로 정당 지지의 안정성을 산출하고자 한다.

표본 중 적어도 한 번 민주당을 지지한 비율은 전체 응답자의 72.4%를 차지하는 반면, 적어도 한 번 통합당을 지지한 비율은 36.2%로 나타났다. 다음으로 4회 연속 동일 정당을 지지한 응답자의 비율은 민주당이 30.1%, 통합당이 7.6%를 차지하는 것으로 나타났다. 이것은 2016년 보수

〈표 7〉 정당 지지의 안정성(%)

	민주당	통합당
적어도 한 번 지지(X)	72.4	36.2
항상 동일 정당 지지(Y)	30.1	7.6
안정성 지수(X/Y)	2.41	4.76

정권의 탄핵 이후 민주당의 지지가 안정적인 반면 통합당 지지는 매우 유동적이라는 것을 말해 준다.

안정성 지수는 X/Y에 의해 산출할 경우 그 차이가 적으면 적을수록 특정 정당에 대한 지지가 안정되어 있다고 말할 수 있다. 이 지수로 볼 때 민주당 지지의 안정성이 통합당 지지의 안정성보다 높다는 것을 알 수 있다. 이것은 앞서 언급한 것과 같이 박근혜 정권의 몰락으로 당시 여당에 대한 국민의 지지가 철회되면서 대규모 지지의 이탈이 일어나고 따라서 정당 지지의 안정성도 낮게 나타난 것으로 볼 수 있다.

다음으로 정당 지지 변동의 패턴을 살펴보도록 하자(〈표 8〉 참조). 조사 대상 기간 중 전체 표본의 정당 지지 패턴을 민주당과 통합당을 중심으로 살펴보면 4회 연속 동일 정당 지지가 34.7%, 3회 동일 정당 지지가 11.0%, 2회 동일 정당 지지가 21.2%, 그리고 매번 지지 정당을 바꾼 경우가 33.2%를 차지하는 것으로 나타났다. 다음으로 민주당을 한 번이라도 지지한 유권자 중에서 4회 연속 민주당을 지지한 사람은 41.6%, 3회 민주당을 지지한 사람은 14.4%, 2회 민주당을 지지한 사람은 19.6%, 1회 민주당을 지지한 사람은 24.4%를 차지하는 것으로 나타났다. 반면 통합당을 한 번이라도 지지한 유권자 중에서 4회 연속 지지자는 21.0%, 3회 통합당 지지자는 4.1%, 2회 통합당 지지자는 24.3%, 1회 통합당 지지자는 50.6%

〈표 8〉 정당 지지 변동 패턴

	N	%	민주당	통합당
4회 연속 동일 정당 지지	754	34.7	602(41.6%)	152(21.0%)
3회 동일 정당 지지	238	11.0	208(14.4%)	30(4.1%)
2회 동일 정당 지지	460	21.2	284(19.6%)	176(24.3%)
정당 지지 변경	721	33.2	354(24.4%)	367(50.6%)

를 차지하는 것으로 나타났다. 이처럼 조사 대상 기간이 보수 정권에서 진보 정권으로 교체되는 시기이며, 특히 대통령 탄핵이라는 정치적 격변 속에서 4회 연속 동일 정당을 지지한 유권자의 비율이 34.7%에 달한다는 것은 비교적 안정성이 높은 수준이라는 것을 말해 준다. 참고로 이는 필자가 1997년부터 2002년 지방선거 기간 정당 지지 안정성을 조사한 결과 당시 4회 연속 동일 정당 지지자가 11.3%, 3회 동일 정당 지지자가 35.5%를 차지한 것과 대조를 이루고 있다(이현출 2004).

그러면 민주당과 통합당에 4회 연속 지지를 보낸 유권자들의 속성을 통하여 정당 지지의 안정성을 결정하는 요인이 무엇인지 살펴보자(〈표 9〉 참조). 종속변수는 4회 연속 동일 정당 지지자를 1, 기타를 0으로 코딩하여 로지스틱 회귀분석으로 분석하고자 한다. 독립변수로는 사회경제적 변수와 정치적 관심도, 효능감, 대통령 국정 수행 평가, 한국 민주주의에 대한 평가, 이념 성향, 소셜 미디어 이용 시간, 선호 정당, 혐오 정당 등을 투입하였다.

사회경제적 배경 변수로는 민주당의 경우 호남 더미(p<.01)와 영남 더미(p<.05)가 부정적인 영향을 미친 것으로 나타났다. 이것은 20대 총선에서 호남 지역 유권자들이 국민의당에 압도적 지지를 보냄으로써 민주당 4회 연속 지지가 줄어든 결과라 할 수 있을 것이다. 영남 지역 더미변수가 부정적으로 영향을 미친 것은 여전히 지역주의 투표 경향이 남아 있기 때문이라고 할 수 있다. 통합당의 경우에는 연령 변수(p<.001)와 영남 더미변수(p<.05)가 통계적으로 유의미한 영향을 미치고 있는 것으로 나타났다. 연령이 높아질수록 보수적 경향을 보인다는 것은 일반적으로 알려져 있으며, 2016-17년 촛불집회와 태극기집회가 활발히 전개될 때 이러한 경향이 두드러지게 나타났다(Lee 2018). 아울러 영남 지역에서 통합

〈표 9〉 정당 지지의 안정성 영향 요인

독립변수	민주당		통합당	
	회귀계수	표준오차	회귀계수	표준오차
성별	.028	.131	−.256	.234
연령	.092	.050	.508***	.098
학력	−.002	.111	−.327	.194
가구소득	.048	.036	.005	.064
호남 더미	−.626**	.205	−17.615	2564.225
영남 더미	−.371*	.161	.490*	.231
민주주의 평가	.056	.039	−.014	.056
대통령 국정 수행 평가	.217***	.039	−.233***	.052
이념 성향	−.138***	.037	.408***	.073
정치 관심도	−.281**	.106	−.037	.176
효능감	.165	.084	.039	.148
SNS 이용 시간	−.146*	.057	−.039	.108
선호 정당(민주/통합)	.868***	.147	1.009***	.259
선호 강도(민주/통합)	.232***	.046	.451*	.325
혐오 정당(민주/통합)	.497**	.177	.451	.325
상수	−3.736***	.621	−5.958***	1.001
−2로그우도 Chi−Square(p) Nagelkerke R제곱	1534.751 752.787(.000) .470		555.852 428.621(.000) .501	

*p<.05, **p<.01, ***p<.001

당에 안정적 지지를 보인 것으로 나타났다.

정치적 관여의 차원에서는 우리나라 민주주의에 대한 평가, 문재인 대통령 국정 수행 평가, 이념 성향, 정치적 관심도, 효능감 등의 변수를 투입하였다. 분석 결과 대통령 국정 수행 평가가 높은 사람일수록(p<.001), 이념적으로 진보적일수록(p<.001), 정치적 관심이 높을수록(p<.01) 민주당에 안정적 지지를 보이는 것으로 나타났다. 반대로 문재인 대통령 국정 수행 평가가 낮을수록(p<.001), 이념적으로 보수적일수록(p<.001) 통

합당에 안정적 지지를 보이며 이 두 변수만이 통계적으로 유의미한 것으로 나타났다.

매개변수로는 SNS(Social Network Service) 이용 시간 변수를 투입하였다. 이 변수를 투입한 것은 전통적 사회운동과 정당 활동에서의 SNS 활용을 촛불집회 등과 같은 비전통적 사회운동에서의 자원 동원이나 커뮤니케이션 활동과 비교해 보기 위해서이다. 오늘날 촛불집회와 같은 비전통적 사회운동에서 소셜 미디어의 활용은 정치적 자원 동원 역량에 중요한 역할을 수행한다(이현출·장우영 2017). 그러나 정당 활동과 정기적인 선거 캠페인은 기존의 조직 동원 성격이 강하고, 정당 일체감이나 사회적 균열 구조에 의하여 지지가 결정되는 경우가 많기 때문에 SNS의 영향은 크지 않을 것으로 판단된다. 분석 결과 민주당 지지의 안정성과 관련하여 소셜 미디어 이용 시간이 적을수록 지지의 안정성을 보이는 것으로 나타났다(p<.05). 한편 통합당 지지의 안정성과 SNS 이용 시간과는 통계적 유의성이 없는 것으로 나타났다.

다음으로 정당 요인을 살펴보자. 민주당과 통합당 지지의 안정성에는 각각의 정당에 일체감을 갖고 있고, 선호 강도가 높을수록 지지의 안정성이 강하게 나타난다는 것을 보여 주고 있다. 이러한 결과는 앞에서 고찰한 바와 같이 정당 일체감과 정당 지지의 안정성이 밀접한 관련이 있다는 것을 확인해 주는 것이다. 아울러 민주당 지지의 안정성에는 통합당을 절대로 투표하지 않을 정당으로 생각할수록 더욱 강한 영향을 미치고, 이러한 결과는 통계적으로 유의미하게 나타났다(p<.01). 그러나 통합당 지지의 안정성과 민주당을 투표하지 않을 정당으로 간주하는 것과는 통계적으로 유의성을 보이지 않았다.

V. 결론: 요약 및 함의

본 논문에서는 한국 유권자의 정당 지지 구조와 안정성을 입체적으로 고찰하고자 하였다. 즉 지금까지의 평면적 선호 또는 선택의 차원을 넘어 유권자들이 정당에 갖고 있는 성향, 선호(강도), 평가 등을 분석하며 정당 지지에 대한 유권자의 포괄적 태도를 고찰하고자 하였다. 분석 결과 유권자들은 단순히 하나의 정당에 귀속의식을 갖는 데 멈추지 않고, 하나의 정당에 대한 지지와 반대 성향을 다양한 형태로 표출하고 있으며, 선호 강도 역시 다양하게 표출되고 있음을 확인하였다.

조사 결과 한국 유권자들은 하나의 정당에는 지지를 보내고 다른 정당에는 반대 성향을 보이는 복합 성향을 소유한 경우가 가장 많고, 다음으로 반대 성향과 무성향이 많은 것으로 나타났다. 선행 연구 결과와 비교해 볼 때, 복합 성향은 줄고 반대 성향은 확대된 것을 확인하였다. 아울러 정당 지지 성향에 따라 선거 관심도, 투표 결정 시기, 정당 지지의 안정성 등에서 유의미한 차이가 나타남을 확인할 수 있었다.

정당에 대한 선호는, 민주당에 대한 선호 강도가 높은 반면 통합당에 대한 선호 강도는 낮게 나타났다. 정당의 지지 강도를 선호 수준에 따라 강한 민주당, 약한 민주당, 무당파, 약한 통합당, 강한 통합당으로 나눌 때 민주당 지지자의 경우 강한 민주당층이 압도적으로 많았고, 통합당의 경우 약한 통합당층이 더 많은 것으로 나타났다. 그리고 정당 지지의 강도에 따라 정치적 관여 변수인 이념, 문재인 대통령 직무 수행 평가, 한국 민주주의에 대한 의견 등에서 명확한 차이를 발견할 수 있었다.

2016년 총선부터 2020년 총선에 이르기까지 네 번의 전국 단위 선거에서 양대 정당 지지의 변화를 통해 지지의 안정성과 유동성을 살펴본 결과, 보수 정권의 탄핵 등으로 민주당의 지지가 안정적이고 통합당의 지지는 매우 유동적인 것으로 나타났다. 민주당과 통합당에 4회 연속 안정적 지지를 보인 유권자들의 영향 요인을 분석한 결과 사회경제적 배경 변수로는 민주당의 경우 호남 지역 변수가 부정적 요인으로 나타났는데, 이는 2016년 총선에서 호남 유권자들이 국민의당에 보낸 전략적 투표 때문인 것으로 보인다. 통합당의 경우에는 연령 변수가 유의미한 영향을 미치고 있다. 그리고 양당 모두 이념과 대통령 국정 수행 평가 요인이 각기 다른 방향으로 영향을 미치고 있음을 보여 주었다. 선호 정당과 선호 강도는 양당 모두 안정성에 강한 영향을 미치고 있는 것으로 나타났다. 민주당 지지자는 통합당을 절대로 투표하지 않을 정당으로 생각할수록 지지의 안정성을 보여 주고 있다.

1987년 민주화 이후 한국의 정당정치가 제도화되고 있다는 평가에도 불구하고 개별 정당의 잦은 이합집산으로 유권자가 지지 정당을 안정적으로 내면화하거나 또는 소속감으로 파악할 수준에 이르렀다고 평가하기에는 한계가 있다고 볼 수 있다. 2002년 진보 정권으로 정권 교체 이후에도 당시 한나라당 지지의 안정성이 높았던 것에 비해 2020년 총선 이후 조사에서는 2017년 대통령 탄핵 이후 보수 정당에 대한 부정적 평가, 즉 반대 성향이 강하게 자리 잡게 됨으로써 통합당 지지의 안정성이 크게 약화된 것으로 평가할 수 있다. 따라서 단기적 이슈나 상황에 따라 유동성이 강화된 것인지 여부는 지속적으로 시계열적 분석이 요구된다고 하겠다.

참고문헌

가상준. 2016. "정책영역별로 본 국회 양극화." 『OUGHTOPIA』 31(1). 327-354.

강원택. 2012. "제19대 국회 국회의원의 이념 성향과 정책태도." 『의정연구』 18(2). 5-38.

강원택. 2019. "정당 지지의 재편성과 지역주의의 변화: 영남 지역의 2018년 지방선거 결과를 중심으로." 『한국정당학회보』 18(2). 5-27.

길정아. 2013. "제19대 국회의원선거와 정당 일체감: 유권자의 투표 선택을 중심으로." 『한국정치연구』 22(1). 81-108.

길정아·하상응. 2019. "당파적 편향에 따른 책임 귀속: 여야간 갈등인식과 정당 호감도를 중심으로." 『의정연구』 25(1). 45-78.

김성연. 2015. "정치적 태도와 인식의 양극화, 당파적 편향, 그리고 민주주의: 2012년 대통령선거 패널 데이터 분석." 『민주주의와 인권』 15(3). 459-491.

김진주. 2019. "한국 유권자의 정당 지지 변경 요인." 명지대학교 박사학위논문.

박원호. 2013. "정당 일체감의 재구성." 박찬욱·강원택 편. 『2012년 대통령선거 분석』 서울: 나남.

박원호·송정민. 2012. "정당은 유권자에게 얼마나 유의미한가?: 한국의 무당파층과 국회의원 총선거." 『한국정치연구』 21(2). 115-143.

박찬욱. 1993. "14대 국회의원 총선거에서의 정당 지지 분석." 이남영 편. 『한국의 선거 I』 서울: 나남.

송진미·박원호. 2014. "이슈선점과 정당 일체감: 제18대 대통령선거를 중심으로." 『한국정당학회보』 13(1). 5-31.

원희복. 2018. 『촛불 민중혁명사』 서울: 도서출판 말.

윤종빈·김윤실·정회옥. 2015. "한국 유권자의 정치신뢰와 정당 일체감." 『한국정당학회보』 14(2). 83-113.

이현출. 2000. "무당파층의 투표행태." 『한국정치학회보』 40(3).

이현출. 2004. "한국 유권자의 정당 지지 구조와 안정성." 『대한정치학회보』 12(2).

129-154.

이현출. 2018. "촛불광장의 안과 밖." 한국정치학회 한국학세계학술대회 발표논문.

이현출·장우영. 2017. "촛불집회와 좋은 거버넌스: 대의정치 개혁 과제를 중심으로." 『의정논총』 12(2). 89-116.

장승진·서정규. 2019. "당파적 양극화의 이원적 구조: 정치적 정체성, 정책선호, 그리고 정치적 세련도." 『한국정당학회보』 18(3). 5-29.

장 훈. 1999. "민주화와 시민-정당-정부의 민주적 연계." 『한국정치학회보』 32(4). 389-398.

조기숙. 2013. "'정당 지지'에 기초한 선거예측 종합모형: 19대 총선의 구조를 중심으로." 『한국정치학회보』 47(4). 71-92.

조기숙. 2020. 『한국 선거 예측가능한가: 정당체계의 변화와 선거예측모형』 서울: 이화여자대학교 출판문화원.

최준영. 2016. "정당 일체감의 기능주의적 모델." 『OUGHTOPIA』 31(1). 299-325.

한정훈. 2012. "정당 일체감 형성요인 분석: 정강, 정당지도자 및 정당 활동가." 『한국과 국제정치』 28(3). 93-128.

허석재. 2014. "한국에서 정당 일체감의 변화: 세대교체인가, 생애주기인가." 『한국정당학회보』 13(1). 65-93.

황아란. 1998. "정당태도와 투표행태." 이남영 편. 『한국의 선거 II』 서울: 푸른길.

Bartels, L.M. 2002. "Beyond the running tally: Partisan bias in political perceptions." *Political Behavior* 24(2). 117-150.

Bullock, J. G. 2009. "Partisan bias and the Bayesian ideal in the study of public opinion." *Journal of Politics* 71. 1109-1124.

Campbell, Angus, Phillip Converse, Warren Miller, and Donald Stokes. 1960. *The American Voter* New York: Wiley.

Dalton, Russell J. 2002. *Citizen Politics: Public Opinion and Political Parties in Advanced Industrial Democracies* New Jersey: Chatham House Publishers.

Fiorina, Morris. 1981. *Retrospective Voting in American National Elections* New Haven: Yale University Press.

Fiorina, Morris. 2017. *Unstable Majorities: Polarization, Party Sorting, and Political*

Stalemate Stanford: Hoover Press.

Frenda, S. J., Nichols, R. M. and Loftus, E. F. 2011. "Current issues advances in misinformation research." *Current Directions in Psychological Science* 20(1). 20-23.

Lee, Hyun-Chool. 2007. "The Ideological Disposition of Koreans." *Journal of Contemporary Asia* 37(4). 472-94.

Lee, Hyun-Chool. 2018. "Silver Generation's Counter-Movement in the Information Age: Korea's Pro-Park Rallies." *Korea Observer* 49(3). 465-91.

Lee, Hyun-Chool, and Alexandre Repkine. 2020. "Changes in and Continuity of Regionalism in Korea: A Spatial Analysis of the 2017 Presidential Election Outcomes." *Asian Survey* 60(3).

Lipset, S. M. and S. Rokkan (eds.). 1967. *Party Systems and Voter Alignments* New Haven: Yale University Press.

Niemi, Richard G. and Herbert F. Wiesberg. 1993. "Is Party Identification Stable?" In *Controversies in Voting Behavior* Richard G. Niemi and Herbert F. Wiesberg, eds. Washington, D.C.: CQ Press.

Rabin, Matthew, and Joel L. Schrag. 1999. "First Impressions Matter: A Model of Confirmatory Bias." *Quarterly Journal of Economics* 114(1). 37-82.

Rosema, Martin. 2006."Partisanship, Candidate evaluations, and Prospective voting."*Electoral Studies* 25(3). 467-488.

제6장

어떤 유권자들에게서 포퓰리즘 성향이 강하게 나타나는가?

정수현

명지대학교

이 논문은 2020년 한국정당학회 하계학술회의에서 발표한 원고를 수정 보완한 것이다.

I. 서론

포퓰리즘 성향이 강한 유권자들은 누구인가? 유권자의 정치적 특성은 포퓰리즘 성향에 어떠한 영향을 미치는가? 최근 서구 민주주의국가들에 확산되면서 포퓰리즘 정당이나 지도자에 대한 연구(Jagers and Walgrave 2007; Gründl and Aichholzer 2020; Bonikowski and Gidron 2016; Oliver and Rahn 2016)가 비교적 활발하게 이루어지는 데 반해서 유권자의 포퓰리즘 성향을 결정하는 정치적 요인들을 분석한 경험적 연구들은 아직 적은 편이다. 한국 학계에서도 포퓰리즘에 관한 연구들은 이론적으로 포퓰리즘의 특징을 고찰하거나 정치지도자들의 포퓰리스적 수사를 분석한 연구들(서병훈 2008: 백영민 2016; 정병기 2020: 김현준·서정민 2017: 조기숙 2015)이 대부분이며 유권자를 분석 대상으로 설정하고 포퓰리즘 성향의 결정 요인을 미시적인 차원에서 분석한 연구는 하상응 (2018)의 연구 외에는 없었다.

하지만 우리나라나 미국처럼 단순다수제를 통해 의원을 선출하는 국가들에서는 포퓰리즘 정당이 발전한 가능성이 적은 반면에 포퓰리즘 성향이 강한 유권자들이 기존의 정당과 특정인을 지지할 가능성이 높아진다. 유럽은 우리와 달리 포퓰리즘 성향의 소수 극우 혹은 극좌 정당들이 의석을 차지할 수 있는 비례대표제를 채택하고 있다. 따라서 우리나라의 포퓰리즘에 대한 연구는 정당보다는 유권자를 중심으로 어떠한 정치적 특징을 가진 유권자가 포퓰리즘 성향이 강한지 분석하는 것이 좀 더 적절할 것이다.

이러한 문제의식을 가지고 본 연구는 국민에 대한 호소와 엘리트에 대한 비판이라는 포퓰리즘의 최소 정의(정병기 2000)를 토대로 2020년 국회의원선거 직후에 실시한 온라인 설문조사를 통해 유권자의 포퓰리즘 성향을 측정하고 유권자의 정치적 특성과 인구사회학적 배경이 어떻게 포퓰리즘 성향에 영향력을 미치는지 회귀분석을 통해서 분석하였다.

글의 구성은 다음과 같다. 먼저 제2장에서는 포퓰리즘에 대한 이론적 논의를 바탕으로 연구 가설을 설정했다. 제3장에서는 연구에서 사용한 설문조사를 바탕으로 가설을 검증할 포퓰리즘과 정치적, 인구사회학적 변수들을 어떻게 측정했는지 기술하였다. 제4장에서는 유권자의 정치적 특성과 인구사회학적 배경이 포퓰리즘 성향에 미친 영향력을 회귀분석 결과를 통해 설명하였다. 마지막 장에서는 연구 결과를 종합하고 추후의 연구 과제를 제시하였다.

II. 이론적 논의와 연구 가설

포퓰리즘은 역사적으로 많은 국가들의 다양한 상황에서 등장했다. 19
세기 말 미국에서는 남부 농민들이 독점자본과 경제적 불평등 문제, 자본
가와 정치엘리트의 결탁을 비판하고 정치 개혁을 요구하는 과정에서 포
퓰리즘이 등장하였다(Azari and Hetherington 2016). 1990년대 베네수
엘라에서는 신자유주의 확산을 비판하고 사회주의 정책을 공약으로 대통
령에 당선된 좌파 성향의 포퓰리스트인 차베스(Hugo Chávez)가 국민들
의 지지를 얻기도 했다(Roberts 2006). 2000년대 들어서 포퓰리즘은 유럽
에서 급속히 확산했는데, 북유럽에서는 이민자의 증가를 반대하는 우파
포퓰리즘 정당의 의석수가 증가한 데 반해서 그리스와 스페인, 이탈리아
등 남유럽에서는 신자유주의 정책에 반대하며 국가가 주도하는 경제정책
과 복지정책을 적극적으로 표방한 좌파 포퓰리즘 정당이 많은 유권자들
의 지지를 얻었다(Judis 2015).

이처럼 시대와 국가에 따라 포퓰리즘이 다양한 형태로 등장하면서 학
자들마다 포퓰리즘에 대한 정의가 약간씩 다르다. 기본적으로 국민과 엘
리트의 대립 구도를 상정하면서 국민들의 이해관계를 직접적으로 대변하
는 정치적 세력으로 기존의 정치체제를 지배하는 부패한 정치엘리트와
정당을 대체하려는 이념 혹은 운동이 포퓰리즘이라고 규정하는 데는 학
자들 의견이 대부분 일치한다. 그러나 학자들에 따라 선과 악의 대립 구도
와 국민을 추종하는 카리스마 있는 정치지도자 등이 포퓰리즘을 구성하
는 주요 요소라고 주장한다(Taggart 2004; Mudde 2004; Barr 2009). 이
처럼 포퓰리즘에 대한 상이한 정의에 대해서 정병기(2020)는 국민에 대
한 호소와 반엘리트주의가 포퓰리즘 일반에 적용되는 보편적 속성이며,

나머지 특성들은 포퓰리즘의 개별 속성으로 포퓰리즘이 나타나는 시대와 국가에 따라 모습을 달리한다고 주장한다.

그렇다면 어떤 유권자들에게서 포퓰리즘 성향이 강하게 나타날 것인가? 우선 기존의 정치체제와 정치엘리트에 비판적인 포퓰리즘의 기본적인 속성을 고려해 볼 때 대의제 민주주의 체제를 대표하는 정치 기관과 단체인 의회와 정당에 대한 신뢰가 낮은 유권자일수록 포퓰리즘 성향이 높다고 가정할 수 있을 것이다. 여기서 한 가지 유의할 점은 유권자의 정치 불신이 반드시 포퓰리즘의 형태로 나타나는 것은 아니라는 사실이다. 유권자의 정치 불신이 높을수록 정치에 대한 무관심과 정치 참여를 기피하는 경향이 나타날 수도 있기 때문이다(하상응 2018; Verba et al. 1995). 또한 대통령제하에서는 행정부에 대한 유권자의 불신이 반드시 포퓰리즘 성향으로 발전하지 않을 수도 있다. 카리스마 있는 정치지도자를 추종하는 포퓰리즘의 부가적 특성을 고려해 볼 때, 만일 포퓰리즘 성향이 강한 유권자들이 지지한 정치지도자가 대통령으로 선출되었다면 행정부를 신뢰하는 유권자일수록 포퓰리즘 성향이 강하게 나타날 수 있기 때문이다. 반대로 포퓰리즘 성향이 강한 유권자들이 기존의 정치엘리트들과 동일시하는 정치지도자가 대통령으로 선출되었다면 행정부를 불신하는 유권자일수록 포퓰리즘 성향이 강하게 나타날 수 있다. 그렇기 때문에 본 연구에서는 의회와 정당에 대한 유권자의 불신이 포퓰리즘 성향에 큰 영향을 미칠 것으로 가정하여 다음과 같이 가설을 설정했다.

가설 1-1) 의회에 대한 신뢰가 낮을수록 유권자의 포퓰리즘 성향이
　　　　강하게 나타날 것이다.
가설 1-2) 정당에 대한 신뢰가 낮을수록 유권자의 포퓰리즘 성향이

강하게 나타날 것이다.

다음으로 선행 연구들에 따르면 보수나 진보와 같은 특정 이념 성향이 포퓰리즘과 직접적인 관계를 갖지는 않는 것으로 나타났다. 시대와 국가적 상황에 따라 보수적 유권자나 진보적 유권자 집단 가운데서 포퓰리즘이 확산될 수 있기 때문이다. 다만 서구 민주주의국가들의 포퓰리즘을 분석한 연구들에 의하면 포퓰리즘 정당이나 지도자들은 극단적인 이념 성향을 드러내는 것으로 나타났다. 이는 최근의 포퓰리즘 확산이 정치적 양극화와 결부되는 이유이기도 하다. 그러므로 유권자의 극단적인 이념 성향과 포퓰리즘 성향 간에 다음의 가설을 설정했다.

가설 2) 유권자의 이념 성향이 극단적일수록 포퓰리즘 성향이 강하게 나타날 것이다.

마지막으로 우리나라의 민주주의 역사와 민주화 과정을 고려해 볼 때 과거의 군부나 권위주의 세력과 결탁된 보수 집단을 적폐로 규정하고 이를 국민을 대표하는 정치집단으로 대체해야 한다고 꾸준하게 주장해 온 진보적인 세력에서 포퓰리즘 성향이 강하게 나타날 것으로 가정할 수 있다. 특히 2016년 말 박근혜–최순실 게이트에 분노한 진보적 유권자들이 박근혜 대통령의 퇴진을 요구하는 촛불집회를 주도하면서 우리나라의 포퓰리즘은 남미나 남유럽과 같이 좌파적 성향이 강할 것으로 추정할 수 있다(하상응 2018). 따라서 더불어민주당이나 정의당과 같이 진보적인 색채가 짙은 정당을 지지하는 유권자일수록 포퓰리즘 성향이 강하게 나타날 것으로 가설을 설정했다.

가설 3) 진보 정당을 지지하는 유권자일수록 포퓰리즘 성향이 강하게
　　　나타날 것이다.

III. 연구 설계

　본 연구에서 설정한 가설을 검증하기 위해서 명지대 미래정책센터에서 한국리서치에 의뢰해 실시한 '2020년 총선 유권자 인식 조사' 결과를 토대로 유권자의 포퓰리즘과 정치 성향 등을 측정하고 변수들 간의 관계를 분석했다. 설문은 컴퓨터를 이용한 웹 조사(Computer Assisted Web Interview)를 통해 전국 만 18세 이상 남녀를 대상으로 2020년 국회의원선거 직후에 실시되었으며 성별, 지역별, 연령별 기준 비례 할당으로 2,000명의 응답자를 추출하였다.

1. 종속변수

　유권자의 포퓰리즘 성향을 측정하기 위해 본 논문에서는 국민에 대한 포퓰리즘의 최소 정의를 채택하여서 포퓰리즘을 국민과 엘리트의 대립 구도하에 정책 결정에서 국민들의 의사를 직접적으로 반영하려는 이념으로 규정했다. 이러한 정의를 토대로 호킨스 외(Hawkins et al. 2012) 연구와 애커만 외(Akkerman et al. 2014) 연구를 참조하여 설문 대상자들에게 7개 항목에 대한 의견을 물어보았고, 그중에서 다음의 세 가지 항목에 대한 응답을 합해서 포퓰리즘 변수를 만들었다.

의견 1) 국회의원들은 국민의 의사를 수렴해야 한다.

의견 2) 정치인들이 아니라 국민들이 국가의 가장 중요한 정책을 결정해야 한다.

의견 3) 국민들과 정치인들 간의 정치적 차이는 국민들 간의 정치적 차이보다 크다.

각 의견에 대해서 응답자는 1부터 7의 값을 선택할 수 있었으며, 1은 '전혀 동의하지 않음'을, 7은 '전적으로 동의함'을 의미한다. 세 항목에 대한 의견을 합한 변수의 값이 클수록 유권자의 포퓰리즘 성향이 강하다고 가정했다.

덧붙여서 포퓰리즘과 대비되는 엘리트주의 성향을 또 다른 종속변수로 채택하여 유권자의 정치적 특성이 어떻게 포퓰리즘과 엘리트주의 성향에 서로 다르게 영향을 미치는지 분석했다. 유권자의 엘리트주의 성향을 측정하기 위해서 애커만 외(Akkerman et al. 2014) 연구를 토대로 아래와 같은 두 개의 의견에 대해서 설문 대상자들의 동의 정도를 물어보았다.

의견 4) 정치인들은 단순히 국민의 의사를 수렴하기보다는 국민들을 올바른 방향으로 이끌어가야 한다.

의견 5) 만약 중요한 국가 정책을 전문가들에게 맡긴다면, 정부가 더 잘 운영될 것이다.

포퓰리즘 성향과 마찬가지로 각 의견에 대해서 응답자는 1부터 7의 값을 선택할 수 있었으며, 1은 '전혀 동의하지 않음'을, 7은 '전적으로 동의함'을 의미한다. 두 항목에 대한 의견을 합한 변수의 값이 클수록 유권자의 엘리트주의 성향이 강하다고 가정했다.

2. 독립변수

첫째, 기존의 정치체제를 대표하며 국가의 정책을 결정하는 행정부와 입법부, 그리고 정당에 대한 유권자의 신뢰도가 포퓰리즘 성향에 어떤 영향을 미치는지 알아보기 위해서 설문 대상자들에게 정부(행정부), 국회(입법부), 정당을 얼마나 신뢰하는지 0(전혀 신뢰하지 않음)부터 10(완전히 신뢰함)까지의 숫자 중에서 하나를 선택하도록 했다. 만약 가설 1에서 설정한 것처럼 유권자가 국회와 정당을 덜 신뢰할수록 포퓰리즘 성향이 강하게 나타난다면 두 변수는 음의 계수로 나타날 것이다. 앞에서 언급했듯이 행정부에 대한 신뢰도가 포퓰리즘에 미치는 영향력에 대해서는 구체적인 가설을 설정하지 않았다.

둘째, 유권자의 이념 성향이 포퓰리즘 태도에 미치는 효과를 검증하기 위해서 설문 대상자들에게 자신의 이념 성향을 0(매우 진보)부터 10(매우 보수)까지의 숫자 중에서 하나를 선택하도록 했다. 이 값을 토대로 이념 변수를 만들었으며, 이 변수를 제곱하여 이념 2의 변수를 만들었다. 만약 가설 2와 같이 유권자가 극단적인 이념 성향을 가질수록 포퓰리즘 성향이 강하게 나타난다면 이념은 음의 계수를, 이념 2는 양의 계수를 나타낼 것이다.

셋째, 설문 대상자들에게 '평소에 지지하거나 가깝게' 느끼는 정당이 있는지 물은 후에 '있다'라고 대답하면 특정 정당에 정당 일체감을 가지는 것으로 간주했다. 만약 응답자가 '평소 지지하거나 가깝게 느끼는 정당'으로 더불어민주당, 더불어시민당, 또는 열린민주당을 선택하면 더불어민주당 지지자로 판단했으며, 미래통합당 혹은 미래한국당을 선택하면 미래통합당 지지자로 분류했다. 그 밖에 다른 원내 정당인 정의당과 국민의당 지지자를 변수에 포함했으며, 그 외의 정당을 선택한 응답자들은 기타 정당 지지자로 분류했다. 만약 가설 3에서 설정했던 것처럼 진보주의 성향의 정당을 지지하는 유권자들이 다른 정당을 지지하거나 무당파 유권자들보다 포퓰리즘 성향이 강하다면 더불어민주당과 정의당에 대한 정당 일체감을 나타내는 두 변수는 양의 계수 값을 가질 것이다.

3. 통제변수

독립변수 외에 다른 정치적 요인을 통제하기 위해서 정치 지식과 정치 효능감을 통제하였다. 하상응(2018)의 연구에 따르면 정치 지식과 정치에 대한 관심이 높을수록 포퓰리즘 성향이 강한 것으로 나타났다. 이를 참조하여 정치 지식과 정치 효능감이 포퓰리즘 형성에 양의 효과를 가질 것으로 가정했다. 정치 지식은 10개의 국내외 정치에 대한 질문에 응답자의 정답 수로 측정했으며, 정치 효능감은 '나 같은 사람들은 정부가 하는 일에 대해 어떤 영향도 주기 어렵다'와 '정부는 나 같은 사람들의 의견에 관심이 없다'라는 두 개의 항목에 대한 응답자의 동의 수준에 따라 각각 1(전혀 동의하지 않는다)부터 4(매우 동의한다)의 값을 부여한 후에 두 값을 합하여 만들었다. 또한 경제에 대한 유권자의 전망이 부정적일수록 포퓰리즘 성향이 강하다는 주장(Judis 2016)을 토대로 '향후 우리나라의 경제 상태가 어떻게 될 것으로 전망하십니까?'라는 질문에 설문 대상자가 '나빠질 것이다'라고 대답하면 1의 값을, 그 외의 항목('좋아질 것이다', '비슷할 것이다', '잘 모르겠다')를 선택하면 0의 값을 부여하여 부정적인 경제 전망 변수를 만들었다. 만약 주디스(Judis)의 주장이 옳다면 부정적인 경제 전망은 양의 값을 가지게 될 것이다. 마지막으로 응답자의 인구사회학적 배경이 되는 성별, 연령, 교육 수준, 가구당 소득 수준을 통제변수로 연구 모형에 포함했다.

IV. 분석 결과

〈표 1〉은 유권자의 포퓰리즘 성향에 대한 회귀분석 결과를 보여 준다. 우선 가설 1-1과 가설 1-2에서 설정했던 것처럼 응답자가 의회와 정당을 덜 신뢰할수록 포퓰리즘 성향이 높았다. 반면에 정부에 대한 응답자의 신뢰도가 높아질수록 포퓰리즘 성향도 높게 나타났다. 이는 우리나라에서는 진보 세력에서 포퓰리즘 성향이 강하게 나타난다는 하상응(2018)의 연구 결과와 포퓰리즘이 지도자의 카리스마에 의존하여 나타난다는 주장(Aichiholzer and Zandonella 2016)을 종합해 볼 때, 현재 포퓰리즘 성향이 강한 많은 유권자들이 문재인 대통령을 추종하기 때문에 나타난 결과라고 추정할 수 있다.

이러한 결과와 비교해서 의회, 정당, 정부에 대한 응답자의 신뢰도가 엘리트주의 성향에 미치는 영향력을 살펴보면, 종속변수가 포퓰리즘인 경우와는 달리 의회와 정당에 대한 신뢰도는 엘리트주의 성향에 별다른 영향을 미치지 못했다. 하지만 포퓰리즘과 마찬가지로 정부에 대한 응답자의 신뢰가 높을수록 엘리트주의 성향도 높은 것으로 나타났다.

두 번째로 응답자의 이념이 포퓰리즘 성향에 미치는 영향력을 살펴보면, 가설 2에서 설정한 것과 같이 극단적인 이념 성향을 가진 응답자일수록 포퓰리즘 성향이 높게 나타났다. 〈표 1〉에서 이념은 음의 계수를, 이념의 제곱 값인 이념2는 양의 계수를 보여 주는데, 이는 유권자의 이념 성향이 매우 진보에서 중도를 향할수록 포퓰리즘 성향이 낮아지지만 중도에서 매우 보수로 변해갈수록 포퓰리즘 성향이 높아지는 것을 의미한다. 반면에 이념 성향은 엘리트주의에 통계적으로 유의미한 효과를 보여 주지 못했다.

세 번째로 무당파나 다른 정당을 지지하는 응답자들과 비교해서 더불어민주당에 정당 일체감을 가진 응답자일수록 포퓰리즘 성향이 강하게 나타났다. 이는 진보 정당을 지지하는 유권자일수록 포퓰리즘 성향이 강할 것이라는 가설 3과 진보 세력에서 포퓰리즘 성향이 강하게 나타난다는 하상응(2018)의 연구 결과를 뒷받침한다. 하지만 하상응(2018)의 연구 결과와는 다르게 정의당에 대한 정당 일체감이 포퓰리즘 성향에 통계적으로 유의미한 효과를 나타내지는 않았다. 반면에 어떠한 정당 일체감도 엘리트주의 성향에 통계적으로 의미 있는 영향력을 보여 주지는 않았다. 비록 통계적인 유의성은 없지만 포퓰리즘이 종속변수인 경우와는 다르게 엘리트주의가 종속변수일 때, 미래통합당에 대한 정당 일체감이 양의 계수를 나타낸 반면에 더불어민주당과 다른 정당들의 정당 일체감은 음의 계수를 나타냈다.

네 번째로 포퓰리즘에 영향을 미치는 다른 정치적 요인을 살펴보면 유권자의 정치 지식이 높을수록, 경제에 대한 전망이 부정적일수록 포퓰리즘 성향이 높게 나타났다. 하지만 정치 효능감은 포퓰리즘에 통계적으로 유의미한 효과를 보여 주지 않았다. 반면에 종속변수가 엘리트주의인 경우에 정치 지식은 통계적으로 유의미한 효과를 가지지 않았지만 응답자의 정치 효능감이 높을수록, 부정적인 경제 전망을 가질수록 엘리트주의

<표 1> 회귀분석 결과

	포퓰리즘	엘리트주의
신뢰		
의회	−0.11* (0.05)	0.02 (0.04)
정당	−0.14** (0.05)	0.01 (0.04)
정부	0.30*** (0.04)	0.10** (0.03)
이념 성향		
이념	−0.34** (0.11)	−0.09 (0.09)
이념2	0.03** (0.01)	0.01 (0.01)
정당 일체감 (기준: 무당파)		
더불어민주당	0.43* (0.18)	−0.05 (0.15)
미래통합당	−0.28 (0.23)	0.21 (0.19)
정의당	0.25 (0.32)	−0.01 (0.27)
국민의당	0.41 (0.40)	−0.20 (0.33)
기타 정당	0.20 (0.53)	−0.42 (0.44)
기타 정치적 요인		
정치 지식	0.10** (0.03)	0.04 (0.03)
정치 효능감	0.06 (0.05)	0.14*** (0.04)
부정적인 경제 전망	0.37* (0.16)	0.29* (0.13)
성별 (기준: 남성)		
여성	0.59*** (0.13)	0.42*** (0.11)
연령대(기준: 30대)		
20대(10대 포함)	−0.53* (0.23)	0.00 (0.19)
40대	0.69** (0.22)	0.54** (0.18)
50대	0.48* (0.23)	0.59** (0.19)
60대 이상	0.24 (0.22)	0.67*** (0.18)
교육 수준 (기준: 고졸 이하)		
대학교 재학 및 졸업	0.01 (0.14)	−0.01 (0.12)
대학원 졸업	0.11 (0.29)	0.07 (0.24)
소득 수준		
가구당 소득	0.06* (0.03)	0.00 (0.02)
상수	15.08*** (0.57)	7.80*** (0.47)
분석 수	2,000	2,000
R^2	0.11	0.05

* $p<.05$, ** $p<.01$ *** $p<.001$. 괄호 안의 숫자는 표준오차.

성향이 강했다.

　마지막으로 인구사회학적 배경이 포퓰리즘에 미치는 영향력을 살펴보면 응답자가 여성일수록, 연령대와 소득 수준이 높을수록 포퓰리즘 성향이 높게 나타났다. 구체적으로 포퓰리즘에 미치는 연령 효과를 살펴보면, 30대를 기준으로 했을 때 20대의 포퓰리즘 성향은 낮았지만 40대와 50대의 포퓰리즘 성향은 높았다. 이는 민주화 운동과 2008년, 2016년의 촛불 집회를 주도했던 이른바 386세대에서 포퓰리즘 성향이 강하게 나타난다는 것을 의미한다. 60대 이상 응답자들의 포퓰리즘 성향은 30대에 비해서 높았지만 통계적으로 유의미한 효과는 가지지 못했다. 반면에 엘리트주의의 경우 연령대가 높아질수록 엘리트주의 성향이 강하게 나타났다. 30대를 기준으로 했을 때 20대의 엘리트주의 성향은 통계적으로 유의미한 차이점을 가지지 않았지만 40대, 50대, 60대의 엘리트주의 성향은 높게 나타났다. 또한 응답자의 소득 수준이 높을수록 포퓰리즘 성향도 높게 나타났다. 이는 저소득층에서 포퓰리즘 성향이 강하게 나타난다는 서구의 연구와는 상반된 결과이다(Judis 2016). 반면에 응답자의 교육 수준은 포퓰리즘에 통계적으로 유의미한 영향력을 보여 주지 않았다. 종속변수가 엘리트주의인 경우에는 소득 수준과 교육 수준 모두 통계적으로 유의미한 효과를 나타내지 않았다.

V. 결론

　본 연구는 포퓰리즘을 국민에 대한 호소와 엘리트에 대한 비판으로 규정하는 최소 정의를 채택하고 2020년 국회의원선거 직후 실시된 '2020년 총선 유권자 인식 조사' 자료를 이용하여 우리나라 유권자의 정치적 특성과 인구사회학적 배경이 포퓰리즘 성향과 어떠한 관계를 맺고 있는지 검토하였다. 그 결과 의회와 정당에 대한 불신이 강한 유권자일수록, 극단적인 이념 성향을 가진 유권자일수록, 더불어민주당을 지지하는 유권자일수록 포퓰리즘 성향이 높게 나타났다. 또한 포퓰리즘 성향은 정치 지식이 높거나 부정적인 경제 전망을 가진 유권자에게서 강하게 드러났다. 이러한 정치적 요인과 더불어 유권자의 성별, 연령, 소득 수준과 같은 인구사회학적 배경도 포퓰리즘 성향에 통계적으로 유의미한 효과를 가졌다. 특히 과거 민주화 운동을 주도했던 386세대는 다른 연령대보다 포퓰리즘 성향이 강한 것으로 나타났다.

이러한 점을 고려해 볼 때, 한국에서의 포퓰리즘은 기득권의 엘리트주의에 반발하며 부의 재분배와 정부의 적극적인 경제 개입, 정치 개혁을 요구하는 진보 세력과 밀접한 관계를 가진다는 점에서 19세기 말 미국의 포퓰리즘 혹은 남유럽의 좌파 포퓰리즘과 유사한 특성을 가지고 있다. 비록 많은 대중매체와 몇몇 학자들은 포퓰리즘을 부정적인 시각으로 기술하지만 시대와 국가에 상관없이 어떠한 형태의 포퓰리즘도 국민의 의사를 직접적으로 대변하려는 보편적 속성을 가진다는 점에서 포퓰리즘은 민주주의 이념과 연결될 수밖에 없다(정병기 2020; 하상응 2018). 또한 역사적으로 포퓰리즘은 민주주의 발전에 긍정적인 영향을 미치기도 했다. 가령, 19세기 미국의 포퓰리스트들이 제시했던 정치적 개혁안들은 20세기 초 미국 진보주의 개혁과 1930년대 뉴딜정책에 반영되었다. 이러한 차원에서 대개의 언론이 기술하듯이 포퓰리즘이 부정적인 측면만을 가지는 것은 아니다. 오히려 포퓰리즘은 엘리트 중심의 대의제 민주주의가 갖고 있는 문제점을 보여 주면서 인민주권의 민주주의 정신을 다시금 일깨운다.

하지만 이 연구 하나만으로는 한국 유권자의 정치적, 사회적 특성이 어떻게 포퓰리즘에 영향을 미치는지 결론짓기에는 부족한 측면이 많다. 우선, 종속변수와 독립변수 간에 내생성 문제를 해결해야 한다. 기존의 정치제도, 즉 의회, 정당, 정부를 신뢰하지 못하는 유권자일수록 포퓰리즘이 강하기도 하지만, 역으로 포퓰리즘 성향이 강하기 때문에 그러한 정치제도를 신뢰하지 않는 것이기도 하며, 진보 정당을 지지하는 유권자가 포퓰리즘 성향이 강한 것이 아니라 포퓰리즘 성향이 강하기 때문에 진보 정당을 지지할 수도 있기 때문이다. 그리고 포퓰리즘이 다소 모호하게 정의 내려져 있으며, 세 가지 문항만으로는 유권자의 포퓰리즘 성향을 적절하게 측정했다고 단정 짓기는 어려울 것이다. 그러므로 추후 연구에서는 이러한 문제점을 보완하여 한국 유권자의 포퓰리즘 성향을 더욱 명확히 분석해야 하겠다.

참고문헌

김현준·서정민. 2017. "포퓰리즘 정치 개념 고찰: 문화적 접근의 관점에서." 『한국정치학회보』 51(4). 49-74.

백영민. 2016. "커뮤니케이션 관점으로 본 포퓰리즘의 등장과 대의 민주주의 위기." 『커뮤니케이션 이론』 12(4). 5-57.

서병훈. 2008. 『포퓰리즘: 현대 민주주의의 위기와 선택』 서울: 책세상.

정병기. 2020. "포퓰리즘의 개념과 유형 및 역사적 변화: 고전 포퓰리즘에서 포스트포퓰리즘까지." 『한국정치학회보』 54(1). 91-110.

조기숙. 2015. "안철수현상에 대한 진영언론의 담론 평가: 변혁의 리더십 혹은 포퓰리즘?" 『의정논총』 10(2). 163-191.

하상응. 2018. "한국 유권자의 포퓰리즘 성향이 정치행태에 미치는 영향." 『의정연구』 24(1). 135-170.

Akkerman, Agnes, Cas Mudde, and Andrej Zaslove. 2014. "How Populist are the People? Measuring Populist Attitudes in Voters." *Comparative Political Studies* 47(9). 1324-1353.

Azari, Julia, and Marc J. Hetherington. 2016. "Back to the Future? What the Politics of the Late Nineteenth Century Can Tell Us about the 2016 Election." *The Annals of the American Academy of Political and Social Science* 667. 92-109.

Barr, Robert R. 2009. "Populists, Outsiders and Anti-Establishment Politics." *Party Politics* 15(1). 29-48.

Bonikowski, Bart, and Noam Gidron. 2016. "The Populist Style in American Politics: Presidential Campaign Discourse, 1952-1996." *Social Forces* 94(4). 1593-1621.

Gründl, Johann, and Julian Aichholzer. 2020. "Support for the Populist Radical Right: Between Uncertainty Avoidance and Risky Choice." *Political Psychol-*

ogy 41(4). 641-659.

Hawkins, Kirk, Scott Riding, and Cas Mudde. 2012. "Measuring Populist Attitudes." Unpublished Paper (available at https://works.bepress.com/cas_mudde/ 72/).

Jagers, Jan, and Stefaan Walgrave. 2007. "Populism as Political Communication Style." *European Journal of Political Research* 46(3). 319-345.

Judis, John B. 2016. *The Populist Explosion: How the Great Recession Transformed American and European Politics* New York, NY: Columbia Global Reports.

Mudde, Cas. 2004. "The Populist Zeitgeist." *Government and Opposition* 39(4). 541-563.

Oliver, J. Eric, and Wendy M. Rahn. 2016. "Rise of the *Trumpenvolk*: Populism in the 2016 Election." *The Annals of the American Academy of Political and Social Science* 667. 189-206.

Roberts, Kenneth M. 2006. "Populism, Political Conflict, and Grass-Roots Organization in Latin America." *Comparative Politics* 38(2). 127-148.

Taggart, Paul. 2004. "Populism and Representative Politics in Contemporary Europe." *Journal of Political Ideologies* 9(3). 269-288.

Verba, S., Schlozman, K. and Brady, H. 1995. *Voice and Equality: Civic Voluntarism in American Politics* Cambridge, MA: Harvard University Press.

제7장

21대 총선에서 나타난 언론의 코로나 이슈 네트워크 분석

김기태

명지대학교

I. 서론

21대 총선은 코로나 이슈가 여타 모든 이슈를 삼켜버린 선거라 말해진다(한국기자협회 2020). 이는 여론조사 기관의 조사 결과에서도 잘 드러나는데, 명지대 미래정책센터가 한국리서치에 의뢰해 수행한 21대 총선 유권자 인식 조사(2020)에 따르면, 이슈 중요도 순위는 4점 척도에서 코로나 정부 대응(3.14), 언론 개혁(2.93), 코로나 지방정부 대응(2.90), 검찰 개혁(2.87)과 조국 사태(2.55) 순으로 나타나 이번 4·15 총선 관련 주요 이슈 중 코로나 관련 이슈가 가장 중요한 이슈였음을 보여 주고 있다.

코로나19 바이러스 확산의 여파는 여전히 전방위적이다. 정부의 위기 대응 능력, 의료진들의 헌신과 살신성인의 노력, 성숙한 시민의식은 국내외에서 높은 평가를 받고 있지만, 재난 보도가 개선되었다는 평가는 들리지 않는다. 코로나 사태에 대한 언론의 재난 보도는 오보와 허위 정보, 자극적이고 선정적인 기사, 혐오와 차별을 조장하는 기사, 과도한 공포 유발

등 여러 면에서 비판받고 있다. 예를 들어, 2020년 2월 한국기자협회와 한국언론재단이 주최한 '감염 질병과 언론 보도' 토론회에서 이훈상 연세대 보건대학원 교수는 "국내 언론이 '외신에 의하면'이라고 했는데 알고 보니 중국 통신사 한 군데를 말한 것이었다."라며 '외신에 의하면', '학계에 의하면' 등 모호한 표현을 지양할 것과 의학적으로 밝혀진 것과 밝혀지지 않은 것을 명확히 구분해 보도할 것을 주문했다. 또한 유명순 서울대 보건대학원 교수는 코로나19 발생 뒤 한국리서치에 의뢰해 실시한 '국민위험 인식 조사' 내용을 언급하며, '코로나 바이러스 감염증'이라는 명칭보다 '우한 폐렴'이라는 초기 용어가 일으킨 부정적 정서가 더 컸다고 지적하면서 언론에 대한 신뢰는 방역, 사고 수습, 치료기관 등과 비교했을 때도 가장 낮게 나왔다고 밝히고 있다(노지원 2020).

　이러한 지적과 더불어 언론이 정치적 중립성과 균형성을 잃고 정파적인 입장에서 코로나 사태를 보도했다는 비난도 받고 있다. 실제 한국리서치의 21대 총선 유권자 인식 조사에 따르면, 유권자들은 코로나 보도의 공정성에 대한 평가 항목 중 정치적 중립성(2.48)과 균형성(2.63)을 객관성(2.74), 사실성(2.76)보다 더 낮게 평가했다. 이러한 언론 보도의 정파성이 총선 시기와 맞물려 코로나 문제를 보수·진보 간 갈등으로 몰고 갔다는 혐의도 받고 있다. 이를 반영하듯, 국민 청원 게시판에는 정부의 코로나 대응을 두고 150만 명이 '대통령 응원'을, 147만 명이 '대통령 탄핵 촉구'를 청원한 상태이다(정수영 2020). 코로나 확산 책임 주체에 관한 유권자들의 의견에서도 이러한 정파적 갈림 현상이 보인다. 한국리서치와 명지대 미래정책센터의 총선 유권자 인식 조사(2020)에 따르면, 더불어민주당 지지자들의 약 80%(79.9%), 미래통합당 지지자들의 20%가 신천지 등 종교단체를 코로나19 감염병 확산의 책임 주체로 지목한 데 반해, 미래통합당 지지자들의 약 60%(58.6%), 더불어민주당 지지자들의 2.6%가 대통령과 정부에 그 책임을 돌렸다.

코로나에 대한 언론 보도가 이러한 갈등과 대립의 원인 제공자 중 하나로 지목 받고 있지만, 섣불리 언론에 비난의 화살을 돌리기에 앞서 코로나 사태에 관한 언론의 실제 보도 행태를 좀 더 꼼꼼하게 따져볼 필요가 있다. 코로나 발생 이후 여러 번의 공청회 및 토론회[1]를 거치면서 언론과 보건 분야 전문가들에 의해 코로나 보도에 대한 질적 평가와 비판이 이루어져 왔다. 그러나 정량적인 면에서 실제 언론이 코로나 사태를 어떤 방식으로 보도했는지에 대한 연구는 아직 부족하다.

따라서 본 연구는 언론의 전반적인 코로나 관련 보도 프레임을 살펴보고, 총선과 관련하여 보수 언론과 진보 언론 사이에 실제 코로나 보도 프레임에 차이가 존재했는지, 만일 차이가 존재했다면 이러한 차이는 구체적으로 어떤 방식으로 나타났는지를 코로나 관련 기사량이 많았던 1월 20일부터 4월 15일까지의 뉴스 빅데이터 분석을 통해 알아본다. 이와 더불어 기존 매스미디어의 코로나 보도 프레임은 SNS상의 코로나 이슈 프레임, 즉 공중 프레임과 얼마만큼 차이를 보이는지 네이버와 다음의 블로그 게시글을 통해 비교분석한다.

---

1. 한국기자협회·한국언론홍보재단 주최, 감염질병과 언론보도& 긴급토론회(2020.02.13., 프레스센터, 서울); 한국언론진흥재단·미국 동서센터(EastWest Center) 주최, 바이럴 뉴스: 미디어와 코로나 팬데믹, 한미 언론 합동 토론회(2020.04.08.~09, 프레스센터, 서울)

II. 본론

1. 이론적 배경

매일 수백 건의 기사들이 지면과 온라인으로 쏟아져 나오는 상황에서 개인은 이렇게 엄청난 양의 기사와 다양한 소리에 전부 관심을 가지기 어렵다. 따라서 저널리스트들은 해당 뉴스 소비자들을 위해 나름의 저널리즘 기준으로 중요하다고 생각하는 이슈를 선정하고 반복적으로 보도한다. 이렇게 반복적으로 강조된 미디어의 이슈는 공중(public)에게도 중요한 것으로 인식된다. 맥콤과 쇼(McCombs & Shaw 1972)는 1968년 미국 대통령선거 캠페인 기간 노스캐롤라이나주(North Carolina州) 채플힐(Chapel Hill)의 한 연구에서, 선거 기간 중 유권자들이 중요하다고 생각한 이슈들이 당시 몇 주간 미디어에서 강조한 이슈들과 거의 일치한다는 것을 발견하고, 이를 미디어의 의제 설정(Agenda setting) 기능이라고 정의했다.

맥콤(McCombs 2004)은 더 나아가, 미디어는 공중에게 어떤 이슈가 중요한지 인식하는 데 영향을 미칠 뿐 아니라, 해당 이슈를 특정한 방식으로 이야기하고 다루는 데에도 영향을 미친다고 주장하며, 전자의 의제 설정 기능을 1차 또는 이슈 의제 설정 기능(issue agenda-setting function), 후자를 2차 또는 속성 의제 설정 기능(attribute agenda-setting function)이라 정의하였다. 즉 미디어는 어떤 이슈가 가장 중요하고 논의할 만한 가치가 있는 이슈인가에 대해 공중에 영향을 미칠 뿐 아니라, 이슈가 가지고 있는 다양한 속성, 즉 다양한 측면 중 어느 측면에 초점을 맞추어 이야기해야 할지에 대해서도 영향을 미친다는 것이다.

2차 의제 설정 기능은 본질적으로 언론의 프레이밍(media framing) 기능을 일컫는다. 미디어 프레이밍(media framing)이란 미디어가 현실적 사건이나 이슈를 보도할 때 대중에게 특정한 측면을 선정하여 강조하고 설명하는 반면, 그 외의 다른 측면들은 의식적으로 무시하는 성향을 말한다(Pan & Kosicki 1993). 지난 19대 대선 기간 중 가장 많이 다루어졌던 사드(THAAD) 무기 체계 배치 이슈를 예로 들면, 사드 도입 이슈에는 군사·안보적 측면뿐 아니라 경제·외교적 측면 혹은 국내 정치적 측면 등 여러 가지 측면이 존재한다. 이 중 언론이 어떠한 측면을 정교화하고 어떠한 측면을 배제하는지가 바로 그 언론사가 해당 이슈를 다루는 특정한 방식이라 말할 수 있고, 이것이 바로 해당 이슈에 대한 언론의 미디어 프레임(media frame)이라 할 수 있다.

 최근 들어 구오와 맥콤(Guo & McCombs 2016)은 그들이 제안한 네트워크 의제 설정 이론(Network agenda setting theory)에서 미디어 프레임에 대해 언급하기를, 기존의 의제 설정 이론에서 제시하듯이 하나의 의제를 다양한 이슈와 속성이 위계적으로 나열된 구조가 아니라 각각의 이슈와 속성들이 서로 복합적으로 연결된 네트워크 구조로 이해해야 한다고 주장한다. 네트워크 의제 설정 모델의 핵심 가설은 의제나 속성이 미디어에 나타난 네트워크 현저성(network salience)을 수용자로 전이한다는 것이다(Guo & Vargo 2015). 즉 미디어가 특정 이슈와 관련한 속성 및 구성 요소들을 선택하고 연결시켜 만든 프레임은 수용자 프레임에 영향을 미친다는 것이다. 예를 들어 코로나 확산 책임에 대한 뉴스 보도에서 국내 코로나 확산과 중국 후베이성 우한시 코로나 확산을 연결시켜 자주 보도하거나, 혹은 국내 코로나 확산과 대구 신천지교회 코로나 확산을 연결시켜 자주 보도함으로써 수용자들은 자연적으로 두 가지 이슈 사이의 관련

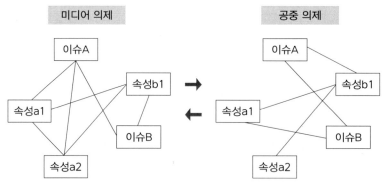

〈그림 1〉 네트워크 의제 설정에서 네트워크 현저성의 전이

출처: Guo&Vargo 2015 그림 재구성

성을 이슈를 이해하는 자신만의 프레임에 각인시킨다는 것이다. 즉 미디어는 개별적 이슈 및 속성과 의미 연결(semantic link)의 네트워크를 구축하여 수용자의 머릿속에 개별적 요소가 아니라 요소들 간의 연결 관계로서 인식되게끔 한다는 것이다. 그리고 이러한 과정을 거쳐 미디어에서 나타난 의제 네트워크가 일반인과 공중의 의제 네트워크로 전이된다고 보고 있다(Guo & McCombs 2016, 〈그림 1〉 참조).

방법론적으로, 네트워크 의제 설정 분석은 공중 의제 네트워크와 미디어 의제 네트워크를 비교하여 유사성과 차별성을 측정하는 것이다(Guo & McCombs 2016). 본 연구는 이러한 방법론적 근거를 바탕으로 전통 미디어(중앙 일간지)에 나타난 코로나 관련 미디어 의제 네트워크와 수용자 인식을 반영하는 소셜 미디어(네이버와 다음의 블로그)에 나타난 코로나 관련 공중 의제 네트워크를 비교하여 유사성과 차이점 그리고 상관성을 살펴봄으로써 미디어 간 의제 설정을 탐구하고자 한다.

2. 선행 연구

　몇몇 연구들이 네트워크 의제 설정 모델을 실증적으로 검증하였다. 구오와 맥콤(Guo & McCombs 2011)은 2002년 텍사스주 주지사선거 기간에 수집된 데이터에 근거하여 텍사스주의 한 신문에 보도된 두 후보자의 다양한 개인적 속성—예를 들면 리더십, 신용 및 통찰력—과 텍사스주 거주자들이 후보자들을 묘사한 내용을 비교해 보았다. 연구 결과, 미디어와 공중 네트워크 의제에 유의미한 상관관계가 있는 것으로 나타났다. 네트워크 의제 설정이 매스미디어 환경뿐만 아니라 디지털 미디어 환경에서도 적용되는지 연구하기 위하여 바고, 구오, 맥콤과 쇼(Vargo, Guo, McCombs & Shaw 2014)는 2012년 미국 대통령선거 기간 뉴스 미디어가 트위터 공간의 공중 토론에 미치는 영향을 조사하였다. 구체적으로, 이 연구는 오바마(Barack Obama)의 지지자들이 매스미디어에 의해 만들어진 네트워크 의제를 따를 가능성이 더 높다고 보았다. 반면 수평적이고 당파적인 미디어는 롬니(Romney) 지지자들의 인지 네트워크에 영향을 미치는 데 더 효과적이라고 밝혔다.

　국내에서도 네트워크 의제 설정 이론과 의미연결망 방법론을 사용한 연구가 진행되었다. 최진호와 한동섭(2011)은 정치인 트위터 의제를 전통적 뉴스 미디어인 신문과 방송 뉴스 의제와 비교분석하였다. 이들은 먼저 정치인들의 소속 정당에 따라 트위터의 의제 현저성에 차이가 있는지 검증한 후, 매체 간 의제 설정 효과를 검증하기 위해 현저성 기준 상위 5개의 의제를 대상으로 순위 상관관계 분석을 사용함과 동시에 매체 간에 존재하는 인과적 영향력을 분석하기 위해 시차 상관 분석을 진행하였다. 연구 결과, 트위터는 기존 미디어와 공유되는 핵심 의제(대상 의제)를 형성하고 있었으며, 소속 정당에 따라 의제 현저성 순위에 차이가 있음을 확인하였다. 이승희와 송진(2014)은 소셜 미디어 이슈가 수용자 이슈와 미디어 이슈의 복합적인 특성을 갖는다는 점에 주목하여, 2014년 발생한 세월호 재난 보도를 분석하였다. 해당 연구에서는 이슈 속성을 분석하기 위해 재난 보도 관련 선행 연구와 세월호 기사 및 트윗 키워드의 사전 조사를 통해 도출한 이슈 범주 구분틀을 사용하였다. 연구 결과, 소셜 미디어에 해당하는 트위터 이슈 프레임은 기존 방송 뉴스 이슈 프레임에 비해 비교적 독립적으로 설정되는 반면 KBS와 JTBC는 분석 기간에 상위 1순위를 제외하고 3순위까지 서로 간의 이슈 프레임이 유사할 뿐만 아니라 사건 발생 이후 시간이 지날수록 상호 간에 더 큰 이슈 프레임상의 유사성을 보이는 것으로 나타났다.

이러한 네트워크 의제 설정 이론은 방법론적으로 주로 사회관계망 분석(social network analysis) 방법을 사용하여 이슈 네트워크를 파악한다. 사회관계망 분석을 사용한 연구들로서, 안정윤과 이종혁(2015)은 국내 뉴스 매체와 인터넷 사이트 등에서 다량의 보도와 토론이 이루어진 2013년 '기초연금 수정안' 이슈를 통해 네트워크 의제 설정이 우리나라 뉴스 매체와 수용자 의견이 담긴 인터넷 게시판 사이에서 발생하는지 검증하였다. 수집된 기사와 글에 대하여 내용 분석을 거친 후, 각 매체별 이슈 속성 네트워크 탐색을 위해 사회연결망 분석을 실시하였다. 분석 결과 뉴스 매체와 온라인 게시판 간에 의제 설정 효과가 유의미하게 나타났으며, 같은 이슈의 속성을 바탕으로 네트워크 의제 설정 효과 또한 광범위하게 나타났다. 더불어 특정 이슈의 속성을 바탕으로 뉴스 매체와 온라인 게시판 간 속성 네트워크 전이가 발생함을 검증하였다.

차민경과 권상희(2015)는 2013년부터 국가 중요 이슈로 등장하며 폭발적으로 기사량이 증가한 '창조경제'에 대하여 언론의 의제 설정 경향을 시기별로 분석하여 국정 주요 의제가 된 창조경제가 언론을 통해 어떻게 의미화되는지 분석하였다. 해당 연구를 위해 창조경제를 다룬 국내 종합 일간지의 기사들을 한국어 언어 분석 프로그램과 연결망 분석 프로그램을 사용하여 분석을 진행한 결과, 창조경제는 주로 경제적 차원에서 의미화되었다. 경제 위기 해결을 위한 하나의 대안으로 제시되었던 창조경제는 이후 미래 경제 패러다임으로 의미가 발전되었고, 이 과정에서 '기술', '과학', 'IT' 등이 중요한 상관관계를 갖는 것이 드러났으며, 2013년 이후에는 주로 창조경제의 성공과 효과를 나타내는 키워드나 해외 성공 모델과 관련한 키워드가 긴밀한 관계를 형성하는 것으로 나타났다.

김대욱(2020)은 네트워크 의제 설정 모델을 적용하여 북한이탈주민에 대한 주요 신문 보도와 SNS에 나타난 담론을 분석하여 PR의 공공 이슈 관리 차원에서 고려해야 할 점들을 제시하였다. 연구를 위해 2005년부터 2018년까지 14년 동안 종합 일간지와 SNS에 나타난 새터민, 탈북자, 북한이탈주민과 관련된 자료들을 수집하여 의미연결망 분석을 진행하였다. 그 결과 북한이탈주민에 대한 신문 보도와 SNS 논의가 전체적으로 유사하게 진행되는 것이 밝혀졌다. 특히, 신문 보도와 SNS에서 공통적으로 북한이탈주민의 정착 및 정착 지원 문제, 그리고 다문화가정 등과 같은 이슈들이 논의되면서 미디어 간 의제 설정의 기능성을 확인하였다.

선행 연구의 흐름을 살펴보면, 그동안 기존 방송매체의 의제 설정에만 중점을 두었던 의제 설정 이론이 현대 사회에서 설명의 한계를 갖는다는 점을 확인하고, 이를 극복하기 위해 각종 디지털 매체뿐만 아니라 미디어 간, 수용자 간 서로 영향을 주고받는 네트워크 의제 설정으로 발전하였음을 알 수 있다. 이러한 네트워크 의제 설정 이론을 기반으로 한 연구들에서는 기존 방송매체뿐 아니라 수용자를 대변하는 SNS, 커뮤니티 게시판, 댓글 등 다양한 매체들을 대상으로 의미연결망 분석을 활용하여 설명하고자 하는 이슈 네트워크의 구조를 파악할 뿐 아니라 주요 관련 키워드를 도출해 내고, 시계열적 분석을 통해 해당 이슈에 대하여 의제 설정이 어떻게 이루어지는지 풍부한 분석 결과를 제시하고 있다.

3. 연구 문제

본 연구는 앞서 언급한 이론적 배경과 선행 연구를 바탕으로 총선 시기 코로나19 바이러스에 대한 언론(뉴스 기사)의 프레임과 소셜 미디어의 프레임에 관하여 다음의 연구 문제를 제시한다. 연구 문제 1과 2에서는 코로나 기사 중에서도 '총선'과 관련하여 뉴스 기사에서 다룬 중심적인 주제 및 언론의 정치적 지향에 따른 코로나 이슈를 다루는 방식(프레임)에서의 차이점을 살펴보고, 연구 문제 3에서는 뉴스 기사와 소셜 미디어(네이버와 다음의 블로그 게시글)에서 각각의 이슈 네트워크는 어떠한 차이점과 유사점을 가지고 있는지 확인한다.

〈연구 문제〉 언론은 총선과 관련하여 코로나 이슈를 어떠한 방식으로 다루었는가?

연구 문제 1. 언론에서 총선과 관련하여 코로나 이슈를 다룰 때, 중심적인 주제는 무엇이었나?

연구 문제 2. 보수 언론(조선일보)과 진보 언론(한겨레)은 각각 총선과 관련하여 코로나 이슈를 다루는 방식에 있어서 어떠한 유사점과 차이점을 보였나?

연구 문제 3. 총선과 관련하여 코로나 이슈가 언급될 때, 미디어 이슈 네트워크와 소셜 미디어(네이버와 다음 블로그 게시글) 이슈 네트워크 사이에 어떤 유사점과 차이점을 보였나?

Ⅲ. 연구 방법

1. 분석 대상과 데이터 수집 절차

코로나와 관련된 뉴스 기사를 수집하기 위해 한국언론진흥재단에서 운영하고 있는 빅카인즈(BigKinds) 시스템을 이용했다. 데이터 수집을 위한 키워드는 '코로나19', '신종 코로나 바이러스', '우한 폐렴'을 활용했다. 분석 대상 언론 매체로는 영향력이 높은 중앙지를 선택하였다. 그리고 미디어의 정치적 성향을 고려하여 보수적 미디어로 조선일보를, 진보적 미디어로 한겨레를 선택하였다. 공중은 어떤 방식으로 코로나 사태를 이해하고 있는지 파악하기 위해 소셜 미디어의 게시글을 분석 대상으로 수집하였다. 이를 위해 본 연구에서는 네이버와 다음 블로그에 노출된 코로나19 바이러스에 대한 게시글 내용을 수집하였다.

전체 분석 기간은 국내에서 코로나 첫 확진자가 발견된 1월 20일부터 총선(4월 10일) 5일 후인 4월 15일까지 3개월을 선정했다. 이 기간을 선정한 이유는, 이 시기에 코로나 이슈가 미디어와 공중에서 가장 활발하게 이야기되었고, 또한 이 시기는 총선 이슈가 같이 부상한 시기이기 때문에 정치적 이슈 설정과 코로나 이슈 설정의 상관관계를 살피기에 가장 적합한 시기로 여겨졌기 때문이다(〈그림 2〉 참조).

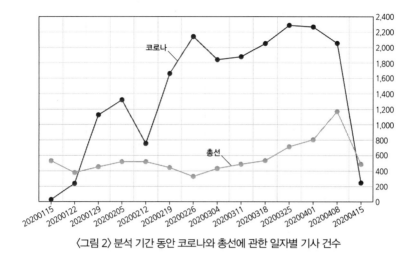

〈그림 2〉 분석 기간 동안 코로나와 총선에 관한 일자별 기사 건수

분석 기간 내, 총선과 관련된 기사는 분석 대상 내의 기사 본문에서 '총선' 또는 '선거'라는 단어가 포함되어 있는 기사를 빠짐없이 추출했는데, 한겨레에서는 3,887건, 조선일보에서는 7,665건의 기사가 수집됐다. 한겨레와 조선일보의 기사를 모두 통합한 데이터의 기사 수는 11,552건이었으며, 네이버와 다음에서 코로나와 관련된 블로그 게시글은 23,421건으로 나타났다.

2. 분석 방법

1) 데이터 사전 전처리(data pre-processing)

비정형 데이터인 한글 텍스트에서 형태소를 분석하기 위해서는 우선 명사를 추출하기 위한 사전을 구축해야 한다. 이 연구에서는 기본적으로 파이썬(Python) 한글 형태소 분석 패키지인 KoNlpy를 사용해 명사를 추출했다. 형태소 분석은 어근·접두사·접미사·품사 등 다양한 언어적 속성 구조를 파악하는 것인데, 이 연구에서는 명사를 기준으로 분석을 진행했다. 'KoNLPy'는 한국어 정보 처리를 위해 형태소 분석기를 하나로 모은 파이썬 패키지로 'Kkma, Twitter, Mecab' 등 다양한 클래스가 존재한다. 본 연구에서는 가장 대중적으로 사용되는 'Twitter' 클래스를 이용해서 형태소 사전을 구축한 후, 해당 사전을 활용해 명사를 추출했다. 그러나 기본적으로 제공되는 'Twitter' 클래스의 경우 시사 용어, '우한 폐렴'과 같은 최근 단어를 포함하지 못하는 한계를 가진다. 이러한 한계를 극복하고 기사에 포함된 코로나 관련 이슈를 명확하게 파악하기 위해서 빅카인즈를 활용해 형태소 사전을 보완하는 과정을 거쳤다. 이를 위해 2020년 1월 15일부터 4월 15일까지 '코로나'와 관련된 기사 키워드 중 한글로만 구성된 단어를 추출해 기존 사전에 추가하여 형태소 사전을 보완하였다. 데이터 사전 전처리 작업에서 '코로나19', '코로나 바이러스 감염증', '신종 코로나' 등 코로나 명칭과 관련된 단어들을 일관되게 분석하기 위해 '코로나'로 통일하였으며, '중대본'과 같은 줄임말은 '중앙안전대책본부'와 같은 공식 명칭으로 수정하는 작업을 진행했다. 또한 본 연구에서는 두 글자 이상의 명사를 기준으로 데이터를 분석했다. 네이버와 다음의 블로그에서 수집된 게시글들도 동일한 과정을 거쳐 정제하였다.

2) 최다 빈출어 및 워드클라우드(wordcloud) 분석

정제된 데이터를 바탕으로 각 매체 및 시기별로 최다 빈출어를 분석했다. 각 데이터 세트별로 상위 500개 빈출 단어를 확인하고 '경우', '위해'와 같은 의미가 없는 불용어 전처리 작업을 진행하였으며, '개학 연기', '확진 판정'과 같이 하나의 단어로 판단되는 명사를 묶어 주는 작업도 진행했다. 그리고 매체 내에 등장하는 빈도를 기반으로 상위 50개 단어를 추출하였으며, 상위 80개 단어를 기준으로 워드클라우드를 작성했다. 매체별로 명확한 특징을 분석하기 위해 '코로나', '확진', '확진자'처럼 모든 매체에 공통적으로 가장 많은 빈도를 차지하면서, 다른 단어와 빈도수가 크게 차이를 보인 단어들을 제외하고 워드클라우드를 작성했다. 즉 코로나 전체 이슈 데이터에서는 '코로나', '확진', '확진자', '국민', '서울', '지역', '전국'이라는 단어를 제외하고, 총선과 관련된 코로나 관련 문서에서는 '코로나', '총선', '민주당', '미래통합당', '투표', '후보', '문재인 대통령'이라는 단어를 제거한 후 파이썬 'wordcloud' 라이브러리를 사용해서 워드클라우드를 작성하였다.

3) 의미연결망(빈출어 공동 출현 네트워크) 분석

커뮤니케이션 분야에서 의미연결망 분석이라는 용어를 사용할 때는 공동 출현 단어 분석을 말하는 경우가 많다(박대민 2015). 즉 특정 의제에 대한 언론 보도나 여론 등 텍스트에 나타난 각 단어들이 노드로서 다른 단어와 연결되어 형성되는 의미연결망(네트워크)을 미디어의 프레임으로 간주한다(Doerfel & Barnett 1999). 네트워크 의제 설정에 있어 의미연결망 분석을 통하여 이슈 또는 이슈의 속성 사이의 숨어 있는 상관관계를 가시적으로 분석할 수 있다. 그리고 이러한 연결 관계를 토대로 이슈에 대한 속성들 간의 의미 연결 구조를 밝혀낼 수 있다(Doerfel & Barnett 1999). 본 연구에서는 매스미디어와 소셜 미디어에서 코로나 이슈의 다양한 속성들이 형성한 연결망을 분석한다. 이를 위해 최다 빈출어를 기준으로 하는 공동 출현 키워드 간의 매트릭스를 파이썬 pandas, numpy, itertools 패키지 등을 사용하여 산출하였다.[2] 이렇게 산출된 공동 출현 매트릭스는 netdraw 프로그램을 통하여 시각화하였다. 최종적으로는 이렇게 구축한 의미연결망 매트릭스 간의 상관관계를 분석하여 각각의 의미연결망 네트워크 간의 유사도를 계산한다. 네트워크 간의 상관계수 즉 유사도의 정도는 UCINET의 QAP(Quadratic Assignment Procedure) 기능을 사용하여 계산하였다(Martin 1999). 각 노드(단어)가 의미연결망에서 얼마나 중심적인 속성이었는지 파악하기 위해 중심성 분석도 수행하였다. 중심성은 아이겐벡터 중심성(eigenvector centrality)을 기준으로 측정하였는데, 아이겐벡터 중심성이란 연결된 노드의 개수뿐만 아니라 연결된 노드가 얼마나 중요한 것인지도 함께 고려해 계산함으로써 연결 정도 중심성(degree centrality) 개념을 확장한 것이다.

IV. 연구 결과

1. 주제어 분석

연구 문제 1에서는 코로나와 관련된 기사 및 블로그 게시글 중에서 '총선', '선거'와 관련된 기사와 게시글을 중심으로 주요한 주제어와 프레임을 살펴보았다. 매체별로 차이점을 살펴보기 위해 동일하게 상위 단어에 나타난 '총선', '코로나', '민주당', '미래통합당', '문재인 대통령', '투표', '국회', '후보'라는 단어는 삭제하고 워드클라우드를 작성했다.

우선 조선일보와 한겨레를 통합한 총선 관련 코로나 기사에서는 '유권자', '투표', '후보', '선거운동', '중앙선거관리위원회'와 같은, 전반적으로

---

2. 모든 매트릭스는 50 * 50 matrix

선거와 관련된 단어들이 많이 등장했다. 그리고 '미래통합당', '민주당', '국민의당'과 같은 정당 이름뿐만 아니라 '이낙연', '황교안', '김종인'과 같은 각 당의 주요 인물들도 높은 빈도를 보였다. 한편으로는 '사회적 거리두기', '정부', '긴급'과 같은 정부의 코로나 대응 정책과 관련된 단어들도 등장 빈도가 높은 것으로 나타났다(〈표 1〉 참조).

흥미로웠던 점은 한국언론진흥재단이 시행한 총선 기간, 총선 관련 뉴스 빅데이터 분석(한국언론진흥재단 2020)에서는 미래통합당에 대한 언급이 민주당에 대한 언급보다 거의 2배 가까이 더 나타났으나, 코로나 관련 이슈에서는 민주당이 미래통합당에 비해 모든 분석 단위에서 더 많이 언급되었다. 물론 기사에 언급된 정당에 대한 평가가 얼마나 긍정적인지 혹은 부정적인지는 알 수 없으나 코로나 국면에서는 미래통합당이 더불어민주당보다 더 주목받았다는 것을 알 수 있다.

또한 '투표'(5위)와 '서울'(9위) 등의 단어가 상위를 차지해 이번 선거에서 역대 가장 높은 투표율을 기록했던 사전투표를 언론 또한 비중 있게 다루었다는 것을 알 수 있으며, 4·15 총선의 최대 격전지이자 정당 지지의 바로미터라는 서울 지역의 선거구에 언론이 가장 높은 관심을 기울였다는 것도 알 수 있다.

또한 '정책', '공약'이라는 단어가 상위 50위 안에 포함되지 않은 반면 코로나와 관련한 '사회적 거리두기', '대응', '지원' 등의 단어가 상위를 차지해 지난 총선에서 공약보다는 코로나에 대한 대응이 더 주된 이슈였음을 짐작하게 한다.

언론의 정치적 성향별로 나타나는 총선과 관련된 코로나 이슈 프레임을 분석하기 위해 조선일보와 한겨레의 빈출어를 분석한 결과는 〈표 2〉와 같다. 가장 많이 등장한 '총선', '코로나', '민주당', '국회', '후보', '투표'와

	단어	빈도		단어	빈도		단어	빈도
1위	총선	762	18위	경제	57	35위	선대위	37
2위	코로나	435	19위	위원장	56	36위	중앙선거관리위원회	37
3위	민주당	288	20위	출마	56	37위	지원	37
4위	국회	224	21위	사전투표	55	38위	투표율	36
5위	투표	186	22위	확산	50	39위	김종인	36
6위	후보	178	23위	대응	50	40위	유세	35
7위	미래통합당	177	24위	정치	48	41위	극복	35
8위	문재인 대통령	153	25위	정당	46	42위	여야	33
9위	서울	108	26위	대책위	45	43위	총괄	32
10위	정부	101	27위	위기	43	44위	지역구	31
11위	우한	89	28위	황교안	42	45위	상임	30
12위	사회적 거리두기	75	29위	국민의당	41	46위	안철수	29
13위	유권자	68	30위	지급	41	47위	공천	29
14위	이낙연	64	31위	긴급	40	48위	선관위	28
15위	대구	64	32위	정권	38	49위	심판	28
16위	비례대표	63	33위	청와대	38	50위	종로	28
17위	선거운동	58	34위	확진자	37			

〈그림 3〉 총선-코로나 관련 전체 기사
워드클라우드

〈그림 4〉 전체 기사 상위 빈출어 삭제
워드클라우드

<표 2> 조선일보와 한겨레의 총선-코로나 관련 기사 빈출어

	조선일보(보수)					한겨레(진보)				
순위	단어	빈도	순위	단어	빈도	순위	단어	빈도	순위	단어	빈도
1위	총선	415	26위	국민의당	27	1위	총선	347	26위	여야	18
2위	코로나	279	27위	선대위	26	2위	코로나	168	27위	위원회	17
3위	민주당	173	28위	대구	26	3위	민주당	101	28위	이낙연	17
4위	국회	125	29위	김종인	26	4위	국회	99	29위	투표소	17
5위	미래통합당	115	30위	위기	25	5위	투표	99	30위	지역구	16
6위	후보	111	31위	극복	25	6위	후보	82	31위	경제	16
7위	투표	87	32위	종로	24	7위	미래통합당	60	32위	대응	15
8위	문재인 대통령	86	33위	정권	24	8위	유권자	48	33위	선관위	15
9위	우한	75	34위	총괄	23	9위	정부	42	34위	위원장	14
10위	서울	67	35위	유세	23	10위	서울	41	35위	국민의당	14
11위	정부	59	36위	정당	23	11위	대구	38	36위	경북	14
12위	비례대표	49	37위	정치	22	12위	문재인 대통령	34	37위	등록	14
13위	이낙연	47	38위	사전투표	21	13위	사전투표	34	38위	비례대표	14
14위	위원장	42	39위	유권자	20	14위	정치	26	39위	정권	14
15위	경제	41	40위	확진자	19	15위	투표율	26	40위	정의당	13
16위	대책위	41	41위	페이스북	19	16위	확산	23	41위	공약	13
17위	출마	37	42위	중앙선거관리위원회	19	17위	정당	23	42위	상임	13
18위	대응	35	43위	인출수	18	18위	자가격리	23	43위	시민	13
19위	선거운동	35	44위	재외	17	19위	선거운동	23	44위	비판	13
20위	지금	32	45위	상임	17	20위	사회적 거리두기	22	45위	방송	13
21위	황교안	31	46위	이해찬	17	21위	대책위	19	46위	공천	13
22위	긴급	30	47위	원내대표	17	22위	출마	19	47위	예비	13
23위	청와대	30	48위	심판	16	23위	확진자	18	48위	참여	12
24위	지원	29	49위	소득	16	24위	위기	18	49위	언론	12
25위	확산	27	50위	업무	16	25위	중앙선거관리위원회	18	50위	관리	12

21대 총선과 한국 민주주의의 진화

〈그림 5〉 조선일보 총선-코로나　　　〈그림 6〉 한겨레신문 총선-코로나
　　　워드클라우드　　　　　　　　　　　워드클라우드

같은 단어를 제외하면 보수 매체와 진보 매체가 총선과 관련해 코로나 이
슈를 다루는 프레임이 다르게 나타나는 것을 알 수 있다. 보수 매체의 경
우, '비례대표'라는 단어가 빈출어 상위 12위로 49번 등장하고 있지만 진
보 매체에서는 38위로 14번 등장하고 있다. 이는 21대 총선에서 처음으로
도입된 '준연동형 비례대표제'와 관련해 진보 매체보다 보수 매체가 더 주
목해서 다루고 있음을 말해 준다. 또한 보수 매체가 '확산', '위기', '정부'와
같이 코로나 사태에 대해 현 정부의 위기 관점에서 프레임을 잡았다면, 진
보 매체는 '사회적 거리두기', '자가격리', '대응'과 같이 현 정부의 대응 정
책과 관련된 단어들로 코로나 이슈 프레임을 구성했음을 알 수 있다.

　언론에서 총선과 관련된 코로나 이슈를 다룰 때에는 보통 정치인, 선거
와 관련된 일반적인 단어, 특정 정당 등이 많이 나타났다. 이어서 네이버
와 다음 블로그에서 총선과 관련된 코로나 글을 분석한 결과, '총선', '국
회', '후보', '민주당', '투표', '미래통합당', '문재인 대통령'과 같은 단어들
이 높은 빈도를 차지했는데, 이것은 뉴스 기사와 동일한 결과였다(〈표 3〉
참조). 그러나 공중 어젠다의 특징을 살펴보면 언론의 어젠다와는 다르게

<표 3> 네이버와 다음의 총선–코로나 관련 빈출어

	단어	빈도		단어	빈도		단어	빈도
1위	총선	40635	18위	사회적 거리두기	1057	35위	방역	700
2위	코로나	21755	19위	서울	1012	36위	개입	698
3위	후보	6456	20위	위기	897	37위	정책	697
4위	국회	6167	21위	승리	897	38위	참여	659
5위	민주당	3665	22위	대구	882	39위	위원회	656
6위	선거운동	3382	23위	극복	880	40위	대책위	655
7위	투표	3369	24위	세계	876	41위	대책	638
8위	미래통합당	2323	25위	연기	866	42위	투표율	604
9위	문재인 대통령	2262	26위	확진자	860	43위	시민	590
10위	확산	1844	27위	중국	837	44위	울산	578
11위	정치	1797	28위	대응	834	45위	여야	571
12위	정부	1795	29위	선거구	825	46위	공천	570
13위	정당	1327	30위	선거법	818	47위	중앙선거관리위원회	559
14위	출마	1325	31위	유권자	816	48위	영향	554
15위	경제	1274	32위	공약	761	49위	감염	551
16위	사전투표	1137	33위	정권	721	50위	심판	545
17위	비례대표	1132	34위	마스크	709			

<그림 7> 네이버와 다음의 코로나–총선 관련 워드클라우드

<그림 8> 네이버와 다음의 코로나–총선 관련 상위 빈출어 제외 워드클라우드

21대 총선과 한국 민주주의의 진화

'비례대표', '사전투표', '선거구', '선거법', '공약'과 관련된 단어들이 많이 등장하는데, 이것으로 유권자 입장에서 실제 필요한 정보들에 대한 게시글이 많았음을 확인할 수 있다. 또한 '마스크', '방역', '정책', '극복'처럼 코로나 대응 정책과 관련된 프레임이 주요하게 나타나고 있음을 확인할 수 있다.

2. 코로나 이슈와 관련된 의미연결망 분석

전체 뉴스 기사의 경우, 일단 아이겐벡터 중심성(eigenvector centrality)에 있어 빈도분석과 유사하게 코로나 이슈와 관련한 의미 연결 네트워크에서 우한(.437[3]), 확산(.318), 중국(.306), 대구(.232), 미국(.218), 지원(.146), 세계(.134), 마스크(.127), 경제(.125), 일본(.122) 등의 단어들이 중심적인 역할을 담당하는 것으로 나타났다(〈그림 9〉 참조). 의미연결망의 각 링크 간 강도 즉 노드 간의 유사성을 정량적으로 나타내는 코사인 유사도(cosine similarity) 지수에서 눈에 띄는 사실은, '확산'과 관련하여 링크의 연결 강도 기준으로 우한(.192[4]), 우려(.174), 정부(.136) 순으로 높게 나타난 데 반해 대구(.051, 33위), 경북(.049, 34위), 신천지(.046, 43위) 등의 단어는 상대적으로 낮은 순위를 점하고 있다는 것이다. 또한 '대응'과 관련해서는 정부(.129), 문재인 대통령(.079), 민주당(.058) 등의 단어가 높은 순위를 점하고 미래통합당이나 황교안, 김종인 등 야당 관련 단어는 코로나 대응 관련해서 50위권 밖으로 밀려나 있다. 특이한 점은 '문재인 대통령'과 코사인 유사도가 가장 높게 나타난 단어가 대응(.079)이고, 다

---

3. eigenvector centrality(위계 중심성) 계수
4. cosine similarity(코사인 유사도) 계수

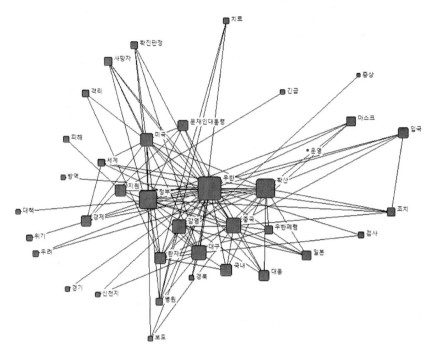

〈그림 9〉 전체 뉴스 기사 코로나 이슈 네트워크

음 순위가 미국(.060)이라는 것이다. 이는 현 정부의 코로나 대응이 외국의 상황 특히 미국의 대응 상황과 대비되어 기사에서 자주 언급되고, 코로나 대응에 긍정적인 평가가 총선 결과에도 긍정적인 영향을 미쳤으리라 추측하게 한다.

다음으로, 의미연결망 분석을 통하여 보수와 진보 간 코로나 이슈 관련 의미연결망을 비교해 보았다(〈그림 10〉, 〈그림 11〉 참조). 일단 중심성에 있어, 조선일보 이슈 네트워크에서는 우한(.506), 확산(.326), 중국(.320), 정부(.252), 미국(.223)이 상위 5위 안의 중심성을 차지했고, 한겨레에서는 대구(.385), 확산(.275), 정부(.272), 환자(.262), 감염(.235)이 상위 5위 안을 차지했다. 두 언론사 간, 코사인 유사도 지수에서 유사성에 근거해

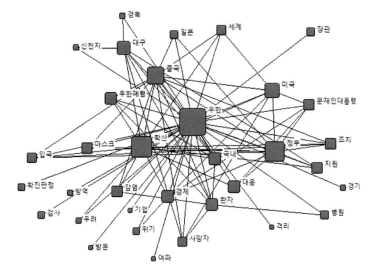

〈그림 10〉 조선일보 코로나 이슈 네트워크

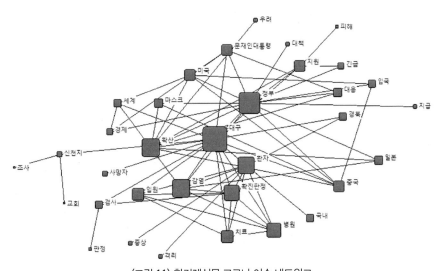

〈그림 11〉 한겨레신문 코로나 이슈 네트워크

링크 간 강도를 비교해 보면, '확산'과 관련하여 조선일보는 우한(.230), 우려(.179), 정부(.139) 순으로 유사성 순위가 나타난 데 반해 한겨레는 정부

(.160), 대응(.121), 긴급(.096) 순으로 나타났다.

　다음으로 SNS상에서 코로나 관련 이슈 네트워크는 어떻게 나타났는지 살펴보았다(〈그림 12〉 참조). 일단 아이겐벡터 중심성에 있어 우한 폐렴(.540), 우한(.539), 중국(.437)이 압도적인 중심 단어로 나타났다. 4순위 단어인 '세계'의 중심성(.161)은 3순위와 격차가 매우 크다. 미디어 네트워크에서 높은 중심성을 보였던 대구(.024), 미국(.045) 등은 비교적 주변 단어로 나타났고, 마스크(.079), 세계(.161), 경제(.125) 등은 비슷한 위치를 점하는 것으로 나타났다. 코사인 유사도 지수에서 눈에 띄는 사실은 '확산'과 관련하여 링크의 연결 강도 기준으로 우한(.092)과 중국(.152)보다 세계(.210)와 유사도가 더 높게 나타났다는 것이다. 미국(.065)도 '확산'과의 코사인 유사도에서 비교적 높은 순위를 점하였다. 이를 통해 보건대, 언론보다 SNS 상에서 오히려 코로나의 미국을 포함한 세계적 확산 현상에 더 많은 관심을 보인 것으로 생각된다. 특히 흥미로웠던 점은 미디

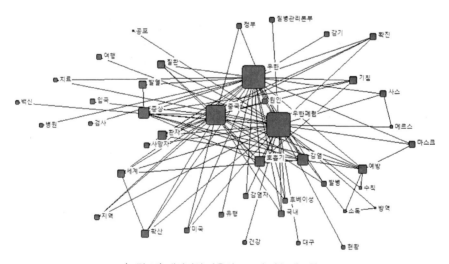

〈그림 12〉 네이버와 다음의 코로나 이슈 네트워크

어 코로나 이슈 네트워크에서 지극히 주변부에 위치해 네트워크상에 거의 나타나지 않았던 사스(24위)와 메르스(32위)가 단어의 중심성이 꽤 높은 순위를 점했고, 또 이 단어들이 '우한', '우한 폐렴'과 강한 연결성을 보였다는 것이다.

3. QAP분석

최종적으로 4·15 총선이라는 맥락 속에서 코로나 이슈 관련 이슈 네트워크들 간의 유사성을 QAP(Quadratic Assignment Procedure) 분석을 통하여 정량적으로 검증해 보았다(〈표 4〉 참조). QAP 분석 결과, 전반적으로 네트워크 간 유사성은 코로나 단일 이슈 네트워크보다 총선 관련 코로나 이슈 네트워크와의 유사성이 더 떨어지는 것으로 나타났으나 전체 네트워크 간 상관계수는 모두 유의미한 것으로 나타났다. 먼저 전체 SNS 총선-코로나 이슈 네트워크와 조선일보 네트워크의 유사성이 가장 크게 나타났고(.240, p<.00), 그 다음으로 SNS 총선-코로나 이슈 네트워크와 전체 미디어 네트워크의 유사성이 크게 나타났다(.117, p<.00). 반면 조선일보와 한겨레, 즉 보수와 진보 매체의 총선-코로나 관련 이슈 네트워크 사이에 유사성이 가장 낮게 나타났고(.396, p<.00), 두 매체 모두 전체

〈표 4〉 코로나 총선 이슈 매트릭스 간의 상관관계

	총선-기사 통합	총선-네이버 다음	총선-조선일보	총선-한겨레
총선-기사 통합	1.000(.00)	.223(.00)	.154(.00)	.126(.01)
총선-네이버 다음		1.000(.00)	.240(.00)	.138(.01)
총선-조선일보			1.000(.00)	.117(.02)
총선-한겨레				1.000(.00)

표 안의 수치는 QAP correlation coefficient 값, 괄호 안의 값은 QAP p값

미디어 네트워크보다는 SNS 이슈 네트워크와 더 큰 유사성을 보였다. 그런데 조선일보는 그 유사성에 있어 큰 차이—SNS와는 .240, 미디어와는 .154—를 보였고, 한겨레는 SNS 네트워크 유사성(.138, p<.00)과 미디어 네트워크 유사성(.126, p<.00)에서 큰 차이를 보이지 않았다.

V. 연구의 함의 및 한계

코로나 이슈 프레임에 있어 보수 언론과 진보 언론 간 유사성이 차이점보다 더 두드러졌으나, 코로나 확산 책임 주체에 관한 프레임에서는 차이를 보였다. 즉 보수 언론이 진보 언론에 비해 코로나의 최초 발생지로 의심되는 우한시를 더 집중적으로 다루었고, 진보 언론은 대구 신천지 사태에 더 비중을 두어 보도하는 경향을 보였다. 언론의 코로나 이슈 네트워크와 소셜 미디어 이슈 네트워크 간에 높은 상관관계를 보여, 네트워크 의제설정을 확인하였으나, 이슈와 관련된 구체적인 관심 속성에 대해서는 차이를 보였다. 빈출어 분석 결과 기존 미디어에서는 코로나 사태를 크게 세가지 관점에서 프레임 짓고 있었다. 우선 중국 우한 폐렴이나 신천지 사태와 같은 코로나의 발병 원인과 확산 원인에 대해 주목하고 있었고, 이러한 코로나 사태가 세계경제에 미칠 영향을 언급하고 있었다. 반면 블로그 게시글에서는 코로나 바이러스가 자신에게 미칠 실제 영향에 주목하는 경향을 보였다. 예를 들어 기침, 발열과 같은 실제 증상에 주목하거나 자가격리, 예방법과 같이 실제로 코로나 질병에 대응할 수 있는 방법에 관심을 나타냈다. 또한 일반인들은 코로나 감염병을 기존의 사스, 메르스와 같은 바이러스 질병과 연결시키며 코로나에 대한 두려움과 불안함을 나타냈다. 즉 뉴스 기사에서 다루는 프레임이 다소 거시적이고 정치적이었다면 일반 대중들은 코로나 바이러스가 현실적으로 자신에게 미칠 수 있는 영향에 더욱 주목하였다고 할 수 있다.

이러한 의의에도 불구하고 이 연구의 한계는 다음과 같다. 첫째, 분석 대상이 한정되었다는 점이다. 이 연구에서는 보수 매체와 진보 매체를 각각 하나씩 선정했으나 매체 성향별로 명확한 차이를 확인하기 위해서는 분석 대상을 확대할 필요가 있다. 둘째, 일반 공중 어젠다를 확인하기 위해서 네이버와 다음의 블로그 게시글을 대상으로 분석했으나 공중 프레임을 대표하기에는 포털의 댓글이나 페이스북, 트위터의 게시글들이 더 적절할 수 있을 것이다. 셋째, 총선 이후 코로나 사태에 대한 언론 프레임의 장기적인 시계열적 변화를 확인하기 어려웠다는 점이다. 이 연구에서는 분석 기간을 1월 20일에서 4월 15일로 한정했는데 해당 연구 기간 이전과 최근까지 진행되고 있는 코로나 사태의 장기적인 영향을 확인하는 데는 한계가 있었다. 예를 들어, 4·15 총선 이후 미디어에서 코로나를 어떻게 다루고 있는지, 정치적으로 어떠한 변화가 있었는지, 일반 대중들은 여전히 코로나에 막연한 두려움을 가지고 있는지, 오히려 코로나 사태가 일상화되지는 않았는지 등을 확인하기 위해서는 장기적인 추적 연구가 필요할 것으로 보인다.

참고문헌

김달아. 2020.04. 종합지들 총선결과 분석 '코로나가 이슈 삼켜', '국정방향 지지'. 한국
　　기자협회. http://www.journalist.or.kr/news/article.html?no=47557.

김대욱. 2020. "네트워크 의제 설정 모델을 적용한 공공 이슈 관리 탐색: 북한이탈주민
　　에 대한 신문과 SNS의 담론 비교를 중심으로." 『홍보학연구』 24(3). 23-54.

노지원. 2020.02. "한국언론 '코로나19' 보도 어땠나…과장, 추측성, 생중계식 보도 안
　　돼." 한겨레. http://www.hani.co.kr/arti/PRINT/928127.html

박대민. 2015. "사실기사의 직접인용에 대한 이중의 타당성 문제의 검토: 〈동아일보〉와
　　〈한겨레신문〉의 4대강 추진 논란 기사에 대한 뉴스 정보원 연결망 및 인용문 분
　　석." 『한국언론학보』 59(5). 121-151.

백영민. 2015. 『R을 이용한 사회과학 데이터 분석: 기초편』 커뮤니케이션북스.

안정윤·이종혁. 2015. "'네트워크 의제 설정'의 출현: 뉴스 매체와 온라인 게시판 간 이
　　슈 속성 네트워크의 유사성 분석." 『한국언론학보』 59(3). 365-394.

이승희·송진. 2014. "재난보도에 나타난 소셜 미디어와 방송 뉴스의 매체 간 의제 설
　　정: 세월호 관련 보도를 중심으로." 『한국언론학보』 58(6). 7-39.

정수영. 2020. "코로나 보도, 이대로 괜찮은가_재난보도 '재난보도'와 '보도재난', 재난
　　이 문제인가 보도가 문제인가?!" 『방송기자』 54. 34-36.

차민경·권상희. 2015. "언론의 창조경제에 대한 의제 설정 의미연결망 분석." 『한국언론
　　학보』 59(2). 88-120.

최진호·한동섭. 2011. "정치인 트위터와 신문·방송뉴스의 의제 상관성에 관한 연구."
　　『언론과학연구』 11(2). 501-532.

한국리서치&명지대 미래정책센터. 2020. 『2020년 총선 유권자 인식 조사』

한국언론진흥재단. 2020. "뉴스 빅데이터로 본 4·15 총선과 정책공약." 『신문과 방송』
　　594. 15-18.

Bonacich, P. 2007. "Some unique properties of eigenvector centrality." *Social net-
　　works* 29(4). 555-564.

Doerfel, M. L., & Barnett, G. A. 1999. "A semantic network analysis of the International Communication Association". *Human communication research* 25(4). 589-603.

Entman, R. M. 1993. *Framing: Toward clarification of a fractured paradigm.*

Guo, L., & McCombs, M. 2011, May. "Network agenda setting: A third level of media effects." *In annual conference of the International Communication Association* Boston, MA.

Guo, L., & McCombs, M. 2016. "The power of information networks: new directions for agenda setting." NY: Routledge.

Guo, L., & Vargo, C. 2015. "The power of message networks: A big-data analysis of the network agenda setting model and issue ownership." *Mass Communication and Society* 18(5). 557-576.

McCombs, M., & Shaw, D. L. 1972. "The agenda-setting function of mass media." *Public Opinion Quarterly* 36(2). 176-187. doi:10.1086/267990.

McCombs, M. E., Shaw, D. L., & Weaver, D. H. 2014. "New directions in agenda-setting theory and research." *Mass communication and society* 17(6). 781-802.

Martin, J. L. 1999. "A general permutation-based QAP analysis approach for dyadic data from multiple groups." *Connections* 22(2). 50-60.

Pan, Z., & Kosicki, G. M. 1993. "Framing analysis: An approach to news discourse." *Political Communication* 10(1). 55-75.

Vargo, C. J., Guo, L., McCombs, M., & Shaw, D. L. 2014. "Network issue agendas on Twitter during the 2012 US presidential election." *Journal of Communication* 64(2). 296-316.

제8장

한국 유권자의 민주주의에 대한 인식: 대의제 요인을 중심으로

김진주 · 윤종빈

명지대학교

본 장은 『사회과학논집』 제51권 2호(2020)에 게재된 논문 "한국인의 민주주의에 대한 인식: 대의제 요인을 중심으로"를 일부 수정 보완한 것이다.

I. 서론

1987년 민주화를 시작으로 '민주주의 30년'이 지난 한국의 민주주의는 현재의 시점에서 완전한 민주주의라고 보기에는 한계가 있지만, 제도적으로는 상당한 수준의 공고화를 이루었다고 평가할 수 있다(김용철 2016).[1] 한국은 영국의 이코노미스트 인텔리전스 유닛(The Economist Intelligence Unit, The EIU)이 매년 167개국을 대상으로 분석하는 '민주주의 지수(Democracy Index)'에서 선거 절차와 같은 제도적인 부분에서 몇 년째 높은 점수를 받고 있으나, 여전히 투표율과 소수자의 정치 참여 및 정치적 활동 수준 등을 평가하는 국민의 정치 참여 분야에서는 낮은 점

---

1. 한편 김용철(2016)은 민주주의의 공고화가 민주주의의 높은 품질을 의미하는 것은 아니라고 주장하며, 한국의 민주주의에 대해서는 권위주의 체제로 변화될 가능성이 적다는 점에서는 공고화되었다고 볼 수 있으나 표현의 자유와 노동권 보장 등의 자유민주주의적 품질과 정부의 정책적 반응성의 미흡 및 행정부와 입법부 간 수평적 책임성 등의 시민민주주의적 품질이 여전히 낮은 수준이기에 민주화의 진전이 정체된 상태라고 평가하고 있다.

수를 받으면서 '결함이 있는 민주국가' 그룹에 속해 있다(The EIU 2020).

민주주의는 국민의 참여를 토대로 하고 있지만, 현실적으로 모든 국민이 직접 정치적 활동에 참여하는 것은 어렵기에 선거와 정당이라는 제도를 통하여 대표자를 뽑아 정부를 구성하고 국정을 운영하는 대의민주주의가 직접민주주의를 대신하고 있다. 이러한 대의제 민주주의에서는 선출직 후보자를 발굴, 양성하는 정당의 역할과 국민의 입법 주권을 대표하는 의회의 역할이 중요하다. 하지만 최근 아시아 국가들에서는 행정부의 권한이 강화되고 권력이 집중화되는 반면, 입법부와 같이 권력을 견제하는 기관들의 위상과 역할은 약화하는 등 견제와 균형의 대의민주주의가 퇴보하는 현상이 발견되고 있다(EAI 2020). 한국 역시 전통적으로 지속되어 온 '정부 여당 vs 야당'의 권력 경쟁 구도가 21대 총선에서 여당인 더불어민주당이 전체 300석 중 180석을 차지하여 더욱 견고해졌으며, 국민의 대표 기관인 국회의 위상은 오히려 하락하고 대통령과 행정부의 권한이 거대 여당의 뒷받침으로 더욱 강화되어 삼권분립의 대통령제를 채택하고 있는 대의제 민주주의가 쇠퇴한다는 우려가 제기되고 있다.

만일 국가의 안정적 운영이 견제와 균형의 대의민주주의를 희생해서 얻는 대가라면 '민주화 이후 민주주의'는 오히려 쇠퇴한 것으로 평가하는 것이 마땅하다. 견제와 균형의 대의제는 선거를 통해 정부와 국회를 구성하는 정당의 노력 없이는 완성되기 어려우며, 유권자의 다양한 이해관계를 수렴하고 이를 조율해 안정적인 정책과 입법으로 만들어 내는 입법부, 정당 등 대의제 기관들의 역할이 중요하다.

하지만 전 세계적으로 정당 가입과 정당 지지자들이 급속하게 줄어들고 있고(Hooghe and Kern 2015; van Biezen et al. 2012), 젊은 세대의 투표 참여는 감소하는 등 정당을 비롯한 대의제 기관은 위기를 맞고 있다

(Hooghe and Kern 2017). 우리나라의 경우 공식적인 수치에서 당원의 수가 줄어들고 있는 것은 아니지만 정당에 대한 국민의 신뢰가 다른 사회 기관들에 비해 현저히 낮으며 정당정치에 대한 국민의 만족도 역시 매우 낮은 수준이다(윤종빈 외 2014). 또한, 여야 정당들의 끊임없는 갈등과 분열로 인한 이합집산으로 정당 체계의 불안정성이 커지고 있는 가운데, 21대 총선을 전후해서는 연동형 선거제도의 취지를 왜곡하는 비례 위성 정당의 경쟁적 설립으로 정당 체계의 안정성이 위협받고 유권자의 혼란과 불신은 더욱 가중되고 있다. 대의제 민주주의의 공고화를 위해 행정부를 견제하는 정당과 의회의 역할이 더욱 커졌음에도 불구하고 아직도 정당들은 과거의 프레임에 머물러 본연의 역할을 상실하고 견제와 균형의 대의제 정착을 위한 핵심 행위자로서 한계를 보여 주고 있다. 더욱이 입법부에 대한 신뢰 역시 다른 기관들에 비해 매번 현저히 낮은 수준을 보이는 상황이다(김지범 외 2019).

그럼에도 불구하고 정당과 국회 없는 대의민주주의는 상상하기 어렵고 대의제 기관에 대한 만족도는 민주주의와 정치 전반에 대한 만족도와 연결될 수 있어 이들에 대한 유권자의 생각이 한국 민주주의의 수준을 가늠하는 중요한 잣대가 될 것이다. 한 가지 흥미로운 점은, 기존의 각종 분석에서 대의제 기관에 대한 우리나라 유권자들의 신뢰와 만족도가 지속해서 하락하고 있음에도 불구하고 민주주의에 대한 평가는 비교적 긍정적으로 나타나고 있다는 사실이다. 그렇다면 민주주의에 대한 한국 유권자들의 인식 속에 대의제 기관에 대한 부분이 존재하지 않는 것인가? 입법부와 정당에 대한 유권자의 인식이 민주주의 만족도에 영향을 미치는지, 아니면 유권자의 인식 속에 정당의 역할과 민주주의 작동이 분리되어 있는지는 흥미로운 질문이 될 것이고, 이에 대한 검증은 한국의 대의제 민주주의를 진단하고 민주화 이후 한국 민주주의 30년을 평가하는 학술적 토대가 될 것이다.

II. 기존 연구 검토

대중의 지지 하락과 정치적 무관심 증대 현상이 다수의 민주주의국가에서 나타나자 민주주의에 대한 개인의 인식은 지속적인 관심을 받아 왔다(Nemčok 2020). 민주주의 인식에 관한 연구는 1997년 앤더슨과 길로리(Anderson and Guillory)가 민주주의에 대한 만족도를 중심으로 연구를 수행하면서 그 범위가 확대되고 있다. 특히 여러 국가에 거주하는 국민을 대상으로 어떠한 요인들이 민주주의 만족도에 영향을 미치는지에 대한 비교 연구가 다수 이루어졌다(Henderson 2008; Kim 2009; Quaranta and Martini 2016; Kestilä-Kekkonen and Söderlund 2017; Christmann 2018; Dassonneville and McAllister 2020; Nemčok 2020 등). 이러한 연구들은 선거제도, 자유에 대한 수준, 직접민주주의 제도의 채택 여부 등에 주목하는 제도주의적 관점에서 민주주의 만족도를 바라보고 있다. 대체로 투표 결과가 최대한 의석수로 반영되는 비례성이 우수한 비례대표제일수록(Anderson and Guillory 1997; Norris 1999; Anderson et al. 2005), 경쟁보다는 합의가 우선시되는 민주주의일수록(Anderson and Guillory 1997; Lijphart 1999; Anderson et al. 2005; Listhaug et al. 2009; Norris 2011) 민주주의에 대한 만족도가 높은 것으로 알려져 있다.

제도주의적 관점에서 연구를 진행하는 것도 물론 중요하나, 민주주의 인식은 개인이 가지고 있는 주관적인 평가이기에 미시적 수준의 변수들을 살펴볼 필요가 있다. 예를 들어 같은 국가에 살고 있어 정치제도나 문화가 유사하다 할지라도 자신의 이념적 성향이나 지지하는 정당의 승패에 따라서 민주주의에 대한 만족도가 달라질 수 있기 때문이다. 따라서 국가적 수준의 변수들을 제외하고 단일국가를 대상으로 민주주의 만족도를 살펴본다면 미시적인 변수의 영향력을 검증해 볼 수 있을 것이다.

기존 연구를 살펴보면, 개인 수준의 요인 중 민주주의 인식에 영향을 미칠 수 있는 것은 크게 세 가지로 구분된다. 첫째, 경제적 변수로 국가 혹은 개인의 경제 상황을 들 수 있다(Waldron-Moore 1999; Hofferbert and Klingemann 1999; Bratton and Mattes 2001; Guldbrandtsen and Skaaning 2010; Armingeon and Guthmann 2014; Quaranta and Martini 2016; Christmann and Torcal 2017; Kestilä-Kekkonen and Söderlund 2017; Christmann 2018). 국가나 개인의 긍정적인 경제 상황은 심리적으로 국민들의 생활 만족도 향상에 영향을 미쳐 민주주의에 대한 만족도에도 영향을 줄 수 있으며(Clarke et al. 1993), 정부나 사회에 대한 기대감을 촉진하여 정치체제 전반에 대한 긍정적인 인식 역시 제고할 수 있을 것이다.

둘째, 사회적 측면에서 사회적 자본 요인이 민주주의 만족도에 영향을 미칠 수 있다. 퍼트남(Putnam 1995)에 따르면 사회적 자본은 신뢰(Trust), 규범(Norm), 네트워크(Network)와 같은 물리적·인적 자본이며, 이러한 사회적 자본이 개인의 생산성을 향상시켜 사회의 이익 증대를 위해 조정과 협력을 촉진하면서 민주주의의 공고화나 안정성을 높이는 데에 영향을 미칠 수 있다. 그 밖에도 민주주의에 대한 사회적 자본의 영향력을 강조하는 학자들은 사회적 자본이 형성되면 상호 간의 협력이 증대되어 사회적 자원이 효율적으로 배분되고, 이는 다시 시민사회의 새로운 사회적 자본으로 축적되어 민주주의의 만족감을 향상시키는 선순환효과를 가져와 민주주의를 공고화하는 데 이바지한다고 주장한다 (Coleman 1990; Putnam 1993; Norris 2002; Tocqueville 2003 등).

마지막으로 정치적 측면의 요인들을 살펴볼 수 있다. 최근 민주주의 만족도를 주제로 한 연구에서 가장 주목받고 있는 것은 '승자−패자' 요인이다. 이는 지난 선거에서 집권당인 여당에 투표했거나 여당 지지자일 경우 야당 지지자들보다 민주주의에 대한 평가가 더욱 긍정적으로 나타난다는 부분을 지적한 것으로, 선거 결과의 중요성을 강조한 관점이다(Anderson and Guillory 1997; Anderson et al. 2005; Kim 2009; Singh 2013; 조영호 외 2013; Kang 2015; Han and Chang 2016; 김희민 외 2017). 이러한 경향성이 발견되는 이유는 우선 지지하는 정당이 선거에서 승리할 경우 해당 정당이 자신이 선호하는 정책을 관철할 가능성이 크기에 긍정적인 인식이 강해지는 반면, 자신이 지지하는 정당이 패배한다면 지지하지 않은 정당이 정권을 획득한 것이기에 비판적인 시각을 가지게 될 가능성이 커지기 때문이다(Singh et al. 2012). 또한 심리적인 부분에서도 여당 지지자들은 선거에서 승리했다는 만족감이 작용하여 긍정적인 감정이 강해질 수 있지만, 그 반대일 경우 부정적 감정이 강화될 수 있다(Mccaul et al. 1992; Anderson et al. 2005).

승자−패자 요인과 더불어 정부에 대한 평가도 주요한 정치적 요인으로 논의되고 있다. 정부 평가 변수는 정부에 대한 시민들의 기대감을 정부가 어떻게 충족시켜 주는지에 따라 민주주의 만족도가 변화할 수 있다는 점에 주목한다(조진만 2011). 정부 평가가 민주주의 만족도에 영향을 미친다는 연구는 다수 존재하는데 대체로 유권자들이 행정부가 비효율적이거나, 불공정하다고 느끼거나, 공무원이 부패했다고 인식하는 등 정부에 대해 부정적으로 평가할 경우 민주주의에 대한 만족도가 낮아지는 경향이 있다는 것을 확인하였다(Mattes and Bratton 2007; Norris 2011; Linde 2012; Ariely 2013; Christmann and Torcal 2017).

한편 정부와 국민 간 이념적 일치성이 민주주의 평가에 영향을 미친다는 연구도 존재하는데(조진만 2011; Curini et al. 2012), 자신과 정부 간의 이념적인 거리감에 초점을 맞추어 정부와 이념적으로 가깝게 느낄수록 민주주의에 대해 긍정적으로 평가한다는 연구 결과도 도출되었다. 전반적으로 민주주의 인식에 있어 정부 요인에 초점을 맞춘 연구들은 국가를 운영하는 정부와 정치체제인 민주주의 간의 상관성을 밝혔다고 할 수 있다.

이렇듯 민주주의에 대한 인식에 영향을 미치는 요인은 다양하게 검증되어 왔다. 하지만 대다수의 연구는 현재 여러 민주주의국가가 대의민주주의제를 채택하고 있음에도 불구하고 입법부와 이를 구성하는 정당과 같은 대의제 주요 기관들에 대해서는 깊이 있게 탐구하지 않았다. 데니스와 오웬(Dennis and Owen 2001), 넴보크(Nemčok 2020)가 정치적 대표성의 주요함에 기반을 두어 정당과 관련된 변수를 포함해 민주주의 만족도를 살펴보았으나, 주요 변수들이 포함되지 않았다는 한계가 존재한다. 또한 넴보크(Nemčok 2020) 연구의 경우 기존 연구들과 달리 정당에 대한 여러 변수를 분석에 포함하였으나 이념적 거리감과 같은 변수들이 제외되어 있고, 여러 국가 간 대규모 비교분석에 초점을 맞추어 고정효과 모형을 활용하였기에 구체적으로 민주주의 만족도에 영향을 미치는 요인들을 살펴보기에는 어려움이 있다.

하지만 그들의 연구는 정치적 대표성을 가지는 기관들에 대한 개인의 태도가 민주주의 인식에 영향을 미칠 수 있다는 것을 보여 주고, 정당과 시민 간의 높은 연계성이 민주주의 인식에 긍정적으로 작용한다는 경험적 근거를 제시하였다. 그렇다면 한국에도 이러한 부분이 적용될까? 주지하다시피 한국은 다른 국가들과는 달리 정당의 근간이 되는 당원의 수가 지속적으로 증가하고 있다. 더욱이 유권자들의 투표 선택에 있어서도 정당 일체감, 정당과 유권자 간의 이념적 거리감 등 당파적 요인들이 주요한 영향을 미치는 것으로 나타난다. 하지만 한국인들은 대의민주주의하에 있음에도 다른 기관보다 입법부와 정당에 대해 현저히 낮은 신뢰수준을 보인다.

본 연구는 이러한 기존 연구들을 토대로 여러 요인을 보완하여 대의민주주의하에서 중요한 행위자인 입법부와 정당에 주목하여 민주주의 만족도에 영향을 미치는 요인을 경험적 분석을 통해 살펴보고자 한다. 특히 정당 요인의 경우 시민과 연계되는 대의제적 요소가 확인되어야 하는 만큼 대표성과 반응성에 중점을 두고자 한다. 정당의 대표성이란 정당의 역할 중에서 대표자 선출을 올바르게 하고 있는지에 대한 것으로, 후보자를 선출하는 과정에서 유권자의 의견이 왜곡 없이 반영될 때 정당의 대표성이 높게 보장된다고 할 수 있다(Rahat 2007; 윤종빈·박병훈 2011; 이동윤 2012; 박영환 2016). 또한 반응성은 대표성과 유사하지만 정당이 책임감을 느끼고 유권자들의 요구와 일치하는 정책을 추구하는지, 정당이 유권자들에게 반응하고 있는지에 대한 것을 의미한다(현재호 2011). 따라서 정당의 반응성이 높을 때 대의제적 역할을 잘 수행하고 있다고 판단할 수 있을 것이며, 이는 대의민주주의에 대한 국민의 긍정적인 인식 제고에도 영향을 미칠 것이다.

III. 연구 방법

본 연구는 한국 유권자들의 민주주의 인식에 영향을 미치는 요인들을 살펴보고자 명지대학교 미래정책센터가 한국리서치에 의뢰해 실시한 '2020 총선 유권자 인식 조사'를 활용하였다. 본 조사는 2020년 4월 20일부터 30일까지 전국 성인 남녀 2,000명을 대상으로 CAWI(Computer Assisted Web Interview), 컴퓨터를 이용한 웹 조사 방식으로 이루어졌다. 조사는 2,000명을 대상으로 하였으나 본 연구에서는 기존 여러 연구에서 선거승패 변수(Anderson and Guillory 1997; Kim 2009; 조영호 외 2013; Kang 2015; Han and Chang 2016)가 민주주의 만족도와 강한 연관성을 가질 수 있다는 것을 검증하였기에 21대 총선에서 승리한 여당 지지자와 제1야당 지지자를 구분하여 분석을 수행하고자 한다. 여당 지지자는 지역구 투표에서는 더불어민주당을, 비례대표 투표에서는 더불어시민당을 선택한 631명을, 제1야당 지지자는 지역구에서는 미래통합당을, 비례대표 투표에서는 미래한국당을 선택한 277명을 의미한다.[2]

종속변수는 민주주의 만족도로 '선생님께서는 우리나라의 민주주의에 대해 어떻게 생각하십니까? 0은 매우 불만족, 10은 매우 만족을 의미한다고 할 때, 0에서 10 사이의 숫자로 대답해 주십시오'에 대한 응답을 사용하였다. 응답은 값이 클수록 민주주의에 대해 만족한다는 것을 의미한다.

독립변수로는 민주주의 만족도에 영향을 미칠 수 있는 요인들을 대의제적 요인, 정부 요인, 경제적 요인, 기타 요인으로 구분하였고, 정치적 변

---

2. 2021년 기준 현재는 더불어민주당과 더불어시민당이 통합되어 더불어민주당이 되었고, 미래통합당과 미래한국당은 통합된 후 국민의힘으로 명칭을 변경하였다. 하지만 조사자료가 21대 총선을 기점으로 하고 있기에 이하의 내용에서는 현 명칭 대신 당시 명칭이었던 미래통합당을 사용하고자 한다.

수의 경우 본 연구에서 주목하는 대의제적 요인으로 입법부와 정당에 대한 변수를 포함하였다. 〈표 1〉은 주요 독립변수들의 설명과 코딩 방법을 제시한 것이다.

〈표 1〉 주요 독립변수의 설명과 코딩 방법

변수			2020 총선 유권자 인식 조사	
			문항	코딩
대의제적 요인	정당	만족도	지난 4년간 다음 각 정당의 활동에 대해서 얼마나 만족하십니까?	1: 매우 불만족한다 2: 불만족한다 3: 만족한다 4: 매우 만족한다
		공천 과정 평가	선생님께서는 각 정당의 이번 국회의원 선거 후보자 공천 과정에 대해 어떻게 생각하십니까?	1: 매우 잘못했다 2: 잘못했다 3: 잘했다 4: 매우 잘했다
		이념적 거리감	선생님이 생각하시는 다음 각 정당들의 이념 정도를 0–10점 사이의 숫자로 답하여 주시기 바랍니다. 0은 매우 진보를, 5는 중도를, 10은 매우 보수를 의미합니다. 선생님의 이념 성향은 어디에 가깝다고 생각하십니까? 0은 매우 진보를, 5는 중도를, 10은 매우 보수를 의미합니다.	abs(유권자 스스로의 주관적 이념–유권자가 지지하는 정당에 대해 평가한 이념)
		당파성	선생님께서는 평소에 지지하거나 가깝게 느끼시는 정당이 있으십니까?	1: 있음 0: 없음
		선거 승패 (여당)*	평소 지지하거나 가깝게 느끼는 정당은 다음 중 어느 정당입니까?	0: 야당(미래통합당, 미래한국당) 1: 여당(더불어민주당, 더불어시민당)
		신뢰도	다음은 우리나라 주요 기관들입니다. … 선생님께서는 이 기관들을 개인적으로 어느 정도 신뢰하는지 0에서 10 사이의 숫자로 대답해 주십시오. (5) 정당	0: 전혀 신뢰하지 않음 … 5: 보통 … 10: 완전히 신뢰함
	입법부 신뢰도		다음은 우리나라 주요 기관들입니다. … 선생님께서는 이 기관들을 개인적으로 어느 정도 신뢰하는지 0에서 10 사이의 숫자로 대답해 주십시오. (2) 국회(입법부)	

정부요인	정부 평가	선생님께서는 현재까지의 문재인 대통령의 직무 수행(국정 운영)을 0~10점 사이의 숫자로 답하여 주시기 바랍니다. 0점은 아주 못하고 있다를, 10점은 아주 잘하고 있다를 의미합니다.	0: 아주 못하고 있다 … 5: 보통이다 … 10: 아주 잘하고 있다
정부요인	행정부 신뢰도	다음은 우리나라 주요 기관들입니다. … 선생님께서는 이 기관들을 개인적으로 어느 정도 신뢰하는지 0에서 10 사이의 숫자로 대답해 주십시오. (1) 정부(행정부)	0: 전혀 신뢰하지 않음 … 5: 보통 … 10: 완전히 신뢰함
경제적 요인	국가 경제 평가	선생님께서는 4년 전과 비교할 때 우리나라의 경제 상태가 어떻다고 보십니까?	1: 나빠졌다 2: 비슷하다 3: 좋아졌다
	개인 경제 평가	선생님 댁의 한 달 총수입은 어느 정도입니까? 상여금, 이자, 임대료 등 가족 전체의 수입을 합하여 월평균으로 말씀해 주십시오.	1: 100만 원 미만 2: 100~200만 원 미만 … 10: 900~1,000만 원 미만 11: 1,000만 원 이상
	주관적 계층의식	선생님 댁의 현재 생활 수준은 한국의 다른 가족들과 비교할 때 어느 정도 수준에 있다고 생각하십니까? 0은 한국의 다른 가족에 비해 매우 낮음을, 10은 매우 높음을 의미합니다.	1: 하위 계층 2: 중하위 계층 3: 중간계층 4: 중상위 계층 5: 상위 계층
기타	사법부 신뢰도	다음은 우리나라 주요 기관들입니다. … 선생님께서는 이 기관들을 개인적으로 어느 정도 신뢰하는지 0에서 10 사이의 숫자로 대답해 주십시오. (3) 법원(사법부)	0: 전혀 신뢰하지 않음 … 5: 보통 … 10: 완전히 신뢰함
	정치 효능감	선생님께서는 다음의 의견에 대해 어떻게 생각하십니까? (1)나 같은 사람들은 정부가 하는 일에 대해 어떤 영향도 주기 어렵다.	1: 매우 동의한다 2: 동의한다 3: 동의하지 않는다 4: 전혀 동의하지 않는다

* 21대 총선에서는 거대 양당의 비례대표 선거용 정당이 설립되어 더불어민주당과 더불어시민당, 미래통합당과 미래한국당이 구분되었다. 이에 본 연구가 활용한 조사에서는 정당들에 대한 지지가 개별적으로 측정되었으며, 분석에서는 각각의 두 정당을 더불어민주당과 미래통합당으로 통합하여 분석하였다.

우선 대의제 요인은 입법부와 정당 두 기관에 대한 변수들로 구성하였다. 입법부에 대해서는 신뢰 변수를 포함하여 사회적 자본 중 공적 신뢰로서 민주주의에 대한 인식에 영향을 미치는지와 동시에 대의민주주의의 핵심 기관으로서 한국인들의 현 민주주의에 대한 인식 속에 입법부가 존재하는지 살펴보고자 하였다.

정당 변수의 경우 기존 연구들에서 정당의 대표성 및 반응성과 관련하여 살펴본 변수들을 포함하였는데, 특히 정량적으로 정당의 대표성을 살펴본 박영환(2016)은 각 정당의 공천제도에 대한 응답자들의 만족도를 매우 불만족, 대체로 불만족, 대체로 만족, 매우 만족으로 측정하여 이를 분석하였다. 본 연구에서도 정당의 공천 과정에 대한 평가를 통해 후보자 충원 방식에 있어 유권자들의 인식이 어떠한지 확인하고자 한다. 또한 정당이 국민의 의견을 제대로 대변하지 못하는 낮은 반응성을 보인다면 이 역시 대의제적 역할을 제대로 수행하지 못하는 것으로 보아야 할 것이다. 이와 같은 정당의 반응성은 유권자들이 자신이 지지하는 정당에 얼마나 만족하고 있는지3, 그리고 그들이 인식하기에 정당과 자신이 이념적으로 어느 정도 가깝다고 느끼는지를 통해 알아볼 수 있을 것이다. 그리고 정당 일체감, 정당에 대한 신뢰도 변수를 포함하였다. 또한 정치적 요인으로서 민주주의 만족도에 영향을 미칠 수 있는 정부 평가, 정치 효능감을 포함하였다.

정부 변수의 경우 한국이 대통령제 국가인 만큼 현재 민주주의에 대한 국민의 인식에서 정치적 기대감이나(조진만 2011), 정부 운영의 효율성 등이 영향을 미칠 것으로 보고(Mattes and Bratton 2007; Norris 2011 등)

---

3. 본 조사에서는 정당 만족도에 대한 문항이 여당과 제1야당에 대한 것뿐이었다. 따라서 회귀분석의 경우 정당 만족도 변수를 추가하기 위해 전체 모델의 경우 여당과 제1야당의 지지자만 포함되어 아쉬움이 남는다. 하지만 이번 21대 총선을 통해 선출된 300석 중 여당이 180석, 제1야당이 103석, 그 외의 정당 및 무소속 당선이 17석으로 여당과 제1야당의 의석이 전체 약 94.4%를 차지하였기에 두 정당의 지지자들만을 중심으로 연구를 수행하였다. 향후 데이터를 보완하여 다양한 정당 지지자들을 대상으로 야당 내에서도 그 차이를 확인해 보면 더욱 의미가 있을 것으로 생각된다.

정부 평가와 신뢰도 변수를 살펴보았다.

경제적 변수는 민주주의를 살펴본 다수의 연구가 이미 그 중요성을 밝힌 바 있다(Waldron-Moore 1999; Hofferbert and Klingemann 1999; Bratton and Mattes 2001; Guldbrandtsen and Skaaning 2010; Kestilä-Kekkonen and Söderlund 2017; Christmann 2018 등). 따라서 본 연구에서도 기존 연구들에서 주로 살펴보았던 국가 경제 평가 변수와 개인의 가계 변수, 덧붙여 객관적인 경제 지표 외에도 주관적 계층 의식 변수를 포함하였다.

마지막으로 사회적 자본을 구성하는 공적 신뢰 중 사법부에 대한 신뢰, 그리고 정치에 관한 관심과 만족도를 향상시켜 민주주의에 긍정적 영향을 미칠 수 있는 정치 효능감을 독립변수로 추가하였다. 통제변수로는 성별(1: 남성, 0: 여성), 연령, 학력 수준[1: 고등학교 졸업 이하, 2: 대학교 졸업(2~4년제), 3: 대학원 졸업 이상]을 포함하였다.

IV. 분석 결과

1. 한국인의 대의제 기관에 대한 인식

오늘날 대의민주주의가 현대 민주주의의 대표적 형태로 자리 잡게 된 것은 모든 국민의 주권을 효율적으로 대변할 수 있기 때문이다. 따라서 대의민주주의의 주요 주체인 대의제 기관이 다른 기관들보다 더욱 국민들의 신뢰와 지지를 받을 때 현대의 민주주의가 제대로 실현되고 있다는 평가를 받을 수 있다. 하지만 대의제 기관에 대한 신뢰는 전 세계적으로도

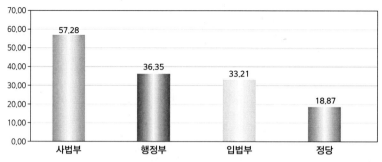

〈그림 1〉 OECD 국가들의 주요 기관에 대한 신뢰수준 평균 비교

자료: Inglehart et al. 2020. "World Values Survey: Round Seven"
참고: 응답은 '매우 신뢰함'과 '다소 신뢰'를 1: '신뢰함'으로, '다소 신뢰하지 않음'과 '매우 신뢰하지
　않음'을 0: '신뢰하지 않음'으로 코딩하였음.

낮은 수준이다.

　2017년부터 2020년 사이 세계가치조사(World Value Survey)에서 조
사한 결과에 따르면, OECD 가입국 중 25개국을 기준으로 보았을 때 입
법부와 정당의 신뢰가 사법부, 행정부의 신뢰에 비해 낮게 나타났다(〈그
림 1〉 참조). 특히 정당에 대한 신뢰는 '신뢰한다'는 응답이 18.87%에 불
과해, 같은 대의제 기관인 입법부보다도 14.34%p 낮았으며, 가장 높게 나
타난 사법부와는 38.41%p가량의 큰 차이를 보였다. 오히려 국가별로 살
펴보았을 때, 입법부와 정당에 대한 한국인들의 신뢰는 OECD 25개국 중
각각 9위, 4위로 다른 국가들에 비해서 낮은 수준이라고 평가하기에는 어
려움이 있다. 그러나 입법부와 정당에 대한 신뢰 그 자체는 타 국가들에서
도 낮게 나타나고 있기에 결코 높은 수준의 신뢰라고 하기는 어렵다.

　구체적으로 한국만을 보자면, 입법부인 국회와 정당은 국민들에게 다
른 기관들보다 현저히 낮은 신뢰를 받고 있다. 2003년부터 2018년까지
성균관대학교 서베이리서치센터의 '한국종합사회조사'에 따르면, 조사가
이루어진 2003년부터 15년간 국회는 다른 주요 기관 지도층들에 비해 매

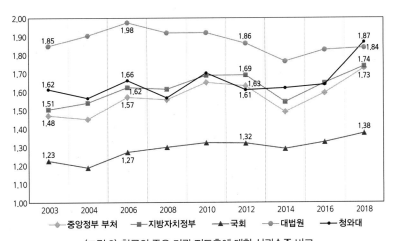

<그림 2> 한국의 주요 기관 지도층에 대한 신뢰수준 비교

자료: 김지범 외. 2019. "한국종합사회조사 2003-2018." 서울: 성균관대학교 출판부
참고: 응답 1: 거의 신뢰하지 않음, 2: 다소 신뢰, 3: 매우 신뢰함

해 가장 낮은 신뢰를 받아 왔다. 최근 2018년 조사에서도 입법부인 국회에 대한 신뢰도는 1.38점에 불과했으나 청와대의 경우 4점 만점에 1.87점으로 가장 높은 신뢰를 받은 것으로 나타났다(〈그림 2〉 참조).

입법부와 같이 대의제의 역할을 수행하는 정당에 대한 인식도 다른 기관보다 신뢰수준이 낮은 것으로 나타났다(〈표 2〉 참조). 특히 OECD 국가들의 신뢰수준과 마찬가지로 입법부보다도 더욱 국민들의 신뢰수준이 낮았다. 측정 결과 10점 만점에 정부가 5.42점, 법원이 4.02점이었으며, 뒤이어 국회와 정당이 각각 3.65점, 3.44점으로 차이를 보였다. 또한 지지하는 정당에 따라서도 주요 기관에 대한 유권자들의 신뢰수준에서 차이를 보였다. 행정부에 대한 신뢰도는 두 정당 지지자들의 평균이 10점 만점에 각각 6.93점과 3.70점으로 더불어민주당 지지자들이 미래통합당 지지자들보다 약 2배 가까이 높은 신뢰수준을 보였다. 이와는 달리 입법부와 정당에 대해서는 수치상 더불어민주당 지지자들의 신뢰가 미래통합당 지지

〈표 2〉 정치 기관별 신뢰수준 비교

	전체(평균)	더불어민주당 지지자	미래통합당 지지자	통계값
정부(행정부)	5.42	6.93	3.70	t=21.451 p<0.01
국회(입법부)	3.65	4.39	3.02	t=9.049 p<0.01
법원(사법부)	4.02	4.07	4.15	t=-0.456 p=0.649
정당	3.44	4.19	3.08	t=7.603 p<0.01
N	2000	631	277	

자들보다 높았다. 하지만 사법부와 비교했을 때, 더불어민주당 지지자들은 사법부보다 입법부와 정당에 대한 신뢰가 높은 반면 미래통합당 지지자들은 사법부에 대한 신뢰가 다른 대의제 조직들에 비해 높게 나타났다. 이에 관해서는 추가 연구가 필요하겠으나 야당인 미래통합당 지지자들에게 있어 2017년 박근혜 국정농단 사태 이후 불안정한 당내 상황과 21대 총선에서 참패한 것이 대의제 기관에 대한 불신으로 이어졌을 가능성을 추측해 볼 수 있다.

이렇듯 민주주의라는 제도하에서 국민의 주권을 대변하기 위해 존재하는 두 기관은 다른 기관들에 비해 국민들의 신뢰를 받지 못하는 것으로 나타났다. 그렇다면 대의제를 근간으로 하는 대의민주주의에 대한 국민들의 인식은 어떠할까?

2. 민주주의에 대한 한국인의 인식

1987년 민주화 이후 30년이 흐른 지금, 국민들에게 현재의 민주주의가 어떻게 인식되는지 살펴보았다(〈그림 3〉 참조). 주요 종속변수인 민주주의 만족도를 측정한 결과, 전체 응답자 2,000명을 대상으로 하였을 때 10점 만점에 평균 5.96으로 유권자들은 민주주의에 대해 약간 만족하고 있는 것으로 나타났다. 하지만 더불어민주당 지지자들은 평균 7.09, 미래통합당 지지자들은 평균 4.71로 지지하는 정당에 따라서 상이한 결과가 나타났다. 이러한 정당별 차이는 민주주의라는 체제에 대한 평가가 단지 제도적인 평가뿐만 아니라 여야의 정권 획득과 같은 정치적인 요인의 영향도 받을 수 있다는 것을 의미하는 결과라 할 수 있다.

이처럼 국민들이 민주주의에 대해 인식하는, 만족하는 정도가 크게 높지 않다면 국민들이 진정으로 원하는 정치체제는 어떠한 형태일까? 〈그림 4〉는 정치체제에 대한 유권자들의 선호도를 살펴본 것이다. 기존의 연구들과는 달리 민주주의를 직접민주주의와 대의민주주의로 구분하여 질문한 결과, 전체적으로 직접민주주의에 대한 평균이 10점 만점에 6.48점

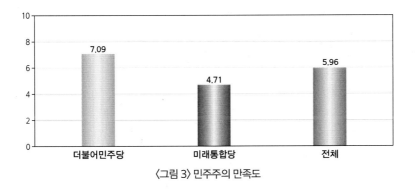

〈그림 3〉 민주주의 만족도

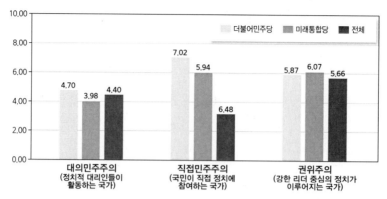

<figure>

| | 더불어민주당 | 미래통합당 | 전체 |

대의민주주의
(정치적 대리인들이
활동하는 국가): 4.70 / 3.98 / 4.40

직접민주주의
(국민이 직접 정치에
참여하는 국가): 7.02 / 5.94 / 6.48

권위주의
(강한 리더 중심의 정치가
이루어지는 국가): 5.87 / 6.07 / 5.66

</figure>

〈그림 4〉 지지 정당별 정치체제 선호도

으로 가장 높았다. 다음으로는 권위주의적 내용을 담은 질문에 대한 응답
이 5.66점으로 대의민주주의에 대한 질문보다 1.26점 높게 나타났다. 권
위주의에 대한 역사적 경험이 있음에도 불구하고 현 정치체제인 대의민
주주의에 대한 선호보다 권위주의에 대한 선호가 높다는 것은 오늘날 가
장 최선의 정치체제로 여겨지고 있는 대의민주주의가 실제 국민에게는
심지어 권위주의보다 선호되지 않을 정도로 심각한 위기에 놓여 있음을
보여 준다.[4]

정치체제 선호도 역시 지지하는 정당에 따라서 상이한 결과가 나타났
는데, 보수적 성향을 지닌 미래통합당 지지자들은 권위주의에 대한 선호
가 10점 만점에 6.07점으로 가장 높았으며 대의민주주의에 대한 선호는
현저히 낮았다. 반면 더불어민주당 지지자들은 직접민주주의에 대한 선

---

4. 2015년 자료를 활용하여 수행한 연구에서는 민주주의를 지지하는 한국인들이 65.3%, 혼합제
26.0%, 권위주의 8.7%로 민주주의에 대한 지지가 가장 높은 것으로 나타난다(cho et al. 2019).
하지만 그들의 연구는 민주주의가 한국에 적합한지 묻는 적합성과 민주주의, 권위주의에 관한 질
문을 결합하여 살펴본 결과로 직접민주주의와 대의민주주의를 구분하지 않고 있어 국민이 진정
으로 지지하는 민주주의가 어떠한 형태인지 확인하기에는 다소 어려움이 있다.

호가 상당히 높게 나타났다. 그리고 더불어민주당이 민주화 운동 세력을 기반으로 형성된 정당임에도 불구하고 더불어민주당 지지자들에게서도 권위주의에 대한 선호가 5.87점으로 대의민주주의보다 높게 나타났다. 과거 권위주의 정권에 맞서 민주화를 이룩했지만 여전히 국민들에게 권위주의에 대한 선호가 높게 나타난다는 점은 주목할 만하다. 이러한 결과에 대해 불안정한 정당 체계로 인한 유권자들의 불신, 그리고 국민의 의견을 대변하고 견제와 균형을 갖춰야 할 본연의 역할을 망각한 정당과 입법부의 한계가 영향을 미친 것은 아닐지 고민해 보아야 한다.

3. 한국인의 민주주의 인식에 영향을 미치는 요인

앞서 살펴본 바와 같이 대의민주주의를 비롯해 이를 수행하는 입법부와 정당에 대한 국민의 인식은 다소 부정적이며, 대의민주주의 자체에 대한 선호도 역시 생각보다 높지 않다. 하지만 대의민주주의는 현실적으로 현대 사회의 필수 불가결한 정치체제이기에 사회 안정화와 민주적 가치 실현을 위해 대의민주주의의 공고화가 필요하다. 따라서 본 연구는 정당과 입법부를 중심으로 하는 대의제적 요소가 민주주의에 중요한 요인으로 작용해야 한다고 보고, 민주주의에 대한 유권자들의 인식에 어떠한 영향을 미치는지 경험적으로 분석하고자 한다. 선형 회귀분석을 통해 다른 여러 변수를 통제한 상태에서도 대의제적 요소가 민주주의에 대한 만족도에 영향을 미칠 수 있을지 살펴보았다. 기존 연구들에 따르면 민주주의 만족도에 영향을 미치는 주요 요인 중 하나는 승자-패자 효과이다. 다시 말해, 지지하는 정당이 여당인지 야당인지에 따라 민주주의에 대한 태도가 달라질 수 있으며, 여당을 지지할수록 그 만족도가 증가할 가능성이 크다는 말이다. 따라서 본 연구는 여당인 더불어민주당과 제1야당인 미래통합당 지지자를 나누어 분석한 뒤, 이 두 집단을 통합한 모델을 추가로 확인하였다(〈표 3〉 참조).

분석 모델은 대의제 요인에 집중한 모델 1, 3, 5와 그 외 변수를 포함한 모델 2, 4, 6으로 구분하였다. 우선 여당인 더불어민주당 지지자들의 경우 정당에 만족할수록(회귀계수 0.391, p<0.01), 공천 과정을 긍정적으로 평가할수록(회귀계수 0.029, p<0.05) 민주주의에 대한 만족도가 높아지는 것으로 나타났다. 이는 민주주의의 발전에 있어 정당들이 대표성과 반응성의 측면에서 국민과 소통하고 연계하는 것이 긍정적으로 작용한다는 것을 보여 주는 결과라 할 수 있다. 한편 미래통합당 지지자들에게서는 정당 변수 중에서도 정당과 응답자 간의 이념적 거리감 변수만 민주주의 평가에 유의미하게 나타났는데, 흥미로운 점은 이념적 거리감이 멀수록 민주주의에 대해 만족하는 것으로 확인되었다. 정당과 시민 간의 연계 측면에서는 상반되는 결과이지만 추측하건대, 미래통합당이 보수적인 성향을 띠고 있고 과거 권위주의 정부를 형성했던 정당이기에 오히려 미래통합당과 이념적 거리감을 가지고 있는 유권자들일수록 민주주의 정치체제를 긍정적으로 생각할 가능성이 큰 것으로 보인다. 또한 미래통합당 지지자들에게서 권위주의적 체제에 대한 선호도가 높게 나타난 만큼 민주주의에 대한 부정적 인식이 작용하였을 것으로 생각된다.

모델 5에서 모든 응답자를 대상으로 대의제 요인의 영향력을 살펴본 결과, 입법부 신뢰에 대한 요인이 일관되게 양의 방향으로 유의미한 영향력을 보이는 것으로 나타났다(p<0.05, p<0.01, p<0.01). 이는 입법부에 대한 신뢰가 높을수록 민주주의에 대한 만족도가 높아진다는 것으로, 대의제 기관에 대한 인식 요인이 민주주의 만족도에 영향을 미칠 수 있음을 시

〈표 3〉 민주주의 만족도 영향 요인

			더불어민주당 지지자		미래통합당 지지자		전체	
			모델 1	모델 2	모델 3	모델 4	모델 5	모델 6
대의제	정당	만족도	0.391*** (0.130)a)	0.251** (0.116)	−0.272 (0.248)	0.065 (0.230)	0.131 (0.112)	0.170 (0.104)
		공천 과정 평가	0.029** (0.131)	−0.059 (0.075)	0.035 (0.203)	−0.049 (0.157)	0.087 (0.072)	−0.077 (0.069)
		이념적 거리감	−0.001 (0.046)	0.002 (0.042)	0.165* (0.099)	0.075 (0.090)	0.043 (0.043)	0.025 (0.039)
		당파성	0.020 (0.139)	0.050 (0.127)	0.455 (0.288)	0.147 (0.259)	0.094 (0.128)	0.056 (0.117)
		선거 승패 (여당)					1.977*** (0.165)	0.224 (0.211)
		신뢰도	−0.013 (0.034)	0.023 (0.031)	−0.046 (0.069)	−0.048 (0.061)	−0.013 (0.030)	0.002 (0.027)
	입법부 신뢰도		0.085** (0.033)	0.014 (0.039)	0.389*** (0.069)	−0.065 (0.090)	0.186*** (0.031)	−0.010 (0.036)
정부	정부 평가			0.111*** (0.042)		0.227*** (0.064)		0.176*** (0.034)
	행정부 신뢰도			0.345*** (0.043)		0.313*** (0.088)		0.338*** (0.038)
경제	국가 경제 평가			0.080 (0.094)		0.065 (0.423)		0.073 (0.099)
	개인 경제 평가			0.035 (0.031)		−0.001 (0.067)		0.027 (0.029)
	주관적 계층의식			0.074 (0.073)		0.121 (0.152)		0.094 (0.068)
사법부 신뢰도				0.034 (0.034)		0.132* (0.074)		0.071** (0.031)
정치 효능감				0.024 (0.075)		0.207 (0.165)		0.069 (0.071)
남성			−0.298** (0.131)	−0.278 (0.125)	0.445 (0.300)	0.073 (0.269)	−0.019 (0.127)	−0.148 (0.116)
연령			0.012** (0.005)	0.004 (0.048)	−0.003 (0.010)	0.000 (0.009)	0.004 (0.005)	0.001 (0.042)
학력			−0.254** (0.116)	−0.370*** (0.110)	−0.004 (0.238)	−0.071 (0.223)	−0.223** (0.106)	−0.307*** (0.101)
상수			4.732***	2.904***	3.693***	1.787***	3.756***	2.337***
N			588	610	262	276	908	886
수정된 R^2			0.0812	0.2160	0.1042	0.2491	0.2778	0.4255

참고: *p<0.1, **p<0.05, ***p<0.01
a) 표준편차

사한다. 하지만 정부·경제 요인을 추가한 모델에서는 이러한 영향력이 발견되지 않았다. 따라서 대의제적 요인들의 영향력이 민주주의 인식에 가장 중요하다고 보기에는 다소 어려움이 있다.

모델 6에서는 정부 요인으로 정부 평가와 행정부 신뢰도, 그리고 사법부 신뢰도만이 민주주의 만족도에 영향을 미치는 것으로 나타났다 ($p<0.01$, $p<0.01$, $p<0.05$). 이러한 정부 요인의 영향력은 지지 정당별로 살펴본 모델 2, 모델 4에서도 확인되었는데, 이는 한국인들에게 민주주의에 대한 인식이 국민이 주권을 가지고 권한을 행사하는 것보다 정부의 국정 운영 측면과 더욱 밀접하기 때문에 나타난 결과라고 추측해 볼 수 있다. 기존 연구와 같이 한국의 현 정치체제가 행정부를 중심으로 하는 대통령제이기에 정부에 대한 기대감, 정부 운영에 대한 평가가 영향을 미친 것으로 보인다.

이러한 결과는 한국의 정치체제에서 그 원인을 찾아볼 수 있다. 한국은 행정부 중심의 대통령제로 행정부가 강한 권력을 갖고 있는데, 최근 21대 총선에서 거대 여당이 탄생하면서 대통령과 행정부의 권한은 더욱 강화되었다. 따라서 현재 민주주의에 대한 국민들의 인식은 기존 연구들에서 확인한 정부 성과에 대한 기대감(조진만 2011), 국정에 대한 평가(Mattes and Bratton 2007; Norris 2011; Linde 2012; Ariely 2013; Christmann and Torcal 2017) 등에서 영향을 받았을 것으로 보인다.

비록 민주주의에 대한 인식에서 대의제적 요인의 영향력이 사라지기는 했으나, 한국의 권력 구조 특성상 여당이 정부에 힘을 더해 주는 상황에서 입법부가 행정부와 비교하면 상대적으로 역할이 미약하고, 교섭단체로서 정당이 국회 운영을 좌우해 국회의 존재감을 약화시킴에도 불구하고, 일부 입법부와 정당에 대한 변수들이 민주주의에 대한 국민들의 인식에도 영향을 미친다는 점은 민주주의 안정성 확대와 공고화를 위해서 대의제 기관의 역할이 배제될 수 없다는 것을 보여 주는 결과라 할 수 있다.

V. 마치며

비록 대의제 민주주의가 위기에 처해 있지만 정당 없는 민주주의, 국회 없는 민주주의는 상상하기 어렵다. 정당과 입법부는 민주주의와 상호 공존하며 발전해 왔고, 이에 대한 학술적 검증은 민주화 이후 30년의 한국 민주주의를 평가하기 위해 매우 중요한 작업이 될 것이다.

본 연구의 분석 결과는 다음과 같다. 첫째, 주요 기관에 대한 신뢰 및 국민들이 선호하는 정치체제를 살펴본 결과 한국의 대의민주주의는 상당한 위기에 직면해 있으며, 대의제 기관인 정당과 입법부에 대한 신뢰는 다른 기관들에 비해 현저히 낮았고, 응답자들이 선호하는 정치체제에서 대의제 민주주의는 권위주의보다도 낮은 평가를 받았다. 이는 향후 한국의 민주주의가 어떠한 방향으로 나아가야 할지, 대의제의 핵심 기관인 정당과 국회의 위상 및 역할 재정립을 위해 무엇을 해야 할지에 대한 과제를 던져 주고 있다.

둘째, 민주주의에 대한 인식에 영향을 미치는 요인을 살펴본 결과, 지지하는 정당과 상관없이 대의제 요인 중에서도 입법부에 대한 신뢰가 민주주의 만족도에 긍정적인 영향을 미치는 것으로 나타났다. 이는 우리나라 권력 구조의 특성상 '정부 여당 vs 야당'의 구조에서 입법부가 행정부보다 상대적으로 역할이 미약하고 교섭단체로서 정당이 국회 운영을 좌우해 국회의 존재감을 약화시키는 한계가 있지만, 동시에 입법부와 정당이 국민의 의견을 대표하는 대리자의 역할을 수행하여 민주주의 발전과 성숙에 유의미한 기여를 해 왔다는 사실을 보여 준다.

마지막으로, 한국의 경우 대의제 기관보다 행정부와 관련한 요인들이 민주주의 인식에 상당한 영향력을 미치는 것이 확인되었다. 한국은 대통령제 국가로 21대 총선 이후 거대 여당이 탄생하면서 행정부의 권한과 역할이 더욱 두드러지고 있다. 이러한 현실을 반영하듯 민주주의 인식에서 정부와 관련한 요인의 중요성이 나타났다. 성숙하고 안정적인 민주주의가 정착하기 위해서는 일반 국민의 참여가 제도적으로 보장되고 삼권분립의 견제와 균형이 지켜져야 한다.

최근 4차 산업혁명 시대를 맞아 인공지능과 빅데이터, 사물인터넷 등 새로운 기술이 급속하게 발전함에 따라 그동안 대의제 민주주의의 의사결정 방식으로 해결하기 어려웠던 많은 초국가적 과제들에 국민적 욕구가 분출하기 시작하였다. 따라서 국민의 직접적인 참여를 수용하는 숙의민주주의 및 참여민주주의 형태에 대한 논의가 활발하게 진행되고, 공론화위원회 등 의사 결정을 위한 다양한 제도적 장치 또한 실험되고 있다. 더욱이 해외 국가에서도 2006년부터 자유, 법치주의, 견제와 균형 등 여러 가지 민주주의 지표들이 급격하게 하락하는 가운데(EAI 2020), 코로나19(COVID-19)라는 유례없는 인류 재난이 등장해 과연 초국가적 문제 해결을 위한 정치체제가 무엇인지, 수평적 의사 결정을 기반으로 하는 대의제 민주주의와 지도자의 강력한 리더십을 기반으로 하는 권위주의적 정치체제 중 어느 것이 더 나은지 결코 확신할 수 없다는 지적도 있다(EAI 2020). 미래 사회가 어떻게 변화할지 쉽게 예측할 수 없지만, '주인-대리인'으로서 일반 국민의 관심과 참여를 토대로 대표자의 사익을 배제한 대표 기능의 강화가 이루어져야 성숙한 대의민주주의가 자리 잡을 것이다.

참고문헌

김용철. 2016. "한국 민주주의의 품질: 민주화가 정체된 결함 있는 민주주의." 『현대정치연구』 9(2). 31-62.

김종길·이정진. 2020. "제21대 국회의원선거 분석 및 향후 과제." 『이슈와 논점』 9(1708).

김희민·송두리·성예진. 2017. "한국인들은 무엇으로 민주주의를 평가할까? 승자-패자의 논리, 정당의 지역적 기반과 이념 성향을 중심으로." 『현대정치연구』 10(2). 99-129.

박영환. 2016. "한국 의회민주주의의 대표성 평가: 정당의 대표 역할을 중심으로." 『국제정치연구』 19(1). 245-268.

윤종빈·김윤실·정회옥. 2015. "한국 유권자의 정치신뢰와 정당 일체감." 『한국정당학회보』 14(2). 83-113.

윤종빈·박병훈. 2011. "당내 후보선출과정의 갈등과 여론조사: 최근 선거 사례를 중심으로." 『분쟁해결연구』 9(2). 167-192.

이동윤. 2012. "한국 정당의 후보공천과 대표성: 제19대 국회의원선거를 중심으로." 『정치정보연구』 15(1). 93-126.

조영호·조진만·김용철. 2013. "선거와 민주주의에 대한 만족: 과정과 결과." 『한국정치학회보』 47(3). 63-81.

조진만. 2011. "이념적 일치성과 민주주주의 만족도: 매니페스토 데이터와 유로바로미터 데이터를 활용한 교차국가분석." 『21세기정치학회보』 21(3). 53-75.

현재호. 2011. "민주화 이후 정당정치: 정당, 유권자 그리고 정부." 『한국정치연구』 20(3). 81-108.

Anderson, C. J. and Guillory, C. A. 1997. "Political Institutions and Satisfaction with Democracy: A Cross-national Analysis of Consensus and Majoritarian Systems." *American Political Science Review* 91(1). 66-81.

Anderson, C. J., A. Blais, S. Bowler, T. Donovan, and O. Listhaug. 2005. *Losers'*

Consent. Elections and Democratic Legitimacy Oxford: Oxford University Press.

Ariely, G. 2013. "Public Administration and Citizen Satisfaction with Democracy: Cross-national Evidence." *International Review of Administrative Sciences* 79(4). 747-766.

Armingeon, K. and Guthmann, K. 2014. "Democracy in Crisis? The Declining Support for National Democracy in European Countries, 2007-2011." *European Journal of Political Research* 53(3). 423-442.

Van Biezen, I., Mair, P. and Poguntke, T. 2012. "Going, Going, ... Gone? The decline of Party Membership in Contemporary Europe." *European Journal of Political Research* 51(1). 24-56.

Bratton, M. and Mattes, R. 2001. "Support for Democracy in Africa: Intrinsic or Instrumental?." *British Journal of Political Science* 447-474.

Christmann, P. 2018. "Economic Performance, Quality of Democracy and Satisfaction with Democracy." *Electoral Studies* 53. 79-89.

Christmann, P. and Torcal, M. 2017. "The Political and Economic Causes of Satisfaction with Democracy in Spain-a Twofold Panel Study." *West European Politics* 40(6). 1241-1266.

Cho, Y., Kim, M. S. and Kim, Y. C. 2019. "Cultural Foundations of Contentious Democracy in South Korea: What Type of Democracy Do Korean Citizens Prefer?." *Asian Survey* 59(2). 272-294.

Clarke, H. D., Dutt, N. and Kornberg, A. 1993. "The Political Economy of Attitudes toward Polity and Society in Western European Democracies." *The Journal of Politics* 55(4). 998-1021.

Coleman, J. S. 1988. "Social Capital in the Creation of Human Capital." *American Journal of Sociology* 94. 95-120.

Curini, L., Jou, W. and Memoli, V. 2012. "Satisfaction with Democracy and the Winner/Loser Debate: The Role of Policy Preferences and Past Experience." *British Journal of Political Science* 42(2). 241-261.

Dassonneville, R. and McAllister, I. 2020. "The Party Choice Set and Satisfaction with Democracy." *West European Politics* 43(1). 49-73.

Dennis, J. and Owen, D. 2001. "Popular Satisfaction with the Party System and Representative Democracy in the United States." *International Political Science Review* 22(4). 399-415.

Diamond. L. 2020. "The COVID-19 Pandemic and the Future of Democracy in Asia." *EAI Online Seminar III*(2020.7.16.).

Guldbr, M. and Skaaning, S. E. 2010. "Satisfaction with Democracy in Sub-Saharan Africa: Assessing the Effects of System Performance." *African Journal of Political Science and International Relations* 4(5). 164-172.

Han, S. M. and Chang, E. C. 2016. "Economic Inequality, Winner-Loser Gap, and Satisfaction with Democracy." *Electoral Studies* 44. 85-97.

Henderson, A. 2008. "Satisfaction with Democracy: The Impact of Winning and Losing in Westminster Systems." *Journal of Elections, Public Opinion and Parties* 18(1). 3-26.

Hofferbert, R. I. and Klingemann, H. D. 1999. "Remembering the Bad Old Days: Human Rights, Economic Conditions, and Democratic Performance in Transitional Regimes." *European Journal of Political Research* 36(2). 155-174.

Hooghe, M. and Kern, A. 2015. "Party Membership and Closeness and the Development of Trust in Political Institutions: An Analysis of the European Social Survey, 2002-2010." *Party Politics* 21(6). 944-956.

_____. 2017. "The Tipping Point between Stability and Decline: Trends in Voter Turnout, 1950-1980-2012." *European Political Science* 16. 535-552.

Inglehart, R., C. Haerpfer, A. Moreno, C. Welzel, K. Kizilova, J. Diez-Medrano, M. Lagos, P. Norris, E. Ponarin and B. Puranen et al. (eds.). 2020. *World Values Survey: Round Seven - Country-Pooled Datafile* Version: https://www.worldvaluessurvey.org/WVSDocumentation WV7.jsp. Madrid: JD Systems Institute.

Kang, W. 2015. "Inequality, the Welfare System and Satisfaction with Democracy in South Korea." *International Political Science Review* 36(5). 493-509.

Kestilä-Kekkonen, E. and Söderlund, P. 2017. "Is it All about the Economy? Government Fractionalization, Economic Performance and Satisfaction with Democracy across Europe, 2002-13." *Government and Opposition* 52(1). 100-130.

Kim, M. 2009. "Cross-national Analyses of Satisfaction with Democracy and Ideological Congruence." *Journal of Elections, Public Opinion and Parties* 19(1). 49-72.

Lijphart, A. 1999. *Patterns of Democracy. Government Forms and Performance in Thirty-six Countries* New Haven: Yale University Press.

Linde, J. 2012. "Why Feed the Hand that Bites you? Perceptions of Procedural Fairness and System Support in Post-Communist Democracies." *European Journal of Political Research* 51(3). 410-434.

Listhaug, O., Aardal, B. and Ellis, I. O. 2009. "Institutional Variation and Political Support: An Analysis of CSES Data from 29 Countries." *The Comparative Study of Electoral Systems* 311-332.

Mattes, R. and Bratton, M. 2007. "Learning about Democracy in Africa: Awareness, Performance, and Experience." *American Journal of Political Science* 51(1). 192-217.

McCaul, K. D., Gladue, B. A. and Joppa, M. 1992. "Winning, Losing, Mood, and Testosterone." *Hormones and Behavior* 26(4). 486-504.

Nemčok, M. 2020. "The Effect of Parties on Voters' Satisfaction with Democracy." *Politics and Governance* 8(3). 59-70.

Norris, P. 1999. *Critical Citizens: Global Support for Democratic Government* Oxford: Oxford University Press.

Norris, P. 2002. *Democratic Phoenix: Reinventing Political Activism* Cambridge: Cambridge University Press.

Norris, P. 2011. *Democratic Deficit: Critical Citizens Revisited* Cambridge: Cambridge University Press.

Putnam, R. 1993. *Making Democracy Work: Civic Traditions in Moder Italy* Princeton: Princeton University Press.

Putnam, R. 1995. "Tuning in, Tuning out: the Strange Disappearance of Social

21대 총선과 한국 민주주의의 진화

Capital in America." *PS: Politics and Political Science* 28(4). 664-683.

Quaranta, M. and Martini, S. 2016. "Does the Economy really Matter for Satisfaction with Democracy? Longitudinal and Cross-country Evidence from the European Union." *Electoral Studies* 42. 164-174.

Rahat, G. 2007. "Candidate Selection: The Choice before the Choice." *Journal of Democracy* 18(1). 157-170.

Singh, S., Karakoç, E. and Blais, A. 2012. "Differentiating Winners: How Elections Affect Satisfaction with Democracy." *Electoral Studies* 31(1). 201-211.

De Tocqueville, A. 2003. *Democracy in America* Penguin.

The Economist Intelligence Unit. 2020. *Democracy Index 2019*.

Waldron-Moore, P. 1999. "Eastern Europe at the Crossroads of Democratic Transition: Evaluating Support for Democratic Institutions, Satisfaction with Democratic Government, and Consolidation of Democratic Regimes." *Comparative Political Studies* 32(1). 32-62.